Unit Tests mit Java

Johannes Link studierte an der Universität Heidelberg medizinische Informatik und forschte anschließend anderthalb Jahre auf dem Gebiet der Genom-Informatik. Nach einem Zwischenspiel am deutschen Forschungszentrum des ABB-Konzerns kam er 1999 zu Andrena Objects. Dort ist er als Softwareentwickler und Projektleiter tätig. Seine Interessen und Arbeitsschwerpunkte sind die objektorientierte Softwareentwicklung, Softwaretests und Entwicklungsprozesse.

Peter Fröhlich studierte an der RWTH Aachen und der Universität Hannover Informatik bzw. Elektrotechnik (Dipl. Inform., Dr.-Ing.). Seit 1998 arbeitet er im deutschen Forschungszentrum des ABB-Konzerns, wo er seit 2000 für die Software Technologie-Gruppe verantwortlich ist. Seine Forschungsinteressen umfassen Prozessverbesserung, Requirements Engineering, objektorientierte Modellierung und Testen.

Johannes Link

Unit Tests mit Java

Der Test-First-Ansatz

unter Mitarbeit von Peter Fröhlich

 dpunkt.verlag

Johannes Link
johannes.link@andrena.de

Peter Fröhlich
peter.froehlich@de.abb.com

Lektorat: Christa Preisendanz
Copy-Editing: Ursula Zimpfer, Herrenberg
Herstellung: Birgit Dinter
Umschlaggestaltung: Helmut Kraus, Düsseldorf
Druck und Bindung: Koninklijke Wöhrmann B.V., Zutphen, Niederlande

Die Deutsche Bibliothek - CIP-Einheitsaufnahme
Link, Johannes:
Unit tests mit Java : der Test-first-Ansatz / Johannes Link. Unter Mitarb. von Peter Fröhlich. -
1. Aufl.. - Heidelberg : dpunkt-Verl., 2002
    ISBN 3-89864-150-3

1. Auflage 2002
Copyright © 2002 dpunkt.verlag GmbH
Ringstraße 19
69115 Heidelberg

Geleitwort

Als professioneller Softwareentwickler möchte ich Software so schnell wie möglich, so gut wie möglich und mit so wenig Stress wie möglich entwickeln. Automatisierte Unit Tests können helfen, nahe an dieses Ziel heranzukommen. Sie sind eine relativ kleine Investition, mit der das Vertrauen in den produzierten Code erst einmal aufgebaut und später beibehalten werden kann. Habe ich keine automatisierten Tests, bleiben mir nur manuelle Tests. Diese sind aber nicht automatisch wiederholbar und als Konsequenz nimmt der Stress zu, insbesondere, wenn die manuellen Tests unter Zeitdruck durchgeführt werden müssen, was natürlich meistens der Fall ist. Mit automatisierten Tests kann auf Knopfdruck jederzeit bestimmt werden, ob die letzte Änderung die Fitness der Software beeinträchtigt. Dies kann man heute, morgen oder irgendwann in der Zukunft tun, unabhängig davon, ob eine Deadline vor der Tür steht.

Das vorliegende Buch von Johannes Link und Peter Fröhlich ist eine sehr gute praktische Einführung in die Entwicklung mit automatisierten Unit Tests und dem Test-First-Vorgehen. Als Automatisierungsframework wird im Buch JUnit verwendet. Dieses kleine Framework vereinfacht zwar die Erstellung und Verwaltung von Tests, für die erfolgreiche Entwicklung mit Unit Tests braucht es aber mehr. Ein Entwickler muss mit verschiedenen Techniken vertraut sein, insbesondere, wenn Unit Tests im Kontext von Datenbanken oder verteilten Applikationen mit Applikationsservern erstellt werden müssen. Das Buch beleuchtet auch diese Problembereiche und ist deshalb ein sehr wertvoller Beitrag zum Thema automatisierte Unit Tests.

JUnit selber wurde auch mit automatisierten Unit Tests und Test-First, wie in diesem Buch beschrieben, entwickelt. Die Techniken wurden dabei oft unter erschwerten Bedingungen angewendet, wie im Kampf gegen den Jetlag oder bei Stromknappheit in Alphütten. Die Techniken haben sich trotzdem bewährt... Ich hoffe, dass Sie dank diesem Buch in der Zukunft die klassische Unit-Test-Kontrollfrage »Wo sind die Unit Tests?« immer öfter positiv beantworten werden können.

Erich Gamma

Mitautor von JUnit
Technischer Direktor, Object Technology International

Vorwort

> *»Das ist mal wieder typisch: Die Frauen*
> *kriegen Kinder und die Männer basteln an*
> *ihrer Karriere!«*
>
> *Bettina, Mutter von Jannek*

Falls Sie jemals von einem Verlagslektor gefragt werden, welches Buch Sie denn gerne einmal lesen möchten, dann seien Sie vorsichtig, sonst schreiben Sie das Buch am Ende selbst. So ist es zumindest mir ergangen, wenn auch die Idee ein ganzes Jahr im Stillen reifen musste, bis sie zu konkreten Taten führte.

Zudem muss ich gestehen, dass nur die wenigsten der in diesem Buch beschriebenen Theorien, Techniken und Ideen originär von mir stammen. Der weitaus größte Teil ist aus Büchern, Artikeln, News-Gruppen sowie unzähligen persönlichen und internetbasierten Diskussionen hervorgegangen. Der kleine Rest ist das Ergebnis zahlreicher fehlgeschlagener und einiger geglückter Experimente.

Dennoch bin ich ein wenig stolz auf das Resultat: Parallel zum echten Baby, das heute als »Jannek« durch die Welt krabbelt, entstand so ein weiteres Baby, auch in etwa neun Monaten – vermutlich als Ausgleich für die einseitige Regelung der Natur.

Dankeschön

Zunächst einen Dank an meinen Co-Autor Peter, der trotz meines Übereifers und unserer sprachlichen Meinungsverschiedenheiten die Flinte nicht ins Korn geworfen hat. Mein Dank auch an alle Ideengeber und Vorabkritiker, die über Monate mit immer neuen Kapiteln geplagt wurden; in alphabetischer Reihenfolge: Frank Adler, Achim Bangert, Markus Barchfeld, Ekard Burger, Herbert Ehrlich, Tammo Freese, Dierk König, Andreas Leidig, Rainer Neumann, Christian Popp, Ilja Preuß, Stefan Rook, Michael Ruppert, Roland Sand, Martin Schneider, Thomas Singer, Andreas Schoolmann, Robert Wenner, Frank Westphal.

Danken möchte ich auch dem Team des dpunkt.verlags für seine Unterstützung bei Technik, Organisation und Motivation: Christa Preisendanz, Birgit Dinter, René Schönfeldt und Julia Neumann. Ein weiterer Dank geht an alle Mitarbeiter – und Chefs – der andrena objects ag, die das fachliche und menschliche Umfeld für das Gedeihen dieses Buches geschaffen haben.

Und schließlich ein großes Dankeschön an Bettina, die mich bei der Entbindung dieses Babys wie eine Hebamme unterstützte.

Heidelberg, November 2001   *Johannes Link, Vater von Jannek*

Nachdem sich Johannes zum Schreiben des Buches durchgerungen hatte, musste er noch einen zögernden Co-Autor überzeugen, der eigentlich nicht schon wieder eine Deadline haben wollte. Im Nachhinein ist Letztgenannter nun froh, ein wenig zum spannenden Thema Unit Tests beigetragen zu haben.

Automatisierte Unit Tests sind für moderne Entwicklungsprozesse unverzichtbar, aber sie sind auch eine neue Technik, deren wirtschaftlichen Einsatz wir erst nach und nach verstehen. Das Buch trägt das vorhandene Wissen zusammen, ohne allzuviel darüber hinaus zu spekulieren. Ich hoffe, die Leser werden Unit Tests einsetzen und dazu so viel Spaß beim Philosophieren und Diskutieren über den richtigen Testansatz entwickeln wie die Autoren.

Danken möchte ich Johannes, der das Buchprojekt hauptsächlich vorangetrieben hat, dem Verlag, der nicht locker gelassen hat, bis er sich entschlossen hatte, es zu schreiben, und den oben genannten Reviewern, die sich tapfer durch viele Seiten und einige Revisionen gewühlt haben.

Ladenburg, November 2001   *Peter Fröhlich*

Inhaltsverzeichnis

Teil *I*

Basistechniken

1 Einleitung

Testen ist wichtig. Das wissen alle Softwareentwickler, aber (fast) keiner tut's. Die Gründe für das stiefmütterliche Interesse, das Programmierer der Qualität ihrer eigenen Produkte entgegenbringen, sind vielfältig. Zum einen spielt die Ausbildung eine wichtige Rolle: Dem akademisch erzogenen Informatiker ist die Tatsache, dass Software getestet werden muss, meist nur als theoretischer Punkt im Rahmen seiner 2-semestrigen Softwaretechnik-Vorlesung untergekommen. Die Autodidakten unter den Programmieren haben in den Lehr- und Programmierbüchern meist nichts weiter gefunden als den Hinweis, dass die Programme »natürlich« auch gründlich getestet werden müssen. Nur wie und warum steht dort nie – von ein paar rühmlichen Ausnahmen wie [Gassmann00] und [Larman00] abgesehen.

So baut sich der Entwickler mit der Zeit seinen eigenen Vorrat an Vorurteilen und Gründen auf, der ihn bei seiner Abneigung gegen das Testen bekräftigt. Eine kleine Auswahl:

»Ich habe keine Zeit zum Testen«

Dieser häufig vorgebrachte Satz geht davon aus, dass Testen Zeit kostet. Glaubt man das, so gerät man in einen Teufelskreis: Je größer der Zeitdruck, desto weniger Tests. Je weniger Tests, desto unstabiler der Code. Je unstabiler der Code, desto mehr Fehlermeldungen kommen vom Kunden. Je mehr Fehlermeldungen, desto mehr Debugging-Zeit wird benötigt. Je mehr Debugging-Zeit, desto größer der Zeitdruck ...

Glaubt man jedoch, dass Tests den Code stabilisieren, dann wird aus dem Teufelskreis eine sich öffnende Spirale: Je stabiler der Code, desto weniger Debugging-Zeit wird benötigt. Je weniger Debugging-Zeit, desto mehr Zeit bleibt für Entwicklung (und Tests). Davon handelt dieses Buch.

»Testen von Software ist langweilig und stupide«

Die gängige Literatur zum Thema Softwaretesten (z.B. [Binder99] und [McGregor01]) ist eher trocken und theoretisch, was den praktisch veranlagten Programmierer verschreckt. Genauer betrachtet ist jedoch das Entdecken und damit das Vermeiden von Softwarefehlern eine ebenso anspruchsvolle und kreative Tätigkeit wie das Programmieren selbst. Mehr noch, frühzeitiges Testen kann den Programmiervorgang sogar steuern und befriedigender machen, da man mehr Vertrauen in das Ergebnis seiner Arbeit gewinnt. Davon handelt dieses Buch.

»Mein Code ist praktisch fehlerfrei, auf jeden Fall gut genug«

Gerne glauben wir Entwickler an unsere eigene intellektuelle Brillanz. Schließlich haben wir alle Bücher zum Thema gelesen, sind in alle Fallen schon mal getappt, kennen sämtliche veröffentlichte Entwurfsmuster und die Details der 363 Klassen unseres eigenen Frameworks auswendig. Und dennoch, bei einer kleinen Änderung in Klasse 276 kommen uns plötzlich Zweifel, welche Auswirkungen diese neue Codezeile auf andere Teile des Systems haben könnte. Wäre es jetzt nicht schön, anhand einer Menge bewährter und automatisierter Tests überprüfen zu können, ob wir mit der Verbesserung am einen Ende nicht versehentlich eine Funktion am anderen Ende stören? Davon handelt dieses Buch.

»Die Testabteilung testet. Die können das eh viel besser.«

Zudem sitzen in der Testabteilung genau die Art von pedantischen und übergenauen Beamten, die man für einen Buchhalterjob wie das ständige Ausführen immer gleicher Testskripts benötigt. Schade nur, dass es in der Testtheorie ein paar massive Hinweise und Belege dafür gibt, dass die Testabteilung eben **nicht** unseren Job erledigen kann. Diese

Antidecomposition-Axiom   Erkenntnis führte zur Aufstellung des *Antidecomposition-Axioms*[1]. Dieses Axiom besagt, dass das Testen eines zusammengesetzten Systems nicht ausreicht, um die Fehler seiner Komponenten aufzudecken. Der Programmierer ist daher dafür verantwortlich, dass seine Komponenten auch in isolierter Umgebung getestet werden. Darüber hinaus können frühzeitig erkannte Fehler weitaus schneller und kostengünstiger behoben werden. Auch davon handelt dieses Buch.

---

1.   Robert Binders [Binder99] drei Testaxiome werden in Kapitel 7 näher beleuchtet.

1.1 Kleine Begriffslehre

Wir sind uns also nun (hoffentlich) einig, dass *Entwicklertests* für eine qualitativ hochwertige Software unverzichtbar sind. Doch auch Entwickler testen unterschiedliche Dinge auf unterschiedliche Arten. So konzentrieren sich *Performanz-* und *Lasttests* auf die Erfüllung bestimmter nicht funktionaler Anforderungen wie geforderte Antwortzeiten und erwartete Nutzerzahlen. Die zentrale Testaufgabe der Programmierer sind jedoch die so genannten *Unit Tests*, auf deutsch *Modultests*. Dieser Begriff stammt aus der vorobjektorientierten Ära und beschreibt, dass sich die einzelnen Tests nicht auf das Gesamtsystem, sondern auf einzelne *Units* (Einheiten) des Systems konzentrieren. Heutzutage wird häufig auch von *Komponententest* gesprochen.

Unterschiedliche Testarten

Modultests

Komponententests

Seinerzeit war eine solche »Einheit« leicht als Prozedur oder Funktion zu erkennen. Bei objektorientierten Systemen kann diese »zu testende Einheit« unterschiedliche Gestalten annehmen. Die Spanne reicht von der einzelnen Methode über Klasse und Subsystem hin zum ganzen System. Meist (aber nicht immer) handelt es sich bei dieser Einheit um die »natürliche« Abstraktionseinheit objektorientierter Systeme: die Klasse bzw. um ihre instanzierte Form: das Objekt. Um das etwas holprige deutsche Wortkonstrukt »zu testende Einheit« zu vermeiden, tauchen in diesem Buch häufiger zwei Abkürzungen der angloamerikanischen Fachliteratur auf: *CUT* (Class under Test) und *OUT* (Object under Test). Der Unterschied zwischen beiden besteht in der Perspektive: Befinde ich mich mitten im Test, dann interessiert mich das Objekt an sich; spreche ich von mehreren Tests, dann ist die Klasse mein Bezugspunkt.

Was ist eine Unit?

Class under Test (CUT)

Object under Test (OUT)

Entwickler müssen sich auch mit *Integrationstests* herumschlagen. Dies sind Tests, die sich auf das Zusammenspiel mehrerer bereits einzeln getesteter Komponenten konzentrieren; [McGregor01] nennt sie daher auch *Interaktionstests*. Da in objektorientierten Systemen jedoch auch jede Integration durch ein oder mehrere Objekte repräsentiert wird, ist eine scharfe Trennung zwischen Komponententests und Integrationstests häufig nicht möglich. Wo eine Unterscheidung sinnvoll ist, wird im Laufe des Buches darauf eingegangen. In der Regel sollten wir jedoch nicht allzu viele Gedanken daran verschwenden; wichtig ist das Ergebnis unserer Testbemühungen und nicht etwa die einwandfreie terminologische Klassifikation.

Integrationstests

Interaktionstests

Unit Tests sind das zentrale Thema dieses Buches; für eine qualitativ hochwertige und vom Kunden akzeptierte Software benötigt man jedoch noch mehr. So unterscheidet man *statische* und *dynamische* Tests; letztere finden sich als Komponententests, *funktionale Tests*,

Statisch oder dynamisch?

Akzeptanztests, *Regressionstests* und in andere Varianten wieder. Häufig werden diese von einem dedizierten Testteam oder sogar dem Kunden selbst spezifiziert und ausgeführt. Für den Großteil des Buches konzentrieren wir uns auf entwicklerseitige Tests, bis schließlich Kapitel 14 unsere Unit Tests in den Gesamtkomplex *Softwareprozess* und *Qualitätssicherung* einordnet. Wer vor Spannung platzt, darf schon mal vorblättern.

1.2   Testen in XP

Trotz der Betonung ihrer Wichtigkeit in der Testliteratur spielten Unit Tests bislang für die meisten Entwickler eine mehr als untergeordnete Rolle. Dies änderte sich, als *Extreme Programming* (XP) die Durchführung von Komponententests zu einer zentralen Tätigkeit im XP-Entwicklungszyklus beförderte. XP (siehe [Beck00a] und [Jeffries00]) ist ein leichtgewichtiger Entwicklungsprozess, der dem Kunden die volle Macht über Richtung und Richtungswechsel eines Projektes zurückgibt. Ins Zentrum der Entwicklungstätigkeit rückt dabei das eigentliche Kodieren. Mit dieser provokanten Schwerpunktsverlagerung vergrault XP die Verfechter detaillierter und ausgefeilter Analyse- und Design-Methodiken und findet dafür bei vielen Softwareentwicklern positive Resonanz, die sich häufig durch unangemessene und zu bürokratische Vorgehensmodelle gegängelt fühlen.

Komponententests in XP

Wer sich für den Gesamtkomplex Extreme Programming und seine Beziehung zu schwergewichtigeren Vorgehensmodellen interessiert, kommt um das Studium der einschlägigen Literatur bzw. der ausführlichen Web-Präsenz nicht herum (siehe Anhang D.3: *Weiterführende Lesehinweise*). An dieser Stelle soll lediglich auf einige zentrale Punkte eingegangen werden, die für das Testen, wie es in diesem Buch beschrieben wird, wichtig sind.

Kommunikation, Einfachheit, Feedback und Mut

Dies sind zentrale Werte von XP und spiegeln sich daher in jedem Stückchen Programmcode wider: Code in XP soll so geschrieben werden, dass er alle Dinge kommuniziert, die er enthält. Dies verlangt besondere Sorgfalt bei der Benennung von Klassen und Methoden. Auch können kurze Methoden mit aussagekräftigen Namen lange Programmkommentare in den meisten Fällen ersetzen und sind weniger anfällig dafür, bei späteren Programmänderungen inkonsistent zu werden.

Zusätzlich soll das Programm nur so komplex sein, wie es die *augenblickliche Funktionalität* verlangt. Insbesondere bedeutet dies einen Verzicht auf das Berücksichtigen vermuteter zukünftiger Funktionalität. XP geht nämlich davon aus, dass bei Einhaltung aller zentralen Praktiken spätere Änderungen billiger sind als das vorherige »Eindesignen« denkbarer Anforderungen, insbesondere weil sich in jedem Projekt ein Großteil der Vermutungen später als falsch herausstellt.

Für das schnelle *Feedback*, ob unser Code auch das tut, was er tun soll, dienen automatisierte Tests auf mehreren Ebenen (siehe unten). *Mut* wird vom Team immer dann verlangt, wenn Änderungen am System nötig sind. Umfangreiche Tests sorgen dafür, dass nur Mut und nicht etwa Waghalsigkeit erforderlich ist.

Pair Programming

XP fordert, dass jedes Stück Code, das in Produktion gehen soll, von zwei Entwicklern an einem Computer gemeinsam erstellt wird. Idealerweise ist dabei ein Programmierer mit seinen Gedanken sehr dicht an den Zeilen, die er gerade tippt, während der andere den größeren Zusammenhang im Auge hat. Die Rollen wechseln dabei ständig. *Pair Programming* (dt. »Programmierung in Paaren«) ist eine Art ständiger Review und sorgt für weniger Fehler, mehr Konsistenz mit den Kodierrichtlinien und der Verbreitung von Wissen über das ganze Team. Die Tests stellen sicher, dass das Paar nicht den Fokus verliert.

Programmierung in Paaren

Dem Gefühl vieler Manager, dass mit dieser Vorgehensweise Ressourcen vergeudet werden, widersprechen Studien zur Produktivität von Pair Programming (siehe [Cockburn00a]). Diese zeigen, dass ein geringfügig verkleinerter Ausstoß an Codemenge durch besseres Design und eine deutlich geringere Fehlerrate mehr als ausgeglichen wird.

Inkrementelle und iterative Entwicklung

Die Softwareentwicklung in XP findet nicht *en bloc* statt, sondern in möglichst kleinen Schritten. Das Gesamtsystem wird in *Iterationen* von 1 bis 3 Wochen Länge erstellt. Ziel jeder Iteration ist die Implementierung einer vom Kunden ausgewählten Menge kleiner »Funktionalitätshappen« (*User Stories*). Das Entwicklungsteam zerlegt diese User Stories in *Tasks*; das sind Teilaufgaben, die von einem Entwicklerpaar innerhalb weniger Tage erledigt werden können. Aber auch diese Teilaufgaben werden nicht am Stück, sondern wiederum in kleinen Schritten implementiert. Zu einem solchen Mikroschritt gehört nicht nur der Implementierungscode, sondern auch der Test, der beweist, dass die Implementierung auch das tut, was sie soll. Ohne diesen Test gilt auch die Implementierung als nicht vorhanden.

Refactoring

Refactoring (dt. etwa »neu herstellen«) beschreibt das ständige Umstrukturieren unseres Codes hin zum einfachsten Design. Für »einfachst« gibt es folgende Kriterien – die Reihenfolge ist wichtig:

Das einfachste Design

1. Alle Unit Tests laufen.
2. Der Code kommuniziert alle seine Designkonzepte.
3. Der Code enthält keine Redundanz (= duplizierten Code).
4. Der Code enthält, unter Berücksichtigung der obigen Regeln, die geringst mögliche Anzahl an Klassen und Methoden.

XP verlangt ständiges Refactoring, insbesondere nach dem erfolgreichen Abschluss eines Tasks. Häufiges Refactoring ist ohne automatisierte Unit Tests kaum möglich, da sonst die Gefahr zu groß wird, mit dem Umbau am einen Ende funktionstüchtige Komponenten am anderen Ende zu beeinflussen. Diese Angst vor ungewollten Nebenwirkungen ist ein wesentlicher Grund dafür, dass viele Entwickler vor dem »Aufräumen« scheinbar funktionierender Komponenten zurückschrecken. Auf die Dauer entstehen dadurch die unwartbaren Systeme, die wir Entwickler alle kennen und vor deren Erweiterung und Anpassung uns graut.

Martin Fowler beschreibt in [Fowler99] ausführlich die häufigsten Refactoring-Maßnahmen, wie man ihre Notwendigkeit entdeckt[2], wie man sie Schritt für Schritt ausführt und wie Unit Tests das Refactoring erleichtern. Auch existieren einige Tools (z.B JFactor [URL:JFactor]), mit deren Hilfe manche grundlegenden Refactoring-Schritte automatisiert und damit fehlerfrei durchgeführt werden können. Für komplexere Umstrukturierungen ist die Korrektheit jedoch prinzipiell nicht beweisbar.

Testarten in XP

Extreme Programming proklamiert zwei Arten von Softwaretests: *Akzeptanztests* (*Acceptance Tests*) und Unit Tests. Während prinzipiell für beide Arten die gleichen Techniken und Tools zum Einsatz kommen können, unterscheiden sich deren Zweck und Verantwortlichkeiten:

---

2. Beziehungsweise wie man sie »erriecht«. Ein Anzeichen für verbesserungswürdigen Code nennt man nämlich auch »Code Smell«.

Unit Tests sichern das Vertrauen des Entwicklers in seine eigene Software und die seiner Kollegen. Sie werden gleichzeitig mit dem Entwicklungscode erstellt und bei Bedarf verändert und ergänzt. Unit Tests müssen **immer** zu 100% erfolgreich laufen. »Immer« bedeutet: Bei der Integration von neuem Code ins System werden alle bislang erstellten Tests ausgeführt. Schlägt auch nur ein einziger Test fehl, muss zunächst dieser Fehler behoben werden, bevor man mit der Integration fortfährt. Dies ist in XP von besonderer Bedeutung, da die *fortlaufende Integration* (engl. Continuous Integration) die Eingliederung allen bearbeitenden Codes ins Gesamtsystem mehrmals täglich verlangt (siehe auch Kapitel 14.2, Seite 266 f.).

Unit Tests in XP

Akzeptanztests dienen dem Kunden und dem Management als Maß für den Fortschritt des Gesamtprojekts. Sie werden vom Kunden spezifiziert – schließlich ist er derjenige, der dem Ergebnis der Testausführung glauben muss. Akzeptanztests spezifizieren typischerweise Funktionalität des Gesamtsystems aus Sicht der Anwender. Wichtig ist, dass vor Beginn einer Iteration der Großteil aller Testfälle für diesen Durchlauf spezifiziert wird. Der prozentuale Anteil erfolgreicher Tests wird mindest einmal pro Tag ermittelt und steht allen interessierten Parteien zur Verfügung.

Akzeptanztests in XP

Die Umsetzung der Spezifikation in automatisiert ausführbare Testfälle übernehmen meist die Entwickler. An diesem Punkt ist aber auch der Einsatz eines dedizierten Testteams denkbar, das den Kunden bei der Spezifikation berät und die Durchführung der Tests übernimmt (vgl. [Crispin01]). Manchmal ist es möglich, Akzeptanztests auf die gleiche Weise zu automatisieren wie Unit Tests. Ab und an können kommerzielle Testwerkzeuge ein sinnvolles Anwendungsfeld finden. Häufig empfiehlt sich jedoch die Entwicklung eines kleinen Frameworks, mit dem die Spezifikationen des Kunden, die beispielsweise in Tabellenform vorliegen, direkt als Steuerdateien für das Ausführen von Tests verwendet werden können [URL:WakeAT].

Sowohl für Unit Tests als auch Akzeptanztests besteht die Forderung zur völligen Automatisierung. Die größere Anfangsinvestition verglichen mit manuellen Tests amortisiert sich bereits nach wenigen Ausführungen. Da Unit Tests unzählige Male pro Tag gestartet werden, ist ihre nicht automatisierte Verwendung in der Praxis undenkbar. Bei der Automatisierung mancher Arten von Akzeptanztests, z.B. der Benutzerschnittstelle, trifft man jedoch auf zahlreiche Schwierigkeiten. Bevor man jedoch resigniert auf manuelle Testausführung zurückfällt,

Testautomatisierung

sollte man sich überlegen, dass diese nicht nur auf Dauer teurer ist, sondern sich bei ihrer Abarbeitung und Verifikation auch leicht Fehler einschleichen. Vielleicht hilft ja in schwierigen Fällen die Literatur zum Thema Testautomatisierung weiter [Dustin99].

XP oder nicht XP?

Agile Prozesse

XP gehört zu der Gruppe der *agilen* Softwareprozesse[3]. Dies bedeutet unter anderem, dass so wenig vorgeschriebene Vorgehensschritte wie möglich, aber so viele wie nötig existieren. Für die in diesem Buch vorgestellte Art des Unit-Testens ist dabei eine Sache entscheidend: Es fehlt eine große, vorab durchgeführte, detaillierte Designphase – auch *BDUF* (Big Design Up-Front) genannt. Der detaillierte Softwareentwurf, insbesondere die Festlegung der Interfaces einzelner Klassen und ihre Beziehungen zu anderen Klassen, geschieht während des Kodie-

Evolutionäres Design

rens bzw. der Testerstellung. Dieser evolutionäre Designansatz steht im Widerspruch zum Großteil der in der Literatur beschriebenen Entwurfs- und Testverfahren. Dort werden »up-front« ausgearbeitete Modelle und Spezifikationen aller Komponenten benötigt, um aus ihnen die Testfälle abzuleiten.

Ergänzende Praktiken

Zusätzlich gibt es in XP bestimmte Praktiken, die Unit Tests erleichtern (Pair Programming, Inkrementelle Entwicklung), absichern (Akzeptanztests) und auf ihnen aufbauen (Refactoring). XP ist daher keine Voraussetzung für Unit Testing, doch es lohnt sich für jeden Entwickler und Projektleiter darüber nachzudenken und auszuprobieren, ob nicht der eine oder andere Aspekt von XP die Testanstrengungen und damit die Qualität der Software verbessern könnte. Insbesondere die Mischung aus Unit Tests, Pair Programming und Refactoring bietet sich hier an und ist beinahe in jedes Vorgehensmodell integrierbar.

1.3   Testen Classic

Eine besondere Eigenart des XP-Vorgehens wurde bislang nur angedeutet: der *Test-First-Ansatz*. »Test-First« soll ausdrücken, dass der Test vor dem eigentlichen Implementierungscode geschrieben wird. Betrachten wir zunächst die Nachteile des klassischen, nachträglichen Testens an einer kleinen Programmieraufgabe:

Für die Übersetzung dieses Buches in eine Sprache unserer Wahl soll ein Wörterbuch programmiert werden. Dieses Wörterbuch,

---

3. *Agil* hat vor einiger Zeit das Wort *leicht* (light-weighted) in Bezug auf Softwareprozesse verdrängt (vgl. [URL:AgileAlliance] und Kapitel 14.2).

in Form der Klasse `Dictionary`*, wird mit einer Wörterdatei initi-*
alisiert und erlaubt die Abfrage der Übersetzung eines deut-
schen Wortes. Mehrere Übersetzungsalternativen sollen mög-
lich sein.

Diese Anforderungsbeschreibung ist detailliert und kompakt genug,
um die Programmierung in einer Iteration durchführen zu können.
Fehlende Details, wie das genaue Format der Wörterdatei, definieren
wir während der Programmierung. Folgende Schritte gehören (mindestens) zur »klassischen« Iteration: detailliertes Design, Implementierung und anschließend die Tests.

Als Design genügt uns hier ein UML-Klassendiagramm:

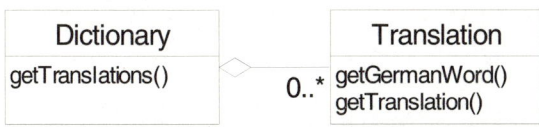

Abb. 1–1
Klassendiagramm des
Wörterbuches

Unsere Implementierung der Klasse `Translation` besteht nur aus dem
Konstruktor und zwei Getter-Methoden:

```
/**
 * Repräsentiert eine mögliche Übersetzung eines
 * deutschen Wortes
 */
public class Translation {
   private String germanWord;
   private String translation;
   public Translation(String germanWord,
                          String translation) {
      this.germanWord = germanWord;
      this.translation = translation;
   }
   public String getGermanWord() {
      return germanWord;
   }
   public String getTranslation() {
      return translation;
   }
}
```

Objekte der Klasse `Dictionary` erzeugen während ihrer Initialisierung
`Translation`-Objekte und fügen diese einer internen Liste hinzu. Bei
der Abfrage der Übersetzung in der Methode `getTranslations()` wird
über diese Liste iteriert und der Ausgabestring zusammengebaut:

```java
import java.io.*;
import java.util.List;
import java.util.ArrayList;
import java.util.Iterator;
/**
 * Wörterbuch zur Übersetzung deutscher Wörter in eine
 * andere Sprache.
 * Das Wörterbuch wird mit einer Wörterdatei initialisiert.
 */
public class Dictionary {
   private List entries = new ArrayList();
   public Dictionary(String filename) throws IOException {
      this.initializeFromReader(new BufferedReader(
                               new FileReader(filename)));
   }

   /**
    * Liefert die Übersetzung des deutschen Wortes.
    * Bei mehreren Alternativen werden diese
    * mit Komma aneinandergehängt.
    */
   public String getTranslations(String germanWord) {
      StringBuffer translations = new StringBuffer();
      Iterator i = entries.iterator();
      while (i.hasNext()) {
         Translation each = (Translation) i.next();
         if (each.getGermanWord().equals(germanWord)) {
            if (translations.length() > 0) {
               translations.append(", ");
            }
            translations.append(each.getTranslation());
         }
      }
      return translations.toString();
   }

   /**
    * Die zu lesende Wörterdatei besteht aus
    * 0 - n Zeilen.
    * Jede Zeile enthält einen Eintrag der Form:
    * '<deutschesWort>=<uebersetzung>'
    */
   private final void initializeFromReader(
           BufferedReader aReader)  throws IOException {
      String line = aReader.readLine();
      while (line != null) {
```

```
        int index = line.indexOf('=');
        if (index != -1) {
            String germanWord = line.substring(0, index);
            String translation = line.substring(
                               index + 1, line.length());
            Translation entry =
                new Translation(germanWord, translation);
            entries.add(entry);
        }
        line = aReader.readLine();
    }
  }
}
```

So weit sieht das alles recht einfach aus, es fehlen »nur noch« die Tests. Diese können wir beispielsweise in einer separaten Klasse DictionaryTester ansiedeln, die in ihrer main()-Methode alle einzelnen Testfälle startet:

```
public class DictionaryTester {
    /**
     * Starte alle Testfälle für die Klasse Dictionary
     */
    public static void main(String[] args) {
        testfall1();
        testfall2();
        /*...*/
    }
}
```

Die Programmierung der Testfälle geschieht dann in etwa nach folgendem Schema:

1. Erzeugen einer Wörterdatei
2. Erzeugen einer Instanz der Klasse Dictionary mit dieser Datei
3. Abfrage bestimmter Übersetzungen und Überprüfen des Ergebnisses

Für den einfachen Fall einer Testdatei mit einem Wort sieht das so aus:

```
public static void testfall1() {
    String filename = "C:\\temp\\dictionary.txt";
    try {
        PrintWriter writer = new PrintWriter(
                         new FileOutputStream(filename));
        writer.println("Wort=word");
        writer.close();
        Dictionary dictionary = new Dictionary(filename);
```

```
        String translation =
                        dictionary.getTranslations("Wort");
        if (!translation.equals("word")) {
            System.out.println("Testfall 1 fehlgeschlagen." +
                        " Gefundenes Wort: " + translation);
        } else {
            System.out.println("Testfall 1 erfolgreich.");
        }
    } catch (Exception ex) {
        System.out.println("Testfall 1 fehlgeschlagen." +
                        " Unerwartete Exception.");
        System.out.println(ex.toString());
    }
}
```

Sinnvoll wären jetzt mehrere Testfälle mit unterschiedlicher Anzahl von Einträgen in der Datei (0, 1, 2 und viele), mit identischen Einträgen, mit mehreren Übersetzungen für das gleiche Wort, Wortsuche mit groß- bzw. kleingeschriebenen Wortanfängen usw.

Dieses Vorgehen hat jedoch einige Nachteile: Jeder einzelne Testfall muss den Umweg über eine Wörterdatei gehen; das ist nicht nur umständlich, sondern kann zu diffizilen Problemen beim Erstellen und Überschreiben von Dateien führen. Das wäre vermeidbar, wenn Translation-Objekte auch ohne Umweg über eine Datei dem Dictionary-Objekt hinzugefügt werden könnten. Aber extra für den Test die Implementierung ändern und die mühsam errungene Kapselung aufgeben?

Die gleiche Frage stellt sich, wenn wir das Verhalten beim Einlesen fehlerhafter Wörterdateien testen wollen. Tritt der Fehler in der Mitte der Datei auf, so wüssten wir gerne, wie viele Übersetzungen denn bereits eingelesen wurden. Aber für diese Abfrage steht bislang keine Methode zur Verfügung. Auch haben wir uns noch nicht überlegt, wie das Wörterbuch generell bei Fehlern reagieren soll: Ignorieren? Exception werfen? Fehler ausgeben?

Hätten wir zuerst die Tests geschrieben und uns dann der Implementierung zugewandt, wären einige Probleme nicht aufgetreten:

▨ Über das Fehlerverhalten hätten wir uns vorher Gedanken machen müssen und eventuell fehlende Spezifikationen vorher abklären können.

▨ Da der Test wie jeder andere »Client« unserer Klasse behandelt wird, wären Methoden, die wir für Testzwecke benötigen, automatisch ins öffentliche Interface (public oder protected) gelangt.

Bei näherer Betrachtung stellt sich die Frage, ob unsere Klasse `Translation` wirklich notwendig ist oder ob nicht auch die Verwendung einer `HashMap` genügt hätte.

In Kapitel 3 werden wir das obige Beispiel unter Verwendung des Test-First-Ansatzes neu entwickeln und dabei feststellen, dass wir zu einem anderen Design kommen, das nicht nur die Tests vereinfacht, sondern auch das Programm selbst.

1.4   »Test-First« – kleine Definition

»Test-First« (dt. »Teste zuerst«) ist eine Vorgehensweise bei der Kodierung von Softwaresystemen. Test-First ist nicht nur eine reine qualitätssichernde Tätigkeit, sondern steuert auch das Softwaredesign in Richtung Testbarkeit und Einfachheit. Folgende Punkte beschreiben das ideale Test-First-Vorgehen:

- Bevor man eine Zeile Produktionscode schreibt, entsteht ein entsprechender Test, der diesen Code motiviert.
- Es wird nur so viel Produktionscode geschrieben, wie es der Test verlangt. Mit anderen Worten: Läuft der Test, steht der Code.
- Die Entwicklung findet in kleinen Schritten statt, in denen sich Testen und Kodieren abwechseln. Eine solche »Mikro-Iteration« dauert nicht länger als 10 Minuten.
- Zum Zeitpunkt der Integration von Produktionscode ins Gesamtsystem müssen alle Unit Tests erfolgreich laufen.

Dieses kleine Regelwerk mag dem einen oder anderen Programmierer als willkürlich erscheinen und ihrer persönlichen Erfahrung widersprechen. Ziel des Buches ist es, zu vermitteln, wie Test-First-Entwicklung in der Praxis vor sich geht und dass es tatsächlich funktionieren kann. Einige Vorteile liegen auf der Hand:

- Jedes einzelne Stück Code ist getestet. Dadurch werden Änderungen, die vorhandene Funktionalität zerstören, sofort entdeckt. Dies spielt insbesondere zum Zeitpunkt der Softwareintegration eine maßgebliche Rolle.
- Die Tests dokumentieren den Code, da sie im Idealfall sowohl die normale Verwendung als auch die erwartete Reaktion in Fehlerfällen zeigen.
- Die Kürze der Mikro-Iterationen führt zu einem äußerst schnellen Feedback. In maximal zehn Minuten kann man nur wenig programmieren und daher auch nur wenig falsch machen.

▨ Das Design eines Programms wird maßgeblich von den Tests bestimmt. Dies führt fast immer zu einem einfacheren Design als wenn es am Reißbrett entworfen worden wäre, da für komplexe Strukturen nur selten einfache Tests geschrieben werden können. Aus diesem Grunde wird der Ansatz oft auch Test-First-*Design* genannt [URL:WikiTFD].

Ziel des Buches ist es auch, Probleme von Test-First aufzuzeigen und Hinweise zu geben, wann ein Abweichen von den Regeln akzeptabel, sinnvoll oder gar notwendig ist.

Natürliche Skepsis   Viele erfahrene Softwareentwickler, die in ihrer bisherigen Laufbahn vor allem *Design-First-Programmierung* betrieben haben und damit auch erfolgreich waren, bringen der Idee des sich schrittweise entfaltenden Entwurfs eine gesunde Skepsis entgegen. Ihnen sei empfohlen, ihre Zweifel vorübergehend zu vergessen, mit dem Ansatz für eine (nicht zu kurze) Weile zu experimentieren und erst danach ein Urteil zu fällen. Ein Phänomen lässt sich nämlich nur im Selbstversuch erfahren: Im Gegensatz zum nachträglichen Testen macht das Erstellen der Testfälle vor dem Anwendungscode tatsächlich Spaß!

1.5   Nur Java – oder auch anderen Kaffee?

Bislang war in diesem Kapitel kaum von Java die Rede. Entwickler, die andere objektorientierte Programmiersprachen verwenden und denen

Andere Programmiersprachen   dieses Werk trotz des »Java« im Buchtitel in die Hände gefallen ist, stellen sich bestimmt die Frage, ob sich für sie das Weiterlesen lohnt. Unsere Antwort lautet »ja« unter folgenden Voraussetzungen:

▨ Sie können Java-Code lesen oder sind willens, sich die Grundbegriffe der Syntax und der Standardbibliotheken vorher oder bei Bedarf anzueignen.

▨ Sie sind in der Lage, von speziellen Java-Konstrukten (z.B. Interface) zu abstrahieren und diese in ihre eigene Entwicklungssprache zu übersetzen.

▨ Sie stören sich nicht allzu sehr an den etwa 20 Prozent dieses Buches, die wirklich nur für Java-Entwickler interessant und zutreffend sind.

In diesem Buch verwenden wir JUnit als Framework zur Testautomatisierung. JUnit ist die Java-Variante einer Familie von Unit-Testing-Tools, die jedoch auch für die meisten anderen Programmiersprachen verfügbar sind. Am Ende werden die polyglotten Nicht-Java-Entwickler für das Durchhalten belohnt: In Anhang B gibt es Hinweise für Unit Tests mit anderen Programmierprachen.

1.6   Was das Buch sein möchte – und was nicht

Dieses Buch ist keine Einführung in Java oder Softwareentwicklung im Allgemeinen; Kenntnisse und Erfahrungen in beiden Bereichen werden vorausgesetzt. Es stellt auch keine systematische Einführung in das Testen objektorientierter Systeme dar; die nötige Theorie wird jedoch beleuchtet und es werden vertiefende Lesehinweise gegeben. Auch Extreme Programming wird nur insofern berührt, als es uns Hilfestellungen und Gründe für Unit Tests liefert.

Das Buch ist nur zum Teil eine Bedienungsanleitung für JUnit. Viele Probleme des praktischen Betriebs, wie Installation, Integration in die eigene Entwicklungsumgebung und andere spezielle Fragen, werden nur am Rande behandelt (siehe auch Anhang A). JUnit dient jedoch als Grundlage für die Automatisierung unserer Unit Tests (siehe Kapitel 2).

Was das Buch sein möchte, ist eine praktische Einführung ins Thema Unit Testing für Softwareentwickler. Dabei wird sowohl das grundlegende Vorgehen mittels des Test-First-Ansatzes vorgestellt als auch zahlreiche Spezialgebiete und Problemfälle behandelt. Viele der beschriebenen Techniken sind ebenso für nachträgliche Unit Tests verwendbar, manche ergeben sogar nur dort Sinn. Andere Arten von Tests, meist System- und Akzeptanztests, werden immer dann näher erläutert, wenn keine klare Abgrenzung zu Unit Tests möglich scheint. Im Idealfall soll das Buch den Entwickler beim ersten, zweiten und dritten Schritt anleiten und zum Verfolgen der zahlreichen weiterführenden Verweise motivieren.

1.7   Aufbau des Buches

Im Gegensatz zum großen Rest der Softwareentwicklungsliteratur unserer Tage wird auf ein einzelnes durchgängiges Fallbeispiel verzichtet. Dies liegt zum einen in der persönlichen Vorliebe der Autoren begründet, beim Lesen von Fachbüchern bestimmte Kapitel in wilder Reihenfolge herauszupicken; durchgängige Beispiele erschweren dabei das Nachvollziehen der Details. Zum anderen erlaubt dieser Verzicht die direkte Aufnahme authentischer Codebeispiele aus der Praxis.

Das Buch gliedert sich in zwei Hauptteile und einen Anhang. Der erste Teil – »Basistechniken« – liefert die Grundlagen für den Rest des

Buches und erfüllt seinen Zweck als Lehrbuch am besten bei chronologischer Lesefolge. Leser, die bereits mit JUnit arbeiten, können Kapitel 2 – »Automatisierung von Unit Tests« – überfliegen.

Teil 2 – »Weiterführende Themen« – enthält voneinander unabhängige Kapitel, die bei Bedarf oder Interesse zu Rate gezogen werden können. Themen sind persistente Objekte, nebenläufige und verteilte Systeme, Web-Applikationen, grafische Benutzerschnittstellen und Unit Testing im Rahmen unterschiedlicher Entwicklungsprozesse.

Als Zugabe gibt es noch einen Anhang mit JUnit-Spezifika, Tipps für Unit Tests mit anderen Programmiersprachen, einem Glossar und einem Literaturverzeichnis mit kommentierten Hinweisen auf weiterführendes Lesematerial.

1.8 Konventionen

Im laufenden Text werden neu eingeführte Begriffe kursiv geschrieben, Hervorhebungen sind **fett** gedruckt.

Das Buch besteht zu einem nicht unwesentlichen Teil aus Quellcode. Aus dem Text herausgenommene Beispiele sehen in LetterGothic so aus:

```
/** Quellcode Anfang
 */
public class EinBeispiel {}
```

Geänderter oder hinzugefügter Code wird zusätzlich fett gekennzeichnet. Verweise auf Code im laufenden Text werden auch in LetterGothic geschrieben.

Kompatibilität zu JDK 1.2 – 1.4   Die meisten Codebeispiele sind kompatibel zu JDK 1.2 – JDK 1.4. Falls eine spezielle JDK-Version benötigt wird, so findet eine Kennzeichnung am Rande und meist auch im Text statt. Die Sprache im Quelltext ist zu 99% englisch, wodurch gemischtsprachige Namen für Klassen, Methoden und Variablen vermieden werden[4].

Kodierungsrichtlinien   Um die Codebeispiele nicht unnötig aufzublasen, werden folgende Grundsätze verfolgt:

▪ *Import-Statements* verwenden die »Stern«-Form, sobald mehr als eine Klasse des Packages benötigt wird. Dies taugt auch als Richtlinie für Produktionscode (vgl. [Larman00]).

---

4. In »echten« Projekten ist Einsprachigkeit des Quellcodes oft nicht durchführbar, da es sowohl Java-Konventionen gibt, die englische Wörter verlangen, als auch Fachbegriffe, die sich nicht ohne Bedeutungsverlust ins Englische übersetzen lassen.

▨ Auf *Kommentare* wird verzichtet, wenn sie nicht für das Verständnis des Beispiels erforderlich sind. Insbesondere gibt es *keine Java-Doc-Kommentare*.

▨ Auf explizite Angabe der `package`-*Anweisung* wird verzichtet, wenn eine Verwechslung ausgeschlossen werden kann.

Diese Punkte dienen vor allem der Komprimierung der abgedruckten Codebeispiele. Im »echten Leben« ist es die Aufgabe jedes Teams, sich auf Kodierungsrichtlinien zu einigen – und diese dann auch zu befolgen. Wichtiger als der Inhalt der Richtlinien ist deren konsistente Verwendung.

Ungewöhnlich mag dem einen oder anderen Leser auch die explizite Verwendung von `this` bei Nachrichten an das Objekt selbst erscheinen. Diese Konvention macht jedoch den Semantikunterschied zwischen Nachrichtenverschickung und Funktionsaufruf (statische Methode) klarer.

1.9   Website zum Buch

Als Ergänzung zu diesem Buch findet man unter

```
http://www.dpunkt.de/utmj/
```

weitere Informationen zum Thema. Unter anderem ist dort der Quellcode aller Kapitel, eine Sammlung nützlicher Web-Links und ein ausgewählter Teil des Buches in PDF-Format verfügbar.

2 Automatisierung von Unit Tests

Gehen wir zunächst davon aus, dass die in der Einleitung gebrachten Argumente für Unit Tests und für den Test-First-Ansatz zutreffen. Eine wichtige Voraussetzung dieses Ansatzes ist die vollständige Automatisierung des Testvorgangs. Das häufigste Gegenargument sind die vermuteten höheren Anfangskosten im Vergleich zur Durchführung manueller Tests. Was ist dran an dieser Argumentation?

Bei herkömmlichen Testansätzen schätzt man, dass der Break-even zwischen Kosten und Nutzen bei etwa zehn Testläufen erreicht wird (vgl. [Kaner93], S. 196 f.). Dies bedeutet, dass sich Automatisierung spätestens dann rechnet, sobald man den automatisierten Test mehr als zehnmal in unverändertem Zustand ausführt. Eine grobe Abschätzung für unseren Test-First-Ansatz sieht so aus:

Kosten und Nutzen der Testautomatisierung

Bei einer durchschnittlichen Programmgröße von 500 Klassen und einer Woche veranschlagter Entwicklungszeit pro Klasse, fallen insgesamt 20000 (500x5x8) Stunden Gesamtentwicklungszeit an. Bei einer durchschnittlichen Integrationsfrequenz von 4 Stunden und der Regel, dass bei jeder Integration alle Unit Tests ausgeführt werden müssen (vgl. Kapitel 1.4), ergeben sich 5000 Ausführungen der gesamten Testsuite. Ein Test aus der Mitte der Entwicklungszeit wird also, vorausgesetzt er überlebt die Entwicklung bis zum Ende, ca. 2500-mal ausgeführt; dabei ist nicht mitgerechnet, dass er, solange er im Fokus der Entwicklung ist, sogar alle 5 – 10 Minuten ausgeführt wird. Die Automatisierung hat sich allemal gelohnt.

Nutzenschätzung bei Test-First-Entwicklung

Natürlich bleiben in dieser Rechnung einige Faktoren unberücksichtigt, z.B. dass viele Tests im Laufe ihres Lebens geändert werden müssen, dass manche Tests gar vollständig verschwinden und dass die Kosten für die anfängliche Erstellung eines bestimmten Tests sehr unterschiedlich sein können[1]. Berücksichtigt wurden auch nicht die zusätzlichen Effekte von Unit Tests in Bezug auf Design und Dokumentation. Man erkennt jedoch, dass – immer unter der Voraussetzung, die Regeln aus Kapitel 1.4 ergeben Sinn – Unit Tests gemäß dem Test-First-Ansatz ohne Automatisierung viel zu teuer (gemessen in Entwicklerzeit) wären. Hinzu kommt, dass der Mensch bei der ständigen Wiederholung immer gleicher Vorgänge – und das ist das Ausführen eines existierenden Tests ja – sehr viele Fehler produziert.

Wir kommen also ohne Automatisierung nicht aus. Die Fragen lauten nun: Was automatisieren wir? Wie automatisieren wir? Wie bewahren wir die Übersicht?

2.1   Was wollen wir automatisieren?

Unterschiedliche Automatisierungsarten

Automatisierung ist nicht gleich Automatisierung, sondern unterscheidet sich je nach Testart, Testebene und Systemart. Wollen wir beispielsweise ein serverbasiertes System auf sein Verhalten unter hoher Last untersuchen, benötigen wir ein Werkzeug, das es uns ermöglichet, von mehreren Clients aus eine bestimmte Anzahl von Aufträgen an den Server zu schicken und anschließend eine Reihe von Parametern abzufragen, wie z.B. Antwortzeiten, Anzahl missglückter Anfragen, Speicherverbrauch und CPU-Auslastung. Zum Testen grafischer Anwendungen hingegen dienen häufig so genannte *Recording Tools*, die das Aufzeichnen und Abspielen der Interaktionen auf Anwenderebene erlauben: Mausbewegungen, Klicks, Tastatureingaben.

In diesem Buch interessieren wir uns hingegen hauptsächlich für die Automatisierung objektorientierter Unit Tests. Ein solcher Test besteht meist darin, dass wir ein oder mehrere Objekte erzeugen, diese in einen bestimmten Anfangszustand bringen, sie mit einer Reihe von Nachrichten füttern und schließlich Veränderungen innerhalb der Objekte oder Auswirkungen auf die Umgebung (z.B. Dateien) überprüfen. Es geht also darum, einen *Test-Treiber* zu erstellen.

Unterschiedliche Testebenen

Aber auch hier finden wir noch unterschiedliche Ebenen, auf die sich Testfälle beziehen können:

▧ **Testen einzelner Methoden**: Als Randbedingungen spielen dabei vor allem Vor- und Nachbedingungen der Methoden eine Rolle (siehe Kapitel 4.7: *Design by Contract*).

---

1.   Eine kritische Analyse zur Wirtschaftlichkeit automatisierter Tests findet sich beispielsweise in [Marick00].

- **Testen des Protokolls einer Klasse:** Typische Verwendungsszenarien von Instanzen geben hier den Ton an (siehe Kapitel 4.3: *Testen der typischen Funktionalität*).
- **Testen der Interaktion** zwischen zwei oder mehreren Objekten (siehe Kapitel 4.6: *Objektinteraktionen*).

Unsere Hoffnung ist, dass wir diese unterschiedlichen Testebenen mit einer einzigen Vorgehensweise und einem einzigen Werkzeug erledigen können. Diesmal trügt die Hoffnung nicht.

2.2   Anforderungen an ein Automatisierungsframework

Während auf dem Markt auch Werkzeuge erhältlich sind, die die Erstellung von Treibern mittels proprietärer Skriptsprachen erlauben, sind solche Tools für den »Entwickler in Testerrolle« weniger geeignet. Zum einen stellt das Lernen einer neuen Sprache eine Barriere dar, zum anderen erfordert die gleichzeitige Verwendung zweier Sprachen ein ständiges »geistiges Umschalten«. Unsere erste Anforderung an eine Automatisierungsumgebung lautet daher:

Die Sprache zur Testspezifikation ist die Programmiersprache selbst

In unserem Fall also Java. Testcode und Anwendungscode können so mit den gleichen Werkzeugen (z.B. Versionsverwaltung) verarbeitet werden. Nachteilig wirkt sich aus, dass die Testspezifikation nur implizit im Code enthalten ist: Weder Eingangsdaten noch Ausgangsdaten werden als solche gekennzeichnet, sondern sind im Programmcode verteilt.

Java als Testspezifikationssprache

Es ist ein häufig gewählter Ansatz für klassenbasierte Test-Treiber, jeder Klasse eine *statische Methode* mitzugeben, die unsere Tests ausführt [Gassmann00]. Eine andere Möglichkeit ist die Auslagerung der Tests in eine dedizierte *Testerklasse*; diese Variante haben wir in Kapitel 1.3 gewählt. Vor- und Nachteile beider Ansätze zeigt Tabelle 2–1 (vgl. auch [McGregor01], S. 185).

	Vorteile	Nachteile
Statische Methode in CUT (Class under Test)	Zugriff auf private Teile der Klasse möglich. Leichte Wiederverwendung des Testcodes in Unterklassen.	Keine Trennung von Anwendungscode und Testcode. Mehr Code in der Anwendung.

Tab. 2–1

Vor- und Nachteile von Test-Treibern

	Vorteile	Nachteile
Eigene Testerklasse	Trennung von Anwendungscode undTestcode.	Eine zusätzliche Klasse ist notwendig.
	Strukturierung desTestcodes unabhängig von Klassenstruktur.	Auf private Teile der Klasse ist kein Zugriff für White-Box-Tests möglich.

Das Hauptargument für uns ist die Trennung von Anwendungscode und Testcode, die vor allem für die Auslieferung der Software eine große Rolle spielt. Unsere zweite Anforderung lautet daher:

Anwendungscode und Testcode müssen getrennt werden können

Was ist ein Testfall?　Üblicherweise ist die Granularität, in der man Tests spezifiziert, ausführt und verifiziert ein *Testfall* (engl. *Test Case*). Pol et al. definieren einen Testfall folgendermaßen (siehe [Pol00], S. 528): »Eine Beschreibung eines auszuführenden Tests, der auf ein spezifisches Testziel ausgerichtet ist.« Die Beschreibung muss dabei sowohl Zielobjekt, Ein- und Ausgabeparameter als auch Kontext und Nebeneffekte erfassen. Im Fall von ausführbaren Tests spiegeln sich alle Punkte auch im Programmcode wider. Entscheidend ist, dass die Ausführung eines Testfalls keine Auswirkungen auf nachfolgende Testfälle hat. Andernfalls führen Abhängigkeiten zwischen Tests zu nicht lokalen Auswirkungen einzelner Fehler. Anders formuliert: Verlässt man sich auf eine bestimmte Reihenfolge der Testausführung, so führt das Fehlschlagen eines Tests zu falschem Alarm bei einem nachfolgenden. Wir fordern daher:

Die Ausführung und Verifikation einzelner Testfälle ist voneinander unabhängig

Was ist eine Testsuite?　Der Unabhängigkeit einzelner Testfälle steht entgegen, dass wir ein Organisationsmittel brauchen, um zusammengehörige Tests gemeinsam behandeln zu können. Eine solche Gruppe von Testfällen nennt man *Testsuite*. Eine weitere Anforderung lautet:

Testfälle können beliebig in Testsuiten zusammengefasst werden

Wenn wir unseren ersten Versuch eines Test-Treibers in Kapitel 1.3 anschauen, dann fällt auf, dass der Erfolg bzw. Misserfolg eines Tests nur über eine Textausgabe mitgeteilt wurde, z.B.:

```
if (!translation.equals("word")) {
    System.out.println("Testfall 1 fehlgeschlagen...");
```

```
  } else {
    System.out.println("Testfall 1 erfolgreich.");
  }
```

Dies mag für einen einzelnen Testfall noch akzeptabel sein, doch wenn wir 20, 100 oder 5000 Tests ausführen, möchten wir nicht erst einige Seiten Text nach »erfolgreich« und »fehlgeschlagen« durchsuchen müssen, um herauszufinden, wie viele unserer Testfälle erfolgreich waren und wie viele nicht. Die letzte Anforderung an eine Testautomatisierungsumgebung lautet daher:

Der Erfolg oder Misserfolg der Testausführung muss auf einen Blick erkennbar sein

Dieser Anforderungskatalog dient uns zur Bewertung von Frameworks zur Automatisierung von Unit Tests. Doch kein Tool ist perfekt. Wo das ausgewählte Framework versagt, muss der Tester bzw. der Entwickler selbst für die Einhaltung der Regeln und »Best Practices« sorgen.

2.3   JUnit

Grundlage für die meisten Codebeispiele in diesem Buch ist *JUnit*. Dieses Open-Source-Framework zur Automatisierung von Unit Tests in Java wurde von Kent Beck und Erich Gamma entwickelt und wird mittlerweile als Sourceforge-Projekt weiterentwickelt [URL:JUnit]. Historisch ist JUnit ein Nachkomme eines ähnlichen Frameworks für Smalltalk [Beck94], dessen aktuelle Variante *SUnit* auch in Anhang B.1 näher beschrieben wird. Dass JUnit mittlerweile zum Quasistandard als Java-Unit-Testing-Werkzeug geworden ist, zeigt sich sowohl in vielen einführenden und weiterführenden Artikeln (siehe Anhang D.3: *Weiterführende Lesehinweise*) als auch in den für JUnit erhältlichen Erweiterungen (siehe Anhang A.2: *JUnit-Erweiterungen*) und der beginnenden Akzeptanz in zahlreichen Open-Source-Projekten[2]. Darüber hinaus erfüllt JUnit den oben aufgestellten Anforderungskatalog weitestgehend. Wie sieht das Erstellen und Ausführen von Testfällen in JUnit nun konkret aus?

Historie und Bedeutung

Installation und Testausführung

Beginnen wir ganz am Anfang – bei der Installation. Die jeweils aktuelle JUnit-Version kann von [URL:JContract] heruntergeladen wer-

---

2.   Beispielsweise in Apaches TomCat [URL:Apache].

den[3]. Um das Framework in eigenen Projekten verwenden zu können, muss lediglich die Datei `junit.jar` in den Klassenpfad des verwendeten JDKs eingebunden werden[4]. In seinem Archiv `junit37.zip` liefert JUnit außer der JAR-Datei auch noch Beispiele (im Verzeichnis `junit/samples/`) und Tests für das Framework selbst (im Verzeichnis `junit/tests/`). Diese benutzen wir nun, um die unterschiedlichen Arten der Testausführung einzuüben. JUnit bietet uns drei unterschiedliche `TestRunner`-Klassen an:

- `junit.textui.TestRunner`, der die Ergebnisse der Tests nach `stdout` schreibt
- `junit.awtui.TestRunner`, ein einfaches AWT-basiertes grafisches Werkzeug
- `junit.swingui.TestRunner`, ein komplexeres Swing-basiertes grafisches Tool

Alle drei Klassen verfügen über eine `main()`-Methode und können daher über die Kommandozeile angesprochen werden. Als Parameter benötigen sie den vollständigen Namen einer Testklasse; wie diese aussehen muss, beschreiben wir weiter unten.

Benutzen wir nun die mitgelieferten Beispieltests, um uns die unterschiedlichen `TestRunner` anzusehen. Dazu wechseln wir mittels Kommandozeilen-Befehl zunächst in das Verzeichnis, in das sich JUnit entpackt hat:

```
> cd woauchimmer/junit3.7
```

Textueller Test-Runner   Unter der Voraussetzung, dass ein JDK im aktuellen Pfad verfügbar ist, rufen wir zunächst den textuellen `TestRunner` auf:

```
> java -cp junit.jar;. junit.textui.TestRunner
junit.samples.AllTests
```

Und nach wenigen Sekunden...

```
.........................................
.........................................
........
Time: 1,462
OK (90 tests)
```

Das Ergebnis ist recht nüchtern: Jeder Punkt der Ausgabe zeigt uns einen erfolgreich ausgeführten Test; dazu erhalten wir noch die Testausführungszeit, das Gesamtergebnis (`OK`) und die Anzahl der Tests.

---

3.   Wir verwenden im Buch JUnit in Version 3.7.
4.   Für die Einbindung in diverse IDEs gibt es Unterstützung auf [URL:JUnit].

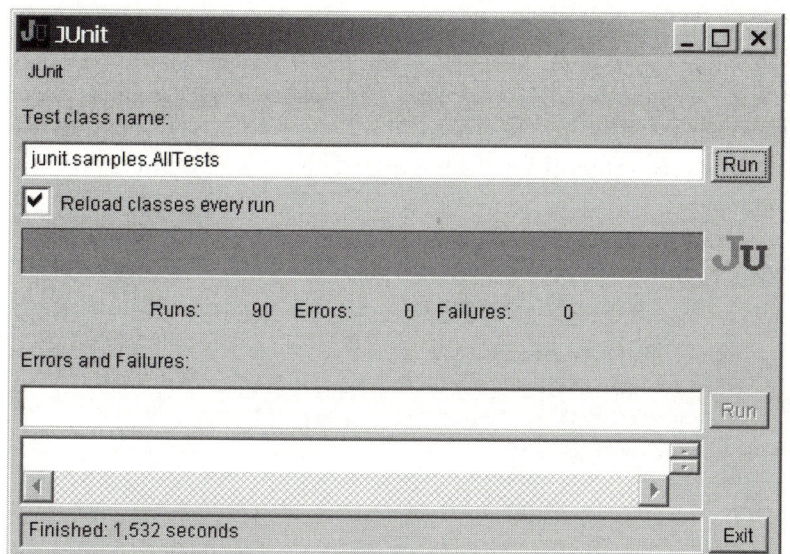

Abb. 2–1
Der AWT-Test-Runner

Fehlgeschlagene Tests hätten sich als F oder E in der Textausgabe
bemerkbar gemacht und das Gesamtergebnis geändert.

Mit dem AWT-Werkzeug sieht das schon ein wenig anders aus:

Grafischer Test-Runner

```
> java -cp junit.jar;. junit.awtui.TestRunner
junit.samples.AllTests
```

öffnet ein Fenster und startet die Tests (siehe Abb. 2–1).

Und mit dem Swing-Test-Runner öffnet sich wieder ein anderes
Fenster (siehe Abb. 2–2). Nicht zu erkennen ist hier in den Abbildungen,
dass bei beiden Test-Runnern der Balken oberhalb der Runs-
Errors-Statistik grün leuchtet – ein Zeichen für erfolgreiche Testausführung.
Sobald auch nur ein einziger Test schiefläuft, ändert sich die
Farbe zu einem nicht weniger strahlenden Rot.

Im weiteren Verlauf des Buches wird überwiegend die AWT-
basierte TestRunner-Klasse zum Zuge kommen, da der AWT-Test-Runner
in allen JDK-Versionen ab 1.1 funktioniert und sein Funktionsumfang
für unsere Zwecke ausreicht. Welchen der drei man im Produktivbetrieb
einsetzt, ist vor allem eine Frage des Geschmacks. In allen drei
Fällen ist ein wichtiges Kriterium unseres Anforderungskatalogs
erfüllt: Der Erfolg oder Misserfolg der Testausführung ist auf einen
Blick zu erkennen.

Erstellung von Testklassen

junit.framework.TestCase

JUnit sieht vor, dass Testfälle in eigenen Klassen definiert werden. Diese Klassen werden von `junit.framework.TestCase` oder einer Unterklasse abgeleitet. Mit dieser Trennung von Testklasse und zu testender Klasse erfüllt JUnit einen weiteren Punkt unseres Anforderungskatalogs.

Um die Sache am Anfang nicht zu schwierig zu gestalten, testen wir ein Stück der Java-Bibliothek, nämlich die Klasse `StringBuffer`. Zunächst unsere leere Testklasse:

```
import junit.framework.*;
public class StringBufferTest extends TestCase {
    public StringBufferTest(String name) {
        super(name);
    }
}
```

Der Import von `junit.framework.*` wird uns durch das ganze Buch hindurch verfolgen, da es das zentrale JUnit-Package darstellt[5]. Der

Abb. 2–2
Der Swing-Test-Runner

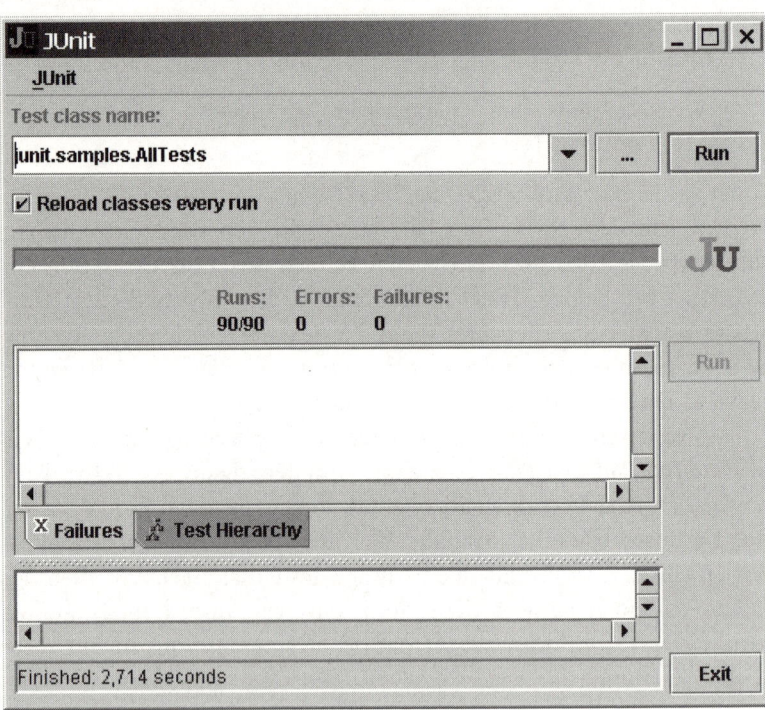

---

5. Seien Sie daher bitte nachsichtig, wenn aus Platzgründen ab und an die Importzeile fehlt.

Name der Testklasse setzt sich hier aus dem Namen der Zielklasse und der Endung Test zusammen. Dies ist reine Konvention, die das automatisierte Erkennen und eventuelle Entfernen von Testklassen erleichtert. Wesentlich für das Funktionieren des Frameworks ist zudem ein Konstruktor mit einem String-Parameter; mehr dazu später.

Rufen wir nun den AWT-Test-Runner mit dieser Klasse als Argument auf:

```
> java junit.awtui.TestRunner StringBufferTest
```

Offensichtlich passiert nichts Gutes, der Test-Runner sieht rot und produziert eine Fehlermeldung (siehe Abb. 2–3).

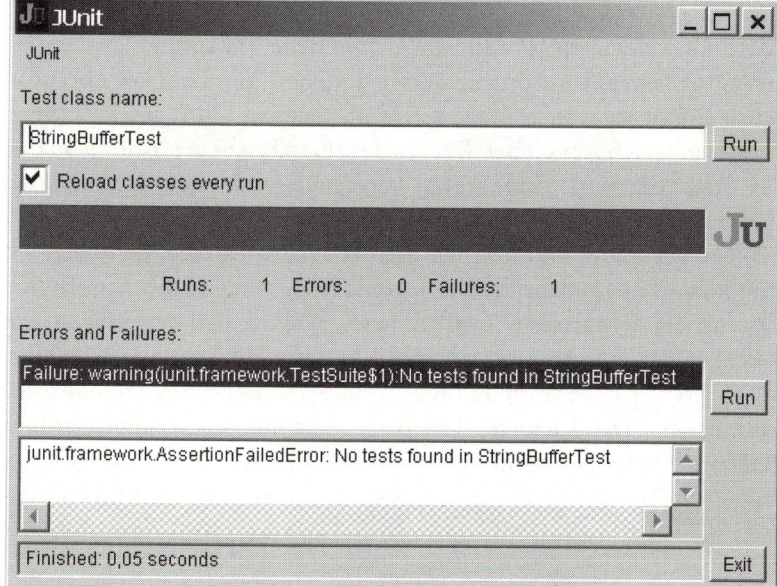

Abb. 2–3
Der Test-Runner mit leerer Testklasse

Überraschend ist höchstens, woher er weiß, dass wir noch keinen Test geschrieben haben. Auch das liegt an einer Konvention, die uns das Leben (und das Testen) in Zukunft erleichtern wird: Wenn wir es nicht anders festlegen, betrachtet JUnit alle *öffentlichen*, *nicht statischen* und *parameterlosen* Methoden, deren Namen mit »test« beginnen, als Testmethoden. Dieser Mechanismus, der mit Javas *Reflection* API arbeitet, erspart uns die Mühe, jeden einzelnen Testfall – und genau das stellt eine Testmethode dar – explizit irgendwo als solchen registrieren zu müssen.

Fügen wir jetzt den ersten Testfall hinzu, in dem wir die korrekte Initialisierung eines leeren StringBuffer überprüfen wollen:

Erstellung eines Testfalls

```
public void testEmptyBuffer() {
    StringBuffer buffer = new StringBuffer();
    assertTrue(buffer.toString().equals(""));
    assertTrue(buffer.length() == 0);
}
```

An diesem einfachen Beispiel sind ein paar grundlegende Vorgehens-
weisen zu erkennen. So beschreibt der zweite Teil des Namens, was wir
testen – also in unserem Beispiel das Verhalten eines leeren Buffers.
Der Name der Testmethode – hier also testEmptyBuffer – wird von
JUnit als String-Parameter dem Konstruktor übergeben.

assertTrue()   Auch der Aufbau des Methodenrumpfes ist typisch: Zunächst
wird ein Objekt erzeugt, danach werden bestimmte Eigenschaften auf
ihre Übereinstimmung mit unseren Erwartungen überprüft. Die
Methode assertTrue()[6] (dt. »stelle true sicher«) benötigt als Parameter einen boolean-Ausdruck, dessen Ergebnis zur Laufzeit überprüft
wird. Ergibt sich tatsächlich der Wert true, so fährt das Programm
fort. Ergibt sich jedoch der Wert zu false, so bricht der Testfall an die-
Was ist eine Failure?   ser Stelle ab, eine *Failure* (dt. Versagen) wird registriert und der
nächste Test – falls vorhanden – wird gestartet.

Um geänderte und hinzugefügte Tests auszuführen, bemühen wir
von nun an nicht mehr die Kommandozeile, sondern den *Run-Button*
des bereits gestarteten Test-Runners. Wichtig ist der Haken vor
»Reload classes every run«; dieser sorgt dafür, dass wir alle Tests einer
veränderten Klasse starten können, ohne das Werkzeug neu anwerfen
zu müssen[7]. Der allererste Test bringt uns nun wieder einen grünen
Balken – Grund genug für einen weiteren Versuch:

```
public void testAppendString() {
    StringBuffer buffer = new StringBuffer();
    buffer.append("Ein String");
    assertEquals("Ein String", buffer.toString());
    assertEquals(9, buffer.length());
}
```

Hier sehen wir eine Variante des Assert-Befehls – assertEquals(expected, actual) –, die zwei übergebene Objekte auf Gleichheit überprüft.
JUnit bietet uns diesen Befehl in Variationen für die meisten primitiven
Typen als auch für echte Objekte an. Dabei werden primitive Typen
mittels »==« verglichen, während bei Objekten die equals()-Methode

---

6. assertTrue() hieß vor Version 3.7 assert(). Da *assert* jedoch in JDK 1.4 zu
    einem reservierten Schlüsselwort aufgestiegen ist, wurde assert() in JUnit als
    deprecated markiert.
7. Unter VisualAge fehlt diese Option, da dort immer ein *Reload* stattfindet.

verwendet wird. Weitere Abarten dieser zentralen JUnit-Methode werden uns noch über den Weg laufen.

Leider ergibt das Ausführen der Tests wieder einen roten Balken
(siehe Abb. 2–4). Diesmal wird eine so genannte *Failure* angezeigt, d.h.

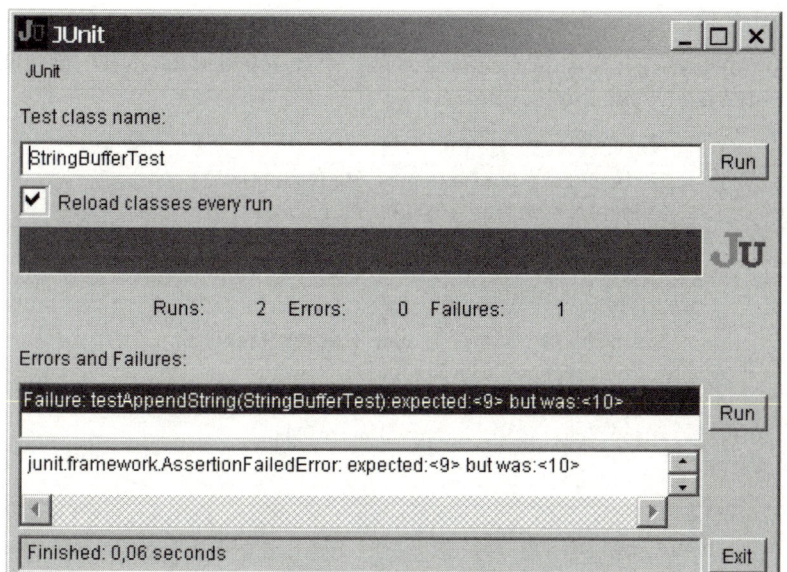

Abb. 2–4
Test-Runner mit Failure

ein fehlgeschlagener Assert-Aufruf. Durch die Verwendung von asser-
tEquals() ist die Fehlermeldung eindeutig: »expected: <9> but was:
<10>«. Wir haben uns bei der Testerstellung verzählt und die Korrek-
tur des Tests bringt uns wieder in den grünen Bereich:

```
public void testAppendString() {
    StringBuffer buffer = new StringBuffer();
    buffer.append("Ein String");
    assertEquals("Ein String", buffer.toString());
    assertEquals(10, buffer.length());
}
```

Außer der Failure kennt JUnit noch den *Error*. Dieser kommt
zustande, wenn bei der Ausführung des Tests eine Exception bis in die
Testmethode gelangt. Die Unterscheidung zwischen »Failure« und
»Error« ist ein wichtiges JUnit-Konzept, das Sie sich einprägen sollten.
Beispielsweise resultiert der folgende Testfall in einer NullPointerEx-
ception und wird von JUnit als Error registriert:

Was ist ein Error?

```
public void testProvokeError() {
    StringBuffer buffer = null;
    buffer.append("Ein String");
}
```

Fixtures

Betrachten wir uns die beiden bislang geschriebenen Testfälle, so fällt eine kleine Codeduplikation auf:

```
public void testEmptyBuffer() {
    StringBuffer buffer = new StringBuffer();
    assertTrue(buffer.toString().equals(""));
    assertTrue(buffer.length() == 0);
}
public void testAppendString() {
    StringBuffer buffer = new StringBuffer();
    buffer.append("Ein String");
    assertEquals("Ein String", buffer.toString());
    assertEquals(10, buffer.length());
}
```

Was ist eine Testfixture? Dupliziert wurde der Code zur Erzeugung unseres Testobjekts. Dies ist typisch für eine Menge von Tests, die sich auf eine konkrete Komponente beziehen. Häufig wird nicht nur ein Objekt, sondern ein ganzes Geflecht von Objekten erzeugt, das für alle Testfälle einer Testklasse den Ausgangszustand darstellt. Diese »Testbasis« nennt man auch *Fixture* (dt. Ausstattung, Inventar).

setUp() JUnit erlaubt es uns, den Code, der zur Erstellung der Fixture benötigt wird, in die Methode setUp() (dt. »baue auf«) auszulagern. Diese Methode wird vor dem eigentlichen Testcode ausgeführt, und zwar – das ist wichtig – vor jedem einzelnen Test. Dadurch wird gewährleistet, dass die Veränderungen, die der eine Testfall auf Objekte der Fixture hat, keine Auswirkungen in einem anderen Testfall zeigen. Der Einbau einer Fixture in unsere Testklasse sieht so aus:

```
public class StringBufferTest extends TestCase {
    private StringBuffer buffer;
    public StringBufferTest(String name) {...}
    protected void setUp() {
        buffer = new StringBuffer();
    }
    public void testEmptyBuffer() {
        assertEquals("", buffer.toString());
        assertEquals(0, buffer.length());
    }
}
```

```
public void testAppendString() {
    buffer.append("Ein String");
    assertEquals("Ein String", buffer.toString());
    assertEquals(10, buffer.length());
}
}
```

Wir sehen, dass sich die lokale Variable `buffer` zu einer Instanzvariablen gemausert hat, auf die von allen Tests aus zugegriffen werden kann. Zudem haben wir die übrig gebliebenen `assertTrue()`-Aufrufe durch das aussagekräftigere `assertEquals()` ersetzt. Dies erleichtert im Fall einer Failure durch eine genauere Fehlermeldung das Erkennen der Fehlerursache.

Als Pendant zu `setUp()` bietet JUnit auch die Möglichkeit, nach dem Ausführen eines Tests Ressourcen in einer `tearDown()`-Methode freizugeben, die im Set-up reserviert wurden, wie z.B. Dateien, Datenbankverbindungen und Ähnliches. Auch dieses »Niederreißen« findet nach der Ausführung jedes einzelnen Tests statt, und zwar unabhängig davon, ob der Test erfolgreich beendet wurde oder nicht.

tearDown()

Erstellung von Testsuiten

Bislang haben wir von einer versteckten Eigenschaft unseres Test-Runners Gebrauch gemacht: Eigentlich benötigt er als Parameter den Namen einer Klasse, die als Ergebnis einer statischen Methode `suite()` eine Instanz von `TestCase` oder `TestSuite` zurückgibt – beide Klassen implementieren das Interface `Test`. Fehlt diese Methode jedoch, dann konstruiert er selbst eine Testsuite aus der Menge aller Testfälle, deren Testmethodennamen mit `test` beginnen. Möchten wir dieses Defaultverhalten ändern, so implementieren wir diese `suite()`-Methode:

suite()

```
public class StringBufferTest extends TestCase {
    ...
    public static Test suite() {
        return new TestSuite("StringBuffer-Tests");
    }
}
```

Dieses Beispiel ist einfach; so einfach, dass es kaum etwas tut, außer ein Objekt der Klasse `TestSuite` zu erzeugen. Da diese Suite noch keinen Test enthält, ist auch das Ergebnis des Testlaufs recht unspektakulär: »Runs: 0 Errors: 0 Failures: 0«.

Fügen wir nun unsere beiden Testfälle in die Suite ein:

```
public static Test suite() {
  TestSuite suite = new TestSuite("StringBuffer-Tests");
  suite.addTest(
          new StringBufferTest("testAppendString"));
  suite.addTest(new StringBufferTest("testEmptyBuffer"));
  return suite;
}
```

Die Methode addTest(..) erlaubt das Hinzufügen von Tests zu einer Suite. Ein einzelner Testfall wird über den Konstruktor der Testfall-Klasse erzeugt, der als Parameter den Namen der Testmethode verlangt. Auf diese Weise ist es möglich, auch Testfälle zu erzeugen, die sich nicht an die Namenskonvention halten; sinnvoll ist das jedoch nur in den seltensten Fällen. Zudem ist diese Methode nicht typsicher, so dass die Angabe eines nicht existierenden Methodennamens, z.B. wegen eines Schreibfehlers, sich erst zur Laufzeit des Tests als NoSuch-MethodException bemerkbar macht.

Während wir im obigen Beispiel nur das Defaultverhalten nachgebildet und damit eigentlich überflüssigen Code geschrieben haben, kann die Implementierung der suite()-Methode durchaus nützlich sein. So ermöglicht sie beispielsweise die Ausführung einer Untermenge aller Testfälle einer Klasse oder die Komposition »normaler« Testsuiten zu einer übergeordneten Suite. Die Schachtelungstiefe von Suiten ist dabei beliebig, d.h., wir können Einzeltests zu einer Suite zusammenführen und diese dann wieder mit anderen Suiten oder Einzeltest zu einer neuen Suite kombinieren – ad infinitum. TestCase- und TestSuite-Instanzen bilden auf diese Weise ein *Composite*-Pattern (dt. Muster) [Gamma95].

AllTests   Ein Beispiel hierfür stellt die Klasse junit.samples.AllTests dar, die wir bereits verwendet haben. Deren suite()-Methode sieht folgendermaßen aus:

```
public static Test suite() {
  TestSuite suite = new TestSuite("All JUnit Tests");
  suite.addTest(VectorTest.suite());
  suite.addTest(new TestSuite(
              junit.samples.money.MoneyTest.class));
  suite.addTest(junit.tests.AllTests.suite());
  return suite;
}
```

Zusätzlich zu dem uns bekannten TestSuite-Konstruktor wird hier die Variante mit einem Klassenobjekt (MoneyTest.class) als Parameter verwendet. Eine auf diese Art erzeugte Testsuite implementiert das bekannte Defaultverhalten der Test-Runner: Erzeugt wird eine Suite mit allen Testfällen, deren Testmethoden mit test beginnen.

2.4   Zusammenfassung

Im Zentrum dieses Kapitels stand die Begründung der Notwendigkeit und die Realisierung automatisiert ablaufender Unit Tests. Während in Kapitel 2.2 einige Anforderungen an ein Automatisierungsframework formuliert wurden, zeigte Kapitel 2.3 deren Umsetzung in JUnit:

- **Programmiersprache gleich Testsprache:** JUnit ist ein reines Java-Framework.
- **Trennung von Anwendungs- und Testcode:** Testfälle werden in einer eigenen Klassenhierarchie – mit der Basisklasse junit.framework.TestCase – erstellt.
- **Unabhängigkeit der Testfälle voneinander:** JUnit erlaubt es, die Gemeinsamkeiten von Tests in eine setUp()-Methode auszulagern, die für jeden Test getrennt ausgeführt wird. Dadurch spielt die Reihenfolge der Tests keine Rolle.
- **Beliebige Zusammenfassung von Tests in Testsuiten:** Das Konzept der Suite ist in der Klasse junit.framework.TestSuite verfügbar.
- **Erkennen des Testergebnisses auf einen Blick:** Assert-Methoden dienen zur eindeutigen Überprüfung der Testergebnisse. Die grafischen Test-Runner kodieren Erfolg durch die Farbe Grün und Misserfolg durch Rot.

JUnit ist daher für die beispielhafte Verwendung als Automatisierungswerkzeug für Komponententests geeignet. Da es zudem frei verfügbar ist, dient es als Grundlage für die meisten Codebeispiele dieses Buches.

In diesem Kapitel wurden fast ausschließlich technische Aspekte der Erstellung und Ausführung von Testfällen mit JUnit erläutert. Der Rest des Buches beschäftigt sich vor allem mit dem Erstellen der »richtigen« Testfälle. Richtig in Bezug auf Erstellungszeitpunkt, Menge, Größe, Aufbau, Organisation und Implementierung. Wie meist im Leben wird sich auch hier zeigen, dass keine unumstößlichen Regeln existieren und wir die Suche nach einer optimalen Lösung zu Gunsten einer ausreichend guten Lösung aufgeben müssen.

3 Grundschritte des Test-First-Ansatzes

Erinnern Sie sich noch an die Einleitung? Dort steht, dass der Ansatz, den dieses Buch vermitteln möchte, zu einem wichtigen Teil darauf beruht, **vor** dem eigentlichen Programmcode einen Test für eben diesen Code zu schreiben. Kann das wirklich ernst gemeint gewesen sein? Wie soll ich etwas testen, das ich noch gar nicht kenne?

Wenden wir uns doch nochmal dem Programmierproblem aus Kapitel 1.3 zu. Um Ihnen das Zurückblättern zu ersparen, hier die Wiederholung der Aufgabenbeschreibung:

> *Für die Übersetzung dieses Buches in eine Sprache unserer Wahl soll eine Wörterbuch programmiert werden. Dieses Wörterbuch, in Form der Klasse* Dictionary, *wird mit einer Wörterdatei initialisiert und erlaubt die Abfrage der Übersetzung eines deutschen Wortes. Mehrere Übersetzungsalternativen sollen möglich sein.*

Nehmen wir einmal an, die »Test-First-Behauptung« wäre tatsächlich ernst gemeint. Wie sähe dann das Vorgehen an diesem Beispiel aus?

3.1 Step by Step

»Die Entwicklung findet in kleinen Schritten statt, in denen sich Testen und Kodieren abwechseln. Eine solche ›Mikro-Iteration‹ dauert nicht länger als 10 Minuten.« Dieses Zitat aus Kapitel 1.4 dient uns zukünftig als Richtschnur. Starten wir die erste Mikro-Iteration und erzeugen zunächst einmal eine leere Testklasse:

```
public class DictionaryTest extends TestCase {
    public DictionaryTest(String name) {
        super(name);
    }
}
```

Leere Testklasse   Da der Name der Wörterbuchklasse schon vorgegeben ist, ergibt sich
der Name der Testklasse `DictionaryTest` automatisch. In den meisten
Fällen ist die Zuordnung genau einer Testklasse zu einer Applikationsklasse ausreichend – in jedem Fall ist es ein guter Ausgangspunkt. Das
Starten des Test-Runners mit `DictionaryTest` als Parameter führt zur
erwarteten Failure: »No tests found in DictionaryTest«. Fügen wir nun
den ersten Test hinzu:

```
public void testCreation() {
    Dictionary dict = new Dictionary();
}
```

Erste   Zwei Entscheidungen mussten wir dafür treffen: Welche Parameter
Designentscheidungen   benötigt der Konstruktor? Wie nennen wir den Test? Da wir im
Augenblick noch keinen Anhaltspunkt für einen Parameter besitzen,
fällt die vorläufige Entscheidung für einen leeren Konstruktor. Der
Name des Testfalls – `testCreation` – ist typisch für einen ersten Test.
Der Versuch, diesen Test auszuführen, scheitert schon im Vorfeld – das
Kompilieren schlägt fehl. Zunächst also Applikationscode:

```
public class Dictionary {
}
```

Wie wir sehen, sehen wir nichts: Der Defaultkonstruktor tut seine
Arbeit und – oh Wunder! – der Test läuft fehlerfrei. Wir können nun
zweifelsfrei beweisen, dass wir in der Lage sind, eine `Dictionary`-
Instanz zu kreieren; sonst jedoch nichts. Wir wollen zumindest gerne
sicherstellen, dass ein neu erzeugtes Wörterbuch leer ist, und erweitern
den Test:

```
public void testCreation() {
    Dictionary dict = new Dictionary();
    assertTrue(dict.isEmpty());
}
```

Evolutionäres Design   Mit dieser Erweiterung haben wir eine erste Designentscheidung
getroffen, nämlich dass das Interface der `Dictionary`-Klasse die
Methode `isEmpty()` zur Verfügung stellt. Solche Entscheidungen müssen im Laufe einer Test-First-Entwicklung ständig getroffen werden.
Die Summe dieser zahlreichen kleinen Weichenstellungen führt am
Ende zum Gesamtdesign des Systems[1]. Durch die Tests stellen wir
sicher, dass unser Entwurf auch der Implementierung entspricht; ein

---

1. Martin Fowler nennt diese Art des Entwurfs *evolutionäres Design* und ver-
    gleicht es in [Fowler00] mit dem verbreiteten Gegenstück, dem *geplanten
    Design*.

Design auf dem Papier hat diese Eigenschaft nicht. Hinzu kommt, dass
wir durch die Tests in der Lage sind, unsere Entwurfsentscheidungen
zu revidieren und ein Refactoring durchzuführen.

Doch zurück zu unserem Beispiel und hin zur Implementierung der
isEmpty()-Methode:

```
public class Dictionary {
   ...
   public boolean isEmpty() {
      return false;
   }
}
```

Die einfachste Implementierung einer Funktion ist immer die Rück-   *As simple as possible!*
gabe eines konstanten Wertes; und Einfachheit ist ein wichtiges Design-
ziel. Die entsprechende Regel aus Kapitel 1.4 lautet: »Es wird nur so
viel Produktionscode geschrieben, wie es der Test verlangt.«

Im Beispiel wählen wir zunächst den Rückgabewert, der den Test
fehlschlagen lässt – hier also false. Dann führen wir den Test aus, um
sicherzugehen, dass er fehlschlägt. Dieser Schritt ist wichtig für unser
Vertrauen in die Richtigkeit des Tests. Und erst jetzt korrigieren wir
den Test so, dass er erfolgreich durchläuft:

```
public class Dictionary {
   ...
   public boolean isEmpty() {
      return true;
   }
}
```

Dass die fest verdrahtete Rückgabe von true nicht unsere endgültige
Implementierung sein wird, ahnen wir zwar, befolgen jedoch die obige
Regel und lassen uns einzig und allein von den Tests lenken. Wir vertrauen darauf, dass ein zukünftiger Test uns schon zwingen wird, die
»richtige« Implementierung vorzunehmen. Eine vorzeitige »richtige«
Implementierung führt dazu, dass am Ende zu wenig Tests geschrieben
werden, da der Entwickler irgendwann die Tests weglassen wird, für
die bereits eine Implementierung existiert.

Bereits mit dem folgenden Test wollen wir den ersten Schritt in
Richtung funktionstaugliches Wörterbuch gehen:

```
public void testAddTranslation() {
   Dictionary dict = new Dictionary();
   dict.addTranslation("Buch", "book");
   assertTrue(!dict.isEmpty());
}
```

Kleine Schritte! Der Test sieht in der Tat etwas schwachbrüstig aus, da er nichts weiter tut, als zu überprüfen, ob ein Dictionary nach dem Hinzufügen einer Übersetzung nicht mehr leer ist. Vermutlich haben Sie einen größeren Schritt erwartet, etwa das Hinzufügen mehrerer Übersetzungen und das Abfragen der selbigen. Unser Ziel ist es jedoch, in möglichst kleinen Schritten zu arbeiten, um nie einen plötzlichen und unerwarteten Testerfolg bzw. Misserfolg zu erleben. In der Praxis tendieren die meisten Entwickler zu immer größeren Schritten – mit dem Ergebnis häufiger Überraschungen bei der Testausführung.

Den Schritt der »leeren« Implementierung mit fehlschlagendem Test können Sie jetzt (und in Zukunft) ohne Unterstützung ausführen. Daher gleich der Versuch, die Testanforderungen zu erfüllen:

```java
public class Dictionary {
    ...
    private boolean empty = true;
    public boolean isEmpty() {
        return empty;
    }
    public void addTranslation(String german,
                               String translated) {
        empty = false;
    }
}
```

Die Implementierung ist einfach und unerwartet, denn schließlich wird das angegebene Wort samt seiner Übersetzung überhaupt nicht verwendet. Dies deutet auf eine massive Lücke in unseren Tests hin, die wir zu schließen versuchen:

```java
public void testAddTranslation() {
    Dictionary dict = new Dictionary();
    dict.addTranslation("Buch", "book");
    assertTrue(!dict.isEmpty());
    String trans = dict.getTranslation("Buch");
    assertEquals("book", trans);
}
```

Das sieht zum ersten Mal nach einem Test aus, der wirklich etwas Sinnvolles tut, nämlich die Übersetzung für ein Wort ermitteln und überprüfen. Doch wer gehofft hat, dass sich nun endlich der endgültige Implementierungscode zeigt, hat sich verrechnet. Das Hinzufügen der folgenden Methode genügt den Testanforderungen völlig:

```
public class Dictionary {
    ...
    public String getTranslation(String german) {
        return "book";
    }
}
```

Es scheint, als kämen wir um einen weiteren Testfall nicht herum. Dieser soll uns zur Aufgabe der unbefriedigenden Rückgabe von Konstanten zwingen. Wie wäre es hiermit:

```
public void testAddTwoTranslations() {
    Dictionary dict = new Dictionary();
    dict.addTranslation("Buch", "book");
    dict.addTranslation("Auto", "car");
    assertTrue(!dict.isEmpty());
    assertEquals("book", dict.getTranslation("Buch"));
    assertEquals("car", dict.getTranslation("Auto"));
}
```

Und siehe da, nun fällt auch einem böswilligen Entwickler keine *einfache* Implementierung mehr ein, die sich nicht langsam in die erwartete Richtung bewegen würde:

```
import java.util.Map;
import java.util.HashMap;
public class Dictionary {
    private Map translations = new HashMap();
    public void addTranslation(String german,
                               String translated) {
        translations.put(german, translated);
    }
    public String getTranslation(String german) {
        return (String) translations.get(german);
    }
    public boolean isEmpty() {
        return translations.isEmpty();
    }
}
```

Eine Map dient jetzt zur Aufbewahrung der Übersetzungen, dafür ist die Variable empty im Papierkorb gelandet. Die Tests haben auch hier sichergestellt, dass wir beim Umbau nicht etwa die isEmpty()-Methode vergessen. Die Verwendung der Hashmap ist unbestreitbar einfacher, als die in der Einleitung vorab entworfene Lösung (vgl. Kapitel 1.3). Sollte die Einführung einer Translation-Klasse später notwendig werden, dann sichern uns die vorhandenen Tests das bereits erreichte Verhalten ab. Auf Spekulationen verzichten wir jedoch.

Da jetzt die erste richtige Funktionalität eingebaut ist, empfiehlt sich ein Blick auf die Testklasse, um sie aufzuräumen bzw. ein *Refactoring* durchzuführen. Verschiedene Punkte fallen dabei ins Auge:

- Die Namen testAddTranslation und testAddTwoTranslations spiegeln nicht mehr den gesamten Inhalt der Testfälle wider. Besser scheint uns testOneTranslation und testTwoTranslations.
- Die Zeile zur Erzeugung unseres Dictionary-Testobjekts ist mehrfach vorhanden; wir machen daraus besser eine Testfixture.
- Der zweite und dritte Testfall enthalten mehr als ein assert. Um zukünftige Diagnosen zu erleichtern, empfiehlt sich die Kennzeichnung der einzelnen assert-Aufrufe durch einen beschreibenden Kommentar als ersten Parameter. Diese Variante wird von allen assert-Methoden unterstützt.

Die frisch gestylte Klasse DictionaryTest sieht danach so aus:

```
public class DictionaryTest extends TestCase {
    ...
    private Dictionary dict;
    protected void setUp() {
        dict = new Dictionary();
    }
    public void testCreation() {
        assertTrue(dict.isEmpty());
    }
    public void testOneTranslation() {
        dict.addTranslation("Buch", "book");
        assertTrue("dict not empty", !dict.isEmpty());
        String trans = dict.getTranslation("Buch");
        assertEquals("translation Buch", "book", trans);
    }
    public void testTwoTranslations() {
        dict.addTranslation("Buch", "book");
        dict.addTranslation("Auto", "car");
        assertTrue("dict not empty", !dict.isEmpty());
        assertEquals("translation Buch", "book",
                                dict.getTranslation("Buch"));
        assertEquals("translation Auto", "car",
                                dict.getTranslation("Auto"));
    }
}
```

Ein Punkt der Spezifikation, den wir noch nicht berücksichtigt haben, sind Übersetzungsalternativen. Zunächst der Test:

```
public void testTranslationWithTwoEntries() {
    dict.addTranslation("Buch", "book");
    dict.addTranslation("Buch", "volume");
    String trans = dict.getTranslation("Buch");
    assertEquals("book, volume", trans);
}
```

Und auch hier ist die einfachste Lösung so lange die beste, bis eine neue Anforderung – und damit neue Tests – ein komplexeres Design verlangt:

```
public class Dictionary {
    ...
    public void addTranslation(String german,
                               String translated) {
        String before = this.getTranslation(german);
        String now;
        if (before == null) {
            now = translated;
        } else {
            now = before + ", " + translated;
        }
        translations.put(german, now);
    }
}
```

Lassen wir das Vorgehen des bisherigen Kapitels nochmals Revue passieren: Zu Beginn jedes Schrittes stand ein Test. Um diesen Test hinschreiben zu können, mussten wir Entscheidungen über das gewünschte *öffentliche Interface* unseres OUT (Object under Test) machen. Dieses öffentliche Interface diente sowohl zur »Stimulation« des Testobjekts als auch zur Verifikation des korrekten Verhaltens. *(Rekapitulation)*

Nach dem erfolgreichen Kompilieren erfolgte jeweils das Ausführen aller bislang erstellten Tests, das erwartungsgemäß mit einer Failure im hinzugefügten bzw. modifizierten Test endete. Erst jetzt haben wir uns Gedanken darüber gemacht, wie das im Testfall spezifizierte Verhalten am einfachsten umzusetzen ist. Die »alten« Testfälle dienten uns dabei als einschränkende Bedingungen; d.h., je mehr Testfälle wir zufrieden stellen mussten, desto komplizierter wurde unser Programmdesign.

Auf diese Art und Weise wurde die Entwicklung des Produktionscodes von den Tests vorangetrieben und gesteuert. Es findet jedoch *(Test treibt Code – und umgekehrt!)*

auch eine umgekehrte Steuerung statt: Bemerken wir, dass trotz grünen Balkens eine Methode noch nicht ausprogrammiert ist, dann ist das ein deutlicher Wink mit dem »Es-fehlen-noch-Tests«-Zaunpfahl.

Öffentliche Schnittstelle   Unsere Tests konzentrieren sich bislang ausschließlich auf das von außen sichtbare Verhalten des OUT[2]. Dies hat mehrere Vorteile:

- Die Tests dokumentieren die gewünschte Verwendung der getesteten Klasse. Diese Art der Dokumentation ist – im Gegensatz zu jeder Prosa-Dokumentation – immer konsistent.
- Innere Umstrukturierungen haben keine Auswirkungen auf die Tests. Würden wir beispielsweise den Aufbau der verwendeten Hashmap überprüfen, so wäre eine Umstellung auf eine eigene Klasse für die einzelnen Übersetzungen ungleich aufwändiger.

Unsere Richtlinie lautet daher, auch in Tests nur die öffentliche Schnittstelle zu verwenden. Dass dieses idealistische Ziel nicht immer eingehalten werden kann, sehen wir später.

3.2 Abhängigkeiten

Bislang haben wir den Teil unserer Problemspezifikation, der sich mit der Wörterbuchdatei beschäftigt, außen vor gelassen. Da das Dateiformat nicht näher spezifiziert ist, legen wir eines fest: Jeder Übersetzungseintrag wird durch eine Zeile der Form

```
<deutsches Wort>=<Übersetzung>
```

vorgenommen; Mehrfacheinträge sollen erlaubt sein. Der erste Versuch eines Tests sieht so aus:

```
public void testSimpleFile() {
    dict = new Dictionary("C:\\temp\\simple.dic");
    assertTrue(! dict.isEmpty());
}
```

Abhängigkeit von Dateien   Dabei stellen wir jedoch fest, dass wir uns auf diese Weise vom Inhalt einer externen Datei abhängig machen. Alternativ können wir diese Datei zu Beginn des Testfalls löschen und mit unserem gewünschten Inhalt neu anlegen. Doch auch damit bekämen wir eine unerwünschte Abhängigkeit zu einem Dateipfad und plattformabhängigen Besonderheiten. Die rettende Idee lautet, anstatt einer Datei einen beliebigen

---

2. Für Java bedeutet das: Alle Variablen und Methoden, deren Sichtbarkeit `public`, `protected` oder nicht spezifiziert (*Package Scope*) ist.

InputStream zuzulassen – die Abbildung auf eine Datei ist danach sehr
einfach. Unser Test wird dadurch dateiunabhängig:

```
import java.io.*;
   ...
public void testTwoTranslationsFromStream() {
    String dictText = "Buch=book\n"+
        "Auto=car";
    InputStream in = new StringBufferInputStream(dictText);
    dict = new Dictionary(in);
    assertTrue(! dict.isEmpty());
}
```

Den einfachsten Weg zum grünen Balken überlassen wir an dieser
Stelle dem Leser zur Übung[3]. Stattdessen ergänzen wir den Test gleich
um weitere assert-Aufrufe:

```
public void testTwoTranslationsFromStream() {
    String dictText = "Buch=book\n"+
        "Auto=car";
    InputStream in = new StringBufferInputStream(dictText);
    dict = new Dictionary(in);
    assertTrue("dict not empty", !dict.isEmpty());
    assertEquals("translation Buch", "book",
                                dict.getTranslation("Buch"));
    assertEquals("translation Auto", "car",
                                dict.getTranslation("Auto"));
}
```

Die Erinnerung an die Verwandtschaft unseres Dateiformats mit dem
der Java-Properties-Dateien führt zu einer einfachen Implementierung:

```
import java.util.*;
import java.io.*;
public class Dictionary {
    ...
    public Dictionary(InputStream in) throws IOException {
        this.readTranslations(in);
    }
    private void readTranslations(InputStream in)
    throws IOException {
        Properties props = new Properties();
        props.load(in);
        Iterator i = props.keySet().iterator();
```

---

3.   Tipp: Die übergebene InputStream-Instanz kann dabei noch völlig ignoriert
     werden.

```
        while (i.hasNext()) {
            String german = (String) i.next();
            String trans = props.getProperty(german);
            this.addTranslation(german, trans);
        }
    }
}
```

Das Durchreichen der IOException fordert von unserer Testmethode, dass auch sie eine IOException wirft. Auf diese Weise vertrauen wir JUnit die Exceptionbehandlung an, das im Fall des Falles einen Error registriert.

In Anlehnung an die existierenden Tests entsteht ein weiterer:

```
public void testTranslationsWithTwoEntriesFromStream()
        throws IOException {
    String dictText = "Buch=book\n"+
        "Buch=volume";
    InputStream in = new StringBufferInputStream(dictText);
    dict = new Dictionary(in);
    String trans = dict.getTranslation("Buch");
    assertEquals("book, volume", trans);
}
```

An diesem Punkt wird plötzlich klar, dass die Implementierung mit Hilfe der Properties-Klasse in eine Sackgasse geführt hat, da die Methode load(InputStream) bei Doppeleinträgen einer gleichnamigen Property den ersten Eintrag überschreibt, während spezifikationsgemäß alle möglichen Übersetzungen eines Wortes aus der Datei gelesen werden sollen. Zudem ist das Verhalten der Properties-Klasse auch in anderer Beziehung, z.B. beim Hashzeichen (#), nicht das gewünschte. Offensichtlich scheint das Parsen der Wörterbuchdatei eine komplexere Angelegenheit zu werden und wir entschließen uns daher, diese Funktionalität in eine eigene Klasse DictionaryParser auszulagern.

Refactoring vor dem Testfall   Wir sind damit an einer Stelle angelangt, an der wir den aktuellen Test nicht ohne vorherige Umbaumaßnahmen zum Erfolg führen können bzw. wollen. Dies ist der richtige Zeitpunkt, um einen Schritt zurückzugehen: Wir entfernen den *offenen Testfall* vorläufig aus der Testsuite[4] – des grünen Balkens wegen – und führen zunächst das Refactoring durch. Ein Testfall nennt sich dann »offen«, wenn das Verhalten, das er spezifiziert, noch nicht (vollständig) implementiert ist. Im vorliegenden Beispiel möchten wir das Parsen des InputStreams in eine

---

4. Beispielsweise indem man dem Namen der Testmethode einen Unterstrich voransetzt.

Klasse `DictionaryParser` verlagern, deren Interface das Iterieren über alle Übersetzungseinträge eines Streams erlaubt.

Zur Förderung der Unit-Test-Selbstständigkeit des Lesers verzichten die Autoren hier auf die detaillierte Beschreibung aller Einzelschritte und beschränken sich auf die Darstellung des Ergebnisses – Testsuite und Implementierung. Zunächst die Testklasse:

```java
import java.io.*;
public class DictionaryParserTest extends TestCase {
    public DictionaryParserTest(String name) {...}
    private DictionaryParser parser;
    private DictionaryParser createParser(String dictText)
        throws IOException {
        InputStream stream =
                        new StringBufferInputStream(dictText);
        return new DictionaryParser(stream);
    }
    private void assertNextTranslation(String german,
                                                String trans)
        throws IOException {
        assertTrue(parser.hasNextTranslation());
        assertEquals(german, parser.nextGermanWord());
        assertEquals(trans, parser.currentTranslation());
    }
    public void testEmptyStream() throws IOException {
        parser = this.createParser("");
        assertTrue(!parser.hasNextTranslation());
    }
    public void testOneLine() throws IOException {
        String dictText = "Buch=book";
        parser = this.createParser(dictText);
        this.assertNextTranslation("Buch", "book");
        assertTrue(!parser.hasNextTranslation());
    }
    public void testThreeLines() throws IOException {
        String dictText = "Buch=book\n" +
            "Auto=car\n" +
            "Buch=volume";
        parser = this.createParser(dictText);
        this.assertNextTranslation("Buch", "book");
        this.assertNextTranslation("Auto", "car");
        this.assertNextTranslation("Buch", "volume");
        assertTrue(!parser.hasNextTranslation());
    }
}
```

Wie man sieht, wurde auch im Testcode auf die Vermeidung von Code-duplikation geachtet und gemeinsame Funktionalität in private Methoden ausgelagert. Generell gilt, dass auch Testklassen Teil des Systems und daher denselben Grundsätzen von Einfachheit und Lesbarkeit unterworfen sind. Hier die Implementierung:

```java
import java.io.*;
public class DictionaryParser {
    private BufferedReader reader;
    private String nextLine;
    private String currentTranslation;
    public DictionaryParser(InputStream in)
        throws IOException {
        reader = new BufferedReader(
                            new InputStreamReader(in));
        this.readNextLine();
    }
    public String currentTranslation() {
        return currentTranslation;
    }
    public boolean hasNextTranslation() {
        return nextLine != null;
    }
    public String nextGermanWord() throws IOException {
        int index = nextLine.indexOf('=');
        String german = nextLine.substring(0, index);
        currentTranslation = nextLine.substring(index + 1);
        this.readNextLine();
        return german;
    }
    private void readNextLine() throws IOException {
        nextLine = reader.readLine();
    }
}
```

Das Interface der Parser-Klasse ist »iteratorartig«. Vermutlich kommt jeder Programmierer zu einem anderen Ergebnis, wie die beste Dictio-naryParser-Schnittstelle aussehen sollte. Aber auch das ist kein gewichtiges Problem: Die Tests dokumentieren das Interface für andere Entwickler und bei möglichen zukünftigen Änderungen führt man ein Refactoring durch. Nun fehlt nur noch der Einbau des Parsers in das Wörterbuch:

```java
public class Dictionary {
    ...
    private void readTranslations(InputStream in)
```

```
        throws IOException {
        DictionaryParser parser = new DictionaryParser(in);
        while (parser.hasNextTranslation()) {
            String german = parser.nextGermanWord();
            String trans = parser.currentTranslation();
            this.addTranslation(german, trans);
        }
    }
}
```

Und schon kann auch der Test testTranslationsWithTwoEntriesFrom-
Stream() reaktiviert werden – und siehe da, er läuft fehlerfrei. Falls
erwünscht, könnte jetzt ein weiterer Konstruktor Dictionary(String
filename) implementiert werden – wieder eine gute Übung für den
geneigten Leser ;-)

Was ist rückblickend in diesem Abschnitt passiert? Unser ganz *Offene Tests*
normales Vorgehen – kleine Tests und kleine Implementierungsschritte
– hat uns irgendwann gezeigt, dass jetzt besser Funktionalität aus der
CUT (Dictionary) in eine andere Klasse (DictionaryParser) ausgelagert werden sollte. Wir konnten daher einen noch nicht abgeschlossenen Test nicht in kurzer Zeit beenden, sondern mussten uns erst dem
neuen Objekt bzw. der neuen Klasse zuwenden. Der offene Test ist für
diese Zeit auf eine Art »Stack inaktiver Tests« gewandert, von dem er
nach Abschluss der Implementierung der neuen Klasse wieder entfernt
und »aktiviert« wurde.

Hat man Angst, solche offenen Testfälle zu vergessen, sollte man
sich eine Notiz machen; dies gilt im Übrigen auch für andere Codeauf-
fälligkeiten, deren Behebung man nicht augenblicklich angehen
möchte. Später in Kapitel 6 werden wir zusätzlich eine Möglichkeit
kennen lernen, wie sich die vorübergehende Deaktivierung noch nicht
implementierter Testfälle manchmal durch Dummy-Implementierungen vermeiden lässt.

Dieses Vorgehen wird immer dann nötig, wenn während der Imp- *Objektabhängigkeiten*
lementierung noch nicht existierende untergeordnete Objekte benötigt
werden. Theoretisch kann der Baum von Abhängigkeiten beliebig tief,
beliebig breit und damit unser »Stack« beliebig unübersichtlich werden. In der Praxis jedoch befinden sich selten mehr als zwei Testfälle
im Status »offen, aber deaktiviert«. Merkt man, dass man in eine
große Kette von Abhängigkeiten gerät, so liegt das meist daran, dass
der oberste Test auf dem Stack einen zu großen Happen neuer Funktionalität enthält. In diesem Fall gehen wir am besten auf den letzten
Hundertprozent-Zustand zurück und versuchen, einen kleineren Test
zu schreiben.

Top-down und
Bottom-up

Interessant ist, dass im Fall eines vorab im Trockendock[5] entworfenen Programms genau entgegengesetzt vorgegangen würde. Während hier *top-down*, d.h. von der allgemeinen Funktionalität ausgehend, entwickelt wurde, ist es bei einem bereits entworfenen System einfacher, *bottom-up* zu entwickeln und zu testen, da hier ein Top-down-Vorgehen die Entwicklung von *Stub*- oder *Dummy*-Objekten nötig macht (siehe Kapitel 6). Abbildung 3–1 zeigt ein einfaches Klassendiagramm, an dem der Unterschied verdeutlicht werden soll[6]:

Abb. 3–1
Top-down / Bottom-up

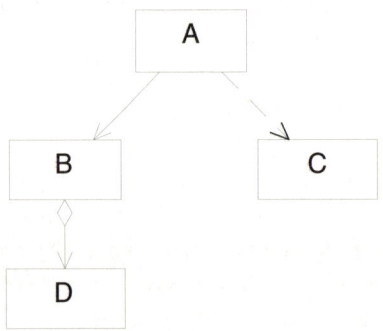

- **Top-down:** Die Programmierung und die Klassentests beginnen bei Klasse A; B und C werden durch Dummies simuliert. Danach werden B und C angegangen, wobei erstere wieder einen Dummy für Klasse D erfordert. In objektorientierten Systemen bedeutet dies meist, dass man sich von der äußeren (öffentlichen) Schnittstelle eines (Sub-)Systems ins (private) Innere vorarbeitet. Top-down ist daher gleichzeitig auch ein *Outside-in*.
- **Bottom-up:** Man beginnt bei den Klassen ohne Abhängigkeiten und setzt mit diesen die komplexeren abhängigen Objekte zusammen. Die Entwicklungsreihenfolge wäre beispielsweise D – B – C – A.

Sind zwei (oder mehr) Klassen gegenseitig voneinander abhängig, versagt der Bottom-up-Ansatz, d.h., alle Objekte müssen *en bloc* entwickelt werden; auch hier hat die Test-First-Entwicklung einen Vorteil.

Probleme bei der
Verwendung komplexer
Testfixtures

Sowohl *top-down* als auch *bottom-up* werfen beim Testen Schwierigkeiten auf, sobald die Distanz[7] zwischen zu testender Klasse und den Klassen, die zum Testen benötigt werden, wächst. Je größer der Abstand, desto diffiziler ist das Erzeugen der nötigen Testfixture. Die-

---

5. Auch als UML bekannt.
6. Die Richtung der Pfeile bestimmt die Navigierbarkeit und damit die Abhängigkeit.
7. »Distanz« bezeichnet hier die Anzahl der dazwischen hängenden Objekte.

ses Problem kann durch den Einsatz eines zentralisierten Testobjekter-
zeugungsmechanismus etwas abgemildert werden[8]; der Aufwand für
Erstellung und Anpassung dieser Objektgeflechte wird jedoch mit
wachsender Applikation immer größer und die Abhängigkeiten zwischen Testfällen und entfernten Objekten immer undurchschaubarer.
Hinzu kommt, dass in den Tests auftretende Fehler nicht mehr unbedingt der CUT zugeordnet werden können, sondern möglicherweise
auf das fehlerhafte Verhalten einer benutzten Klasse zurückzuführen
sind. Techniken zur Vermeidung dieses Falls werden in Kapitel 6 ausführlich beleuchtet.

Es bleibt die Frage nach dem richtigen Zeitpunkt für die Abspal- *Wachsen oder spalten?*
tung einer neuen Klasse während der Entwicklung einer anderen.
Sicherlich wäre es uns gelungen, die Funktionalität des `DictionaryPar-
ser` noch in der `Dictionary`-Klasse unterzubringen. Dann hätte jedoch
vermutlich irgendwann ein Refactoring diese oder eine ähnliche Klasse
hervorgebracht – nur zu einem späteren Zeitpunkt. Der Auslagerungs-
zeitpunkt gehorcht einer von zwei Strategien: *Grow then split* oder
split then grow [Feathers00]. Erst wachsen, dann aufteilen oder erst
aufteilen, dann wachsen – so lautet die Frage. Der richtige Weg liegt
meist irgendwo in der Mitte: Man muss erst ein bisschen wachsen, um
die Notwendigkeit einer neuen Klasse zu erkennen. Mal geschieht es
früher, mal später – entscheidend ist ein einfaches Design am Ende.

Ein Phänomen bringt die Abspaltung eines neuen Objekts jedoch *Redundante Tests*
meist mit sich: Redundanz in den Testfällen. Fälle, die wir bereits für
das übergeordnete Objekt testen, gehören plötzlich in den Aufgaben-
bereich der neuen Klasse. Es lohnt daher ein Blick auf existierende
Tests, um zu überprüfen, ob wir sie weiterhin benötigen. Ziel unserer
Unit Tests ist es, die Funktionalität einer einzelnen Unit, also meist
einer CUT, zu überprüfen. Verhalten, das diese CUT weiter delegiert,
ist nicht Bestandteil der Klasse. Zu verifizieren bleibt jedoch, dass das
Delegieren selbst korrekt abläuft. Im Wörterbuch-Beispiel gilt es, die
beiden `test*FromStream`-Testfälle auf Redundanz zu überprüfen. Beide
Testziele (Testen zweier Zeilen und Testen eines Doppeleintrags) werden auch in `DictionaryParserTest` überprüft. Es bietet sich beispielsweise an, die zwei Testfälle durch einen einzelnen zu ersetzen, der dann
jedoch ein komplexeres Szenario abdeckt. Dagegen spricht der dokumentierende Charakter der Testfälle für den Anwender der `Dictio-
nary`-Klasse. Den Königsweg gibt es nicht – redundante Tests sind
jedoch in jedem Fall besser als zu wenig Tests.

---

8. Ein solcher Mechanismus ist z.B. unter dem Begriff »ObjectMother« in
    [Schuh01] vorgestellt worden.

Abhängigkeit von
externen Ressourcen

Im Zuge der vorausgegangenen Implementierung ist noch ein weiterer Fall von Abhängigkeit aufgetreten: Dateien. Die Abhängigkeit von Dateien oder anderen externen Ressourcen erschwert das Testen, da wir uns plötzlich an die Spielregeln anderer halten müssen. Während sich die Programmiersprache und die lokale Umgebung vollständig kontrollieren lassen, haben wir es dort mit proprietären Protokollen, Zugriffsbeschränkungen, Zeitabhängigkeiten und anderen unabsehbaren Umständen zu tun, die den Erfolg eines Tests indeterministisch machen oder zumindest dessen Implementierung erschweren. Im Fall der Wörterbuchdatei bestand der Trick darin, das Interface so zu ändern, dass die Testbarkeit verbessert wurde. Natürlich kann man trotzdem nicht vollständig auf Dateitests verzichten – ein Thema, das in Kapitel 6 nochmals aufgegriffen wird.

Testbarkeit als
Entwurfsziel

Intuitiv schrecken viele Entwickler davor zurück, ihren »richtigen« Code zu verändern, »nur« um ihn besser testen zu können. Doch ist ein Zugeständnis des Applikationscodes an den Testcode keineswegs verdammenswert, sondern ein erwünschter Effekt: Programmierung à la Test-First zwingt uns zum Entwurf *testbarer Objekte*. »Testbar« heißt in den allermeisten Fällen auch *einfacher*. »Einfacher« bedeutet *mit weniger Abhängigkeiten*. Und die Reduzierung von Abhängigkeiten – sowohl innerhalb eines Systems als auch nach außen – ist ein zentrales Ziel guten Softwaredesigns.

3.3   Testorganisation und Testausführung

Unser Minibeispiel hat bislang noch keine größeren Ansprüche an Testorganisation und Testausführung gestellt. Die beiden Testklassen `DictionaryTest` und `DictionaryParserTest` können ohne große Verzögerung im selben Test-Runner immer wieder gestartet werden und auch die Ausführungszeit ist vernachlässigbar. Wächst jedoch unser Projekt – und mit ihm die Anzahl der Testklassen –, dann versagt dieser naive Ansatz, und wir benötigen etwas mehr Überlegung zu Testorganisation und Testausführung.

Testorganisation

Wie viele Testklassen?

Die erste Frage, die sich stellt, ist: In wie vielen Testklassen verteile ich meine Tests? Bislang haben wir alle Tests einer Applikationsklasse in eine eigene Testklasse gepackt. Die Faustregel »eine Testklasse pro Applikationsklasse« eignet sich meist als Einstieg, es gibt jedoch triftige Gründe, hin und wieder davon abzuweichen:

▨ Ziel unserer in `setUp()` erzeugten Testfixture (siehe Kapitel 2.3) ist die Bereitstellung einer Objektkonfiguration für alle Tests der Testklasse. Benötigen bestimmte Tests diese Fixture nicht, so werden sie in eine neue Testklasse extrahiert. Im Wörterbuch-Beispiel könnten sich im weiteren Verlauf der Entwicklung zwei Gruppen von Tests für die `Dictionary`-Klasse herausbilden: Die eine benötigt einen `InputStream` als Fixture, die andere nicht. Das Ergebnis wäre zwei Testklassen für eine Applikationsklasse, z.B. `DictionaryTest` (wie gehabt) und `DictionaryFromStreamTest`.

▨ Wird die Anzahl der Tests für eine CUT zu groß, so sollten wir nach Gruppen von Tests mit Gemeinsamkeiten suchen und diese in eine neue Testklasse hinaus komplimentieren. Häufig bietet sich dann auch das Refactoring hin zu einer abstrakten Testoberklasse an, in der sich gemeinsamer Code der beiden konkreten Testklassen wiederfindet, wie etwa in Abbildung 3–2 gezeigt. Sehr viele

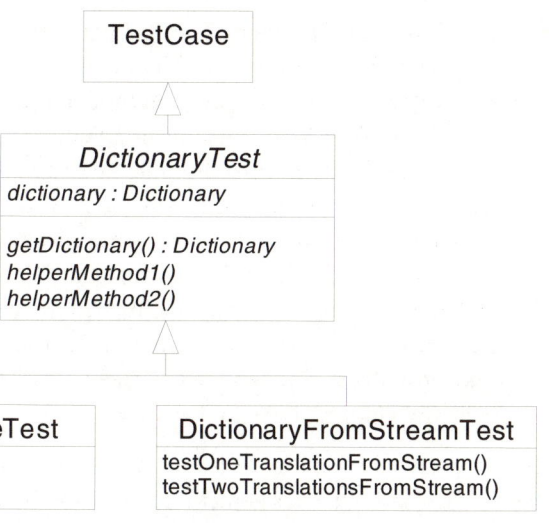

Abb. 3–2
Kleine Testklassen-
hierarchie

Tests in einer Testklasse können jedoch auch ein Hinweis darauf sein, dass die zugehörige CUT aufgespalten werden sollte.

▨ Erfordert eine triviale Klasse keine Tests (z.B. `DictionaryParserException` weiter unten), dann spart man sinnvollerweise auch die Testklasse ein.

▨ Tests, die sich nicht auf eine einzelne Klasse, sondern auf eine Konfiguration von Klassen oder ein Subsystem beziehen, haben ihre eigene Testklasse verdient.

Wohin mit den Testklassen? Eine weitere diskussionswürdige Frage ist, ob Testklassen in das gleiche oder ein separates Java-Package gehören. Das Abwägen von Vor- und Nachteilen beider Lösungen erlaubt kein eindeutiges Urteil:

▪ **Testklassen im selben Package** erlauben den Zugriff auf Methoden, deren Sichtbarkeit nur *protected* oder *package scope* ist. Dies erhöht bisweilen die Testbarkeit, verleitet aber auch zur Erzeugung instabiler Tests (siehe auch Kapitel 8.2).

Ein weiterer Vorteil ist die Nähe der Tests zu den getesteten Klassen. So fällt das »zufällige« Übersehen der Testklassen bei Codeänderungen und Verschiebungen schwerer. Und auch bei Umbenennung von Packages und Klassen werden die zugehörigen Testklassen nicht so leicht vergessen.

Die Trennung von Applikationscode und Testcode dagegen wird – wenn erforderlich – schwieriger, da sie sich auf eine Namenskonvention verlassen muss. Testhilfsklassen können dabei leicht fälschlich als Applikationsklassen angesehen werden.

▪ **Testklassen in separatem Testpackage** erlauben die leichtere Trennung von Applikations- und Testcode. Dafür ist der Zugriff auf nicht öffentliche Klassen und Methoden nur über Zusatztools oder Javas *Reflection*-Mechanismus möglich.

Ob die Tests in einer Parallelhierarchie (z.B. `tests.myproj.*`) untergebracht werden oder ob jedes Package sein persönliches Testpackage bekommt (z.B. `myproj.pack1.tests`), ist reine Geschmackssache. Denkbar ist sogar die Verwendung des gleichen Package-Namens in unterschiedlichen Pfaden und das Ein- und Aushängen des einen Pfades in den *Classpath* für Test- bzw. Produktionsbetrieb. In diesem Fall sieht das Test-Package aus Java-Sicht wie ein und dasselbe Package aus.

Beide Ansätze haben ihre Vor- und Nachteile. Hauptsache ist die teamweite Verwendung eines gemeinsamen Standards.

Alle Tests eines Packages Des Weiteren bringt es Vorteile, sich darauf zu einigen, wie man alle Tests eines Packages bzw. eines Teilsystems oder des ganzen Projektes anspricht. Einen Quasistandard hierfür stellen `AllTests`-Klassen dar. Typischerweise existiert eine solche Klasse für jedes Package, in dem sich Testklassen befinden. In unserem Beispiel sieht sie so aus:

```
import junit.framework.*;
class AllTests {
    public static void main(String[] args) {
        junit.awtui.TestRunner.run(AllTests.class);
    }
```

```
public static Test suite() {
    TestSuite suite =
        new TestSuite("Test suite for kapitel3.*");
    suite.addTestSuite(DictionaryTest.class);
    suite.addTestSuite(DictionaryParserTest.class);
    return suite;
}
}
```

Während die suite()-Methode alle Testklassen des Packages zusammenfasst, bietet uns die main()-Implementierung eine bequeme Startmöglichkeit der Testsuite, ohne dass wir uns über Parameter Gedanken machen müssen. Welcher der drei Test-Runner hier zum Einsatz kommt, ist wiederum eine Geschmacksfrage. Wichtig ist, dass man beim Hinzufügen, Löschen und Umbenennen von Testklassen daran denkt, auch AllTests entsprechend anzupassen.

Je nach Systemgröße und Struktur wird noch mindestens eine weitere AllTests-Klasse existieren, die alle anderen AllTests-Suiten in einer Testsuite zusammenfasst, etwa so:

Alle Tests eines Projektes

```
package myproj.alltests;
import junit.framework.*;
class AllTests {
    public static void main(String[] args) {
        junit.awtui.TestRunner.run(AllTests.class);
    }
    public static Test suite() {
        TestSuite suite =
            new TestSuite("All tests of MyProject");
        suite.addTest(myproj.pack1.AllTests.suite());
        suite.addTest(myproj.pack2.AllTests.suite());
        suite.addTest(myproj.pack3.sub1.AllTests.suite());
        suite.addTest(myproj.pack3.sub2.AllTests.suite());
        return suite;
    }
}
```

Die Einführung zusätzlicher Zwischenhierarchien von AllTests-Klassen kann das partielle Testen und die Aktualisierung größerer Projekte vereinfachen. Abbildung 3–3 zeigt eine denkbare Package- und Klassenstruktur für ein erdachtes Projekt. Dort fasst myproj.pack3.alltests.AllTests alle Tests aus den Unterpackages von myproj.pack3 zusammen.

Ein Alternativansatz zur manuellen Pflege der Testsuiten besteht darin, alle Testklassen eines Packages oder gar einer ganzen Applika-

Generierte Testsuiten

tion automatisch zu generierten Testsuiten zusammenfassen zu lassen, z.B. durch Suche aller Unterklassen von `junit.framework.TestCase`. Dieser Ansatz scheint zunächst einfacher, die Kontrolle über Umfang, Organisation und Verteilung aller Tests geht dabei jedoch leicht verloren[9]. Die Autoren bevorzugen daher die manuelle Pflege der Testsuiten.

Abb. 3–3	`/myproj/pack1/`
Package-Struktur mit	`ClassA.java`
Testklassen	`ClassATest.java`
	`ClassB.java`
	`ClassBTest.java`
	`AllTests.java`
	`/myproj/pack2/`
	`...`
	`AllTests.java`
	`/myproj/pack3/subpack1/`
	`...`
	`AllTests.java`
	`/myproj/pack3/subpack2/`
	`...`
	`AllTests.java`
	`/myproj/pack3/alltests/`

Testausführung

Die Gelegenheiten zum Ausführen der einen oder anderen Testsuite sind zahlreich (vgl. [Gassmann00]):

Wann führt man eine Testsuite aus?

- Vor und nach dem Refactoring von Code.
- Vor und nach dem Hinzufügen neuer Funktionalität.
- Vor und nach der Integration geänderten Codes ins Gesamtsystem.
- Immer wenn man seine Stimmung durch einen grünen Balken aufhellen möchte.

Dabei sollte die Menge der ausgeführten Tests sinnvollerweise so gewählt werden, dass möglichst viele Tests ausgeführt werden, man sich jedoch nicht bei der Arbeit durch unnötige Warterei behindert fühlt. Solange die Suite mit allen Tests des Systems in wenigen Sekunden abläuft, schadet es nichts, auch bei lokalen Änderungen immer die komplette Testmenge anzuwerfen. Die Erfahrung zeigt jedoch, dass in

---

9. Java-Code zum automatischen Finden aller `TestCase`-Unterklassen und Erstellung einer `TestAll`-Suite findet sich in [Schneider00].

jedem größeren Projekt die Laufzeit aller Unit Tests irgendwann spürbar wird. Man wählt daher die Ausführungsgranularität im Einzelfall kleiner: Teilsystemsuite, Packagesuite, einzelne Testklasse und manchmal gar einen einzelnen Testfall. Typisch ist

- die Ausführung einer einzelnen Testklasse während der Entwicklung der zugehörigen Klasse,
- die Ausführung aller Tests eines Packages vor und nach Refactoring-Maßnahmen, die sich auf dieses Package beschränken.

Welche Testsuite führt man aus?

Spätestens jedoch nach Abschluss eines Tasks sowie vor der Integration geänderter Klassen sind alle Tests des Systems an der Reihe. Hat man das Gefühl, dass die Laufzeiten der Tests die Entwickler an einer regelmäßigen Ausführung hindern, dann muss man versuchen, die Ausführungszeiten zu reduzieren – beispielsweise durch die in Kapitel 6 beschriebenen Techniken.

3.4 Zusammenfassung

In diesem Kapitel haben wir an der in der Einleitung vorgestellten Wörterbuch-Programmieraufgabe das typische Vorgehen einer Test-First-Entwicklung und ihrer zahlreichen kleinen Mikro-Iterationen gezeigt. Dabei wurde nicht nur die Entwicklung einer einzelnen Klasse, sondern auch der Weg zur Aufspaltung dieser Klasse in einen Parser sowie das eigentliche Wörterbuch demonstriert.

Das Ergebnis unserer *testgetriebenen* Entwicklung sieht deutlich anders aus als die vorab entworfene Lösung aus Kapitel 1.3. Der Test-First-Ansatz ist daher nicht nur ein Mittel zur Verringerung der Programmfehler, sondern lenkt das Systemdesign hin zu möglichst wenig inneren und äußeren Abhängigkeiten. Die Antwort auf die Frage »Wie soll ich etwas testen, das ich noch gar nicht kenne?« lautet daher: »Ich teste, *weil* ich es noch nicht kenne!« Doch trotz des *Entwurfs durch Testen* ist ein *grobes* Vorabdesign hilfreich für die Ideengenerierung, wenn man während der Implementierung bereit ist, es völlig zu vergessen.

Schließlich haben wir gesehen, wie Tests à la JUnit auch in stetig größer werdenden Applikationen skalieren können, wenn man sich über Testorganisation und Testausführung im Klaren ist.

4 Testideen und Heuristiken

Bislang haben wir Unit Tests an genau einem Punkt der Softwareentwicklung geschrieben: bei der Verwirklichung einer neuen Anforderung (**Gelegenheit 1**). Es gibt jedoch noch andere Gelegenheiten, Tests zu schreiben, zu ändern oder zu überarbeiten:

- **Gelegenheit 2:** Nach der Fertigstellung einer Aufgabe werden sowohl der Applikationscode auf Möglichkeiten zum Refactoring als auch der Testcode auf Qualität und ausreichende Abdeckung hin überprüft.
- **Gelegenheit 3:** Wenn ein Fehler in späteren Entwicklungsphasen – während der Funktionstests oder nach der Auslieferung – auftritt, dann wird **vor** der Behebung des Defekts ein Unit Test geschrieben – oder ein vorhandener erweitert –, der den Fehlerfall aufdeckt. Dies zeigt, dass die Entwickler die Ursache eines Fehlers wirklich verstanden haben, und verhindert, dass sich der gleiche Defekt später nochmals einschleicht.
- **Gelegenheit 4:** Immer, wenn man Defizite an den Testfällen feststellt, z.B. bei dem Versuch, vorhandenen Code zu verstehen oder zu ändern.
- **Gelegenheit 5:** Bei bzw. nach einem Refactoring von Programmteilen.

Je mehr Erfahrung man beim Testen hat, desto mehr Tests werden nicht erst bei den Gelegenheiten 2, 3 oder 4 gefunden, sondern bereits bei Gelegenheit 1. Die Schwierigkeiten bei der Testfallerstellung resultieren jedoch nicht nur aus Erfahrungsmangel, sondern auch aus grundsätzlichen psychologischen Gründen (vgl. [Weinberg98]): Während das Ziel eines Testers das Finden möglichst vieler Defekte ist, sieht sich der Entwickler der Software gerne bestätigt und übersieht so in seinem eigenen Programm Fehler, die er in fremdem Code auf Anhieb erkennen würde. Fehlkonzeptionen bei der Programmierung

Der Entwickler als Tester

führen oft zu den gleichen Fehlern im Test. Wir bemühen uns daher, bei der Durchsicht der Testfälle auf *ausreichende Abdeckung* (siehe auch Kapitel 8) das »Entwickler-Ich« abzulegen und stattdessen die Rolle des »Tester-Ichs« einzunehmen. Da uns dies nie vollständig gelingen wird, erhöht die Mitarbeit einer zweiten Person die Qualität der Testfälle erheblich[1]. Dies kann entweder im Rahmen von Pair Programming oder in einem nachträglichen Review geschehen.

Im weiteren Verlauf dieses Kapitels werden einige Heuristiken, Ideen und theoretische Aspekte zur Verbesserung der einzelnen Unit Tests und zum Finden neuer Testfälle gegeben. Dabei ist – wie immer – die wichtigste Regel zu berücksichtigen: *Testcode wird als Produktionscode behandelt* und verdient die gleiche Aufmerksamkeit hinsichtlich Lesbarkeit und Klarheit. Aber auch: *Suboptimale Tests sind besser als keine Tests.*

4.1 Überarbeitung einzelner Tests

Betrachtet man den einzelnen Testfall – also eine `testXXX`-Methode –, so verdienen einige Punkte Beachtung:

Namensgebung

▓ Der **Testname** soll die getestete Funktionalität beschreiben – eventuell auch die besonderen Randbedingungen dieses speziellen Tests. So ist `testAddUser` sicherlich verständlicher als `test1` und `testAddUserWithoutPassword` besser als `testAddUserThrowException`. Entscheidend ist, dass sich der *Leser* des Testcodes leicht orientieren kann, um bei notwendigen Änderungen die entsprechenden Tests zu identifizieren. Insbesondere raten wir von einer Namenskonvention ab, die fortlaufende Nummern irgendeiner Art einführt. Dies erschwert sowohl die Identifizierbarkeit als auch die Wartbarkeit der Testfälle.

▓ Die **Länge der Testmethode** soll möglichst klein sein. Dies kann man entweder durch die Extraktion von Methodenteilen oder durch Aufspaltung des Tests erreichen. Je feiner die Granularität des Einzeltests, desto leichter ist es, den Zweck des Tests zu verstehen und bei Bedarf zu ändern.

Das Testen komplexer Szenarien erfordert häufig viele Einzelschritte. In diesem Fall muss man abwägen, ob das Auslagern von

---

1. Bisweilen wird auch die Forderung erhoben, die Testgruppe organisatorisch von der Entwicklertruppe vollständig zu trennen, um die Auswirkungen des beschriebenen psychologischen Phänomens zu eliminieren.

Teilen der Testmethode in private Methoden die Lesbarkeit der Testsequenz verschlechtert.

Testcode enthält **so wenig Logik wie irgend möglich**. Schleifen, Verzweigungen und Case-Anweisungen sind immer ein Zeichen dafür, dass der Test entweder zu komplex ist oder mehr testet als eine einzige Unit. Ausnahmen von dieser Regel können Hilfsfunktionen bzw. Hilfsklassen – beispielsweise zum Vergleichen strukturierter Objekte – darstellen. Diese benötigen dann konsequenterweise auch ihre eigenen Testfälle.

Die **erwarteten Ergebnisse** sollten **als vorab bestimmte Konstanten** angegeben und nicht im Test berechnet werden. Dazu ein Vergleich zweier Varianten des gleichen Tests:

```
public void testSaldo1() {
    Konto konto = new Konto();
    konto.ueberweise(10);
    konto.hebeAb(5);
    konto.ueberweise(6);
    assertTrue(11, konto.getSaldo());
}

public void testSaldo2() {
    Konto konto = new Konto();
    konto.ueberweise(10);
    konto.hebeAb(5);
    konto.ueberweise(6);
    int saldo = 10 - 5 + 6;
    assertTrue(saldo, konto.getSaldo());
}
```

Folgt man dem Beispiel aus `testSaldo2()`, so ist im Testcode bald sämtliche Funktionalität der Anwendungsklassen nochmals implementiert. Daher ist es sinnvoll, die erwarteten Ergebnisse vorab zu berechnen. Eine Ausnahme von dieser Regel wird nur dann gemacht, wenn bereits die Eingabedaten variabel sind. In einem solchen Fall dienen so genannte *Testorakel* (siehe Glossar, Seite 312) zur Bestimmung der korrekten Ergebnisdaten, mit denen die tatsächlichen Ergebnisse im Test verglichen werden[2]. Orakel finden jedoch in Unit Tests nur sehr selten ein sinnvolles Anwendungsfeld.

---

2. [Binder99] widmet ein ganzes Kapitel (S. 917 ff.) dem Thema »Oracles«.

■ **Testdaten und erwartete Ergebnisse** sollten nahe beieinander stehen. Dazu ein Beispiel:

```
public void testVerifyPassword() {
    assertTrue(user.verifyPassword("abcdef"));
    assertTrue(! user.verifyPassword("123456"));
}
```

Ob dieser Test seine Richtigkeit hat, kann der Leser des Codes nur feststellen, wenn er die Stelle sucht, an der das User-Objekt erzeugt wird. Hingegen ist folgender Test leicht zu durchschauen:

```
public void testVerifyPassword() {
    User user = new User("Name", "abcdef");
    assertTrue(user.verifyPassword("abcdef"));
    assertTrue(! user.verifyPassword("123456"));
}
```

Möchte man jedoch die Erzeugung des Users zur Vermeidung von Codeduplikation ins Set-up ziehen, so bietet die Verwendung von Konstanten einen Mittelweg:

```
public void testVerifyPassword() {
    assertTrue(user.verifyPassword(CORRECT_PASSWORD));
    assertTrue(! user.verifyPassword(WRONG_PASSWORD));
}
```

Generell gilt: Je größer der Abstand zwischen Eingangs- und Ausgangsdaten, desto schwieriger wird das Verständnis des Tests. Entschließt man sich beispielsweise, Testdaten in eine Datei auszulagern, so sollten die erwarteten Resultate auch in dieser Datei stehen. Die nächstbeste Lösung wäre eine daneben liegende Datei ähnlichen Namens (z.B. testData.input und testData.expected).

To catch or
not to catch

■ **Exceptions**, die bis in die Testmethode gelangen können und einen Testerror darstellen, sollten nicht abgefangen werden[3]. Zu bevorzugen ist daher:

```
public void testVerifyPassword()
    throws WrongPasswordException {
    assertTrue(user.verifyPassword(CORRECT_PASSWORD));
}
```

anstatt:

---

3. Wie unterschiedlich jedoch die Ansichten sein können, sieht man daran, dass in [Gassmann00] die gegenteilige Regel aufgestellt wird.

```
public void testVerifyPassword() {
    try {
        assertTrue(user.verifyPassword(CORRECT_PASSWORD));
    } catch (WrongPasswordException e) {
        fail("Exception occurred: " + e.getMessage());
        e.printStackTrace();
    }
}
```

Der Code wird durch den `try-catch`-Code aufgebläht, und das ohne echten Informationsgewinn – vorausgesetzt die `Exception` oder ihr `Message`-String sind spezifisch genug. Nützlich ist das Negativbeispiel dennoch, da uns hier ein noch unbekannter JUnit-Befehl über den Weg läuft: »`fail(String text)`« ist in der Klasse `Assert` verwurzelt und löst immer eine Failure aus. Dies ist beispielsweise dann sinnvoll, wenn die Korrektheit eines Testfalls durch den Programmfluss bestimmt wird.

Im Laufe eines Projekts wird jedes Team sein eigenes Grundvokabular an Testidiomen und *Guidelines* entwickeln. Dinge, die durch Vereinheitlichung gewinnen, sind z.B. die Verwendung des optionalen String-Parameters bei `assert`-Aufrufen oder die Namensgebung von Variablen der Testfixture. Mit das Wichtigste an Richtlinien ist ihre konsistente Verwendung, selten nur der konkrete Inhalt der einzelnen Regel.

4.2 Schwarze und weiße Kisten

Nachdem wir die Anatomie einzelner Testmethoden unter die Lupe genommen haben, richtet sich nun der Blick auf die Testsuite in ihrer Gesamtheit. Dabei kann uns ein wenig Testtheorie nicht schaden.

In der Literatur (z.B. [Binder99]) ist die Unterscheidung zwischen *Black-Box-Tests* und *White-Box-Tests* weit verbreitet:

White-Box- und Black-Box-Tests

▪ Black-Box-Tests – auch *spezifikationsbasierte* oder *funktionale* Tests genannt – betrachten das Verhalten eines Systems oder einer Unit von außen. Diese Tests können bereits vor der Implementierung erstellt werden. Die Akzeptanztests in XP sind meist reine Black-Box-Tests.

▪ White-Box-Tests werden auch *implementierungsbasierte* oder *strukturelle* Tests genannt. In ihnen wird das Wissen über die aktuelle Implementierung einer Funktion benutzt, um *ergänzende* kritische Testfälle und Ausführungspfade zu bestimmen[4]. Ein typischer White-Box-Test geht von den Verzweigungen im Programmfluss aus und leitet von dort die aktuellen Eingabewerte für den Testfall ab.

Adäquates Testen erfordert eine Kombination aus beiden Ansätzen. Die bislang von uns entwickelten Testfälle waren spezifikationsbasiert, da wir allein das erwünschte Verhalten eines Objekts im Blick hatten. Unit Tests lassen sich jedoch nicht eindeutig einer der beiden Kategorien zuordnen. Obwohl wir auch weiterhin versuchen, uns in den Testfällen auf die Verwendung »äußerer« Eigenschaften eines Objekts zu beschränken, wird die getroffene Auswahl an Tests von unserem Wissen über die Implementierung beeinflusst.

4.3   Testen der typischen Funktionalität

Eine häufig gehörte Empfehlung ist: »Schreibe für jede öffentliche Methode einen Testfall.« Diese Regel hat zwei Haken: Testet man die Methoden eines Objekts nur isoliert, so werden Fehler, die sich durch Zustandsänderungen des Objekts ergeben, nicht entdeckt. Der zweite Haken ergibt sich aus der unterschwelligen Aussage »ein Test pro öffentlicher Methode ist genug«, was häufig zu wenig ist. Unsere modifizierte Regel lautet daher: »Teste jede *typische Verwendung* eines Objekts.« Der Unterschied besteht darin, dass eine typische Verwendung meist aus einer Sequenz von Nachrichten besteht.

Beispielsweise ist eine typische Verwendung unseres `Dictionary`-Objekts das Hinzufügen neuer Übersetzungen und die Abfrage vorhandener Übersetzungen. Für diese beiden Szenarien haben wir Testfälle geschrieben; die Methode `isEmpty()` wurde jedoch nur im Rahmen dieser »typischen Verwendungstests« benutzt. Die Regel soll jedoch nicht dazu führen, sämtliche Einzeltests durch einen komplexen und unüberschaubaren Testfall zu ersetzen – im Gegenteil: Die Kunst besteht darin, die kleinsten typischen Verwendungsfälle zu identifizieren und unabhängig voneinander zu testen.

Testideen-Checkliste   Mit wachsender Test-First-Erfahrung findet man die **typischen** Verwendungsfälle meist schon **vor** der eigentlichen Implementierung. Sie sind es, die das Design unserer Applikation lenken. Zu ihnen gesellen sich im Laufe der Zeit andere *Testideen*, häufig die untypischen, aber trotzdem legitimen Verwendungsarten unseres Codes. [Marick00] empfiehlt, diese Ideen zu notieren und als Checkliste für eine spätere Überarbeitung der Tests zu verwenden – und danach wegzuwerfen. Überarbeitung heißt, sich darüber Gedanken zu machen, ob sich die Testidee in einem Test manifestieren sollte oder ob sie vielleicht gar keinen Sinn ergibt, nicht innerhalb der Anforderungen liegt oder das Erstellen des

---

4. Die Kenntnis der Implementierung kann auch dazu genutzt werden, um überflüssige Black-Box-Tests zu identifizieren.

entsprechenden Tests zu teuer wäre. Und schon ist man wieder im obigen Dilemma: Landet jede Idee in einem eigenen Testfall oder sollte man versuchen, möglichst viele Ideen in einen Testfall zu stecken? Vor- und Nachteile der unterschiedlichen Ansätze lesen sich so:

- **Ein Test pro Idee:** Einfache Tests erleichtern das Debugging, sind besser zu lesen, leichter umzubauen und können in der Regel auch schneller erstellt werden. Der große Nachteil einfacher Tests ist, dass sie nur das testen, was wir auch beabsichtigt haben.

- **Viele Ideen pro Test:** Komplexe Tests testen mehr als nur die Testideen, die wir bewusst in sie hineingebaut haben; sie finden Fehler durch »pures Glück«. Der Einbau vieler Ideen in einen einzigen Testfall erfordert jedoch mehr Planung und ist daher fehleranfälliger. Zudem widersetzen sich komplexe Testszenarien späteren Modifikationen, da wir uns nur sehr schwer später in sie einarbeiten können.

Ein mögliches sinnvolles Vorgehen besteht darin, zunächst alle für wert befundenen Testideen in kleinen, feingranularen und dokumentierenden Testfällen zu implementieren. Dieses Gerüst kann danach durch einige komplexere Testfälle ergänzt werden – häufig Szenarien, die den kompletten Lebenszyklus von Objekten umfassen. Schließlich muss man bereit sein, diese umfassenderen Testszenarien bei Änderungen und Refactoring-Maßnahmen wegzuwerfen und neu zu überdenken. Der Versuch, komplexe Tests, die man nicht wirklich versteht, nur ein klein wenig zu modifizieren, produziert meist nach wenigen Versuchen Testfälle von zweifelhafter Qualität und geringem Nutzen.

4.4 Grenzwerte und Äquivalenzklassen

Eine wichtige Heuristik für effektives Testen besteht darin, verstärkt an den *Rändern eines erlaubten Wertebereichs* zu testen, da dort die meisten Fehler auftreten. Eine Rolle spielt dies u.a. bei der Auswahl von Eingabeparametern. Testen wir beispielsweise die Fakultätsfunktion unserer Mathematikbibliothek, so sind als Eingabewerte die Zahlen 0, 1, 2 und MAXINTEGER besser geeignet als 5, 12, 69 und 101. Die gleiche Heuristik legt es nahe, einen String-Eingabeparameter sowohl mit einem leeren String als auch einer sehr langen Zeichenkette zu testen.

Teste an den Rändern

Die Grenzfallregel greift jedoch nicht nur für Eingabeparameter. Grenzfälle gibt es auch bei der Größe von Eingabedateien (Länge = 0 bzw. Länge = 500 MB), Anzahl der Aufrufe einer Methode, Größe von Collection-Objekten und vielen anderen Dingen. Je mehr man darüber nachdenkt, an desto mehr Stellen erkennt man mögliche Probleme in Grenzbereichen. So haben wir den `DictionaryParser` zwar mit einem leeren Stream getestet, nicht jedoch mit einer großen Anzahl von Übersetzungseinträgen, die z.B. zu einem Bufferüberlauf führen könnten. Holen wir das an dieser Stelle nach:

```
public void test10000Lines() throws IOException {
    StringBuffer buffer = new StringBuffer();
    for (int i = 0; i < 10000; i++){
        buffer.append("Wort"+i+"=word"+i+"\n");
    }
    parser = this.createParser(buffer.toString());
    for (int i = 0; i < 10000; i++){
        this.assertNextTranslation("Wort"+i, "word"+i);
    }
    assertTrue(!parser.hasNextTranslation());
}
```

Auch der Fall von Übersetzungseinträgen mit leeren Strings findet in unseren Tests bislang noch keine Beachtung. Da leere Strings weder ein sinnvolles deutsches Wort noch eine Übersetzung darstellen, verschieben wir dieses Thema nach Kapitel 4.5: *Fehlerfälle und Exceptions.*

Brian Marick bietet unter [URL:TestingCat] einen kleinen Katalog von Testideen an, in dem noch weitere Grenzfälle aufgeführt werden, auf die man beim Testen achten soll.

Grenzwerte sind meist implementierungs-abhängig

Das Finden von Grenzfällen ist manchmal recht einfach, z.B. wenn die maximal erlaubte Anzahl von Zeilen in der Spezifikation angegeben ist. Meist jedoch bedarf es unseres Einblicks in die Implementierung, um echte Grenzfälle zu entdecken. Nur wenn wir wissen, dass über einen Index vom Typ `int` auf ein bestimmtes Objekt zugegriffen wird, stellt sich `MAXINTEGER` als Grenzwert dar.

Äquivalenzklassen

Ein anderes häufig verwendetes Beispiel ist folgende Sortierfunktion:

```
private final static int MIN_QUICKSORT = 15;
public List sort(List unsorted) {
    if (unsorted.size() < MIN_QUICKSORT) {
        return bubbleSort(unsorted);
    } else {
        return quickSort(unsorted);
    }
}
```

Nur durch die Analyse des Codes stellen wir fest, dass 15 einen Grenzwert für die Anzahl der zu sortierenden Elemente darstellt und daher zwei zusätzliche Testfälle – nämlich mit 14 bzw. 15 Elementen – nötig werden. Die Zahl 15 teilt den Raum aller möglichen Testfälle in zwei *Äquivalenzklassen*. In [Kaner93] werden Äquivalenzklassen folgendermaßen beschrieben:

» Wenn Sie von zwei Tests das gleiche Ergebnis[5] erwarten, dann halten Sie diese für äquivalent. Eine Gruppe von Tests formt eine Äquivalenzklasse, wenn Sie glauben, dass

- alle das Gleiche testen,
- wenn ein Test einen Fehler findet, die anderen das wahrscheinlich auch tun,
- wenn ein Test keinen Fehler findet, die anderen das wahrscheinlich auch nicht tun. «[6]

Die Gründe dafür, dass wir die Tests als äquivalent betrachten, liegen meist in Implementierungsdetails: Die Testfälle einer Äquivalenzklasse verwenden die gleichen Eingabevariablen, manipulieren die gleichen Ausgabevariablen und der interne Kontrollfluss ist ähnlich. Äquivalenzklassen in den Testfällen resultieren daher oft aus dem Überschreiten von Grenzbedingungen unserer Eingabewerte. Eine objektorientierte Besonderheit in diesem Zusammenhang ist *Polymorphie*, die dazu führt, dass die Klassenzugehörigkeit eines verwendeten Objekts den Kontrollfluss ändern kann, wie wir in Kapitel 7 noch näher erläutern werden. Das Nachdenken über Test-Äquivalenzklassen führt häufig zu neuen bislang unberücksichtigten Testfällen.

4.5   Fehlerfälle und Exceptions

Einen Aspekt unseres Programms haben wir bislang weder in den Tests noch in der Implementierung explizit berücksichtigt: Fehlerfälle. Generell muss man zwischen zwei unterschiedlichen Kategorien von Fehlerfällen unterscheiden:

- Fehler, die wir vorhersehen und innerhalb der Applikation abfangen möchten. Die korrekte Behandlung solcher Fälle müssen wir in unseren Tests berücksichtigen.   *Fehlerkategorien*
- Fehler, die nicht vorhersehbar sind oder nur unter großem Aufwand behandelt werden könnten. Fehler dieser Kategorie weisen häufig auf Programmierfehler hin und führen meist zum Abbruch der Applikation oder zumindest eines Teils der Applikation. Zu

---

5.   »das gleiche« meint hier offensichtlich nicht »dasselbe«.
6.   [Kaner93] S. 126; Übersetzung durch die Autoren.

testen bleibt hier lediglich, dass das Beenden der Applikation möglichst kontrolliert erfolgt.

Checked Exceptions und Runtime Exceptions

Diese beiden unterschiedlichen Fehlerarten können in Java durch *Checked Exceptions* (erwartete Fehler) bzw. *Runtime Exceptions* (unerwartete Fehler) repräsentiert sein, müssen es aber nicht. So wird erwartetes Fehlverhalten häufig auch durch explizite Rückgabewerte – z.B. ein Result-Objekt, das die Nachricht isError() versteht – oder eine implizite Kodierung (z.B. -1 oder null) gekennzeichnet. Auf der anderen Seite ist es auch durchaus üblich, Runtime Exceptions der einen Schicht zu Checked Exceptions in einer anderen Schicht zu transformieren – und umgekehrt.

Eine durchgehend konsistente Behandlung von Fehlern und Ausnahmen ist nicht trivial und erfordert bei komplexen Applikationen häufige Refactoring-Schritte. Eine umfassende Diskussion dieses Themas würde nicht nur den Rahmen dieses Kapitels sprengen, sondern ein eigenes Buch erfordern[7]. Auch der Test-First-Ansatz kann dieses Problem nicht für uns lösen, er zwingt uns jedoch, vor der Implementierung einer wie auch immer gearteten Fehlerbehandlung darüber nachzudenken. Das Ergebnis des Nachdenkens sind wiederum Testfälle mit unterschiedlichen Testzielen:

▧ Das Auftreten erwarteter Fehler führt zur Rückgabe des richtigen Fehlerobjektes bzw. zum Werfen der richtigen Exception.
▧ Das Fehlerobjekt bzw. die Exception wird im aufrufenden »Klienten«-Objekt korrekt bearbeitet.

Versuchen wir jetzt, diese Erkenntnis auf das Beispiel zu übertragen: Bislang sind wir davon ausgegangen, dass der InputStream, den wir dem DictionaryParser übergeben, ausschließlich syntaktisch korrekte Einträge enthält. Da es sich bei unserer anvisierten Quelle jedoch um von Menschen geschriebene Wörterbuchdateien handelt, ist diese Annahme mehr als naiv. Zählen wir daher zunächst einige mögliche Fehler in der Syntax auf:

1. Eine Zeile ist leer.
2. Eine Zeile enthält kein »=«.
3. Vor oder nach dem »=« steht ein Leerstring.
4. Das Wort vor oder nach dem »=« hat Leerzeichen an seinen Rändern.

---

7. Dieses wichtige Buch muss leider – soweit uns bekannt – noch geschrieben werden. Hätten Sie nicht Lust dazu?

Auch das sind nicht alle denkbaren Fehlerfälle, sondern lediglich einige typische. Unser Ziel ist nicht die Überprüfung aller denkbaren und undenkbaren Abstrusitäten, sondern das Aufspüren der häufigsten Problemfälle. Nun gilt es, sich das gewünschte Verhalten des Parsers zu überlegen. Da die Fälle 1 bis 3 offensichtlich kein sinnvolles Parsen der Zeile erlauben, erwarten wir hier das Werfen einer DictionaryParserException. Folgender Test ergibt sich aus Fehlerfall 1:

```
public void testEmptyLine()
    throws IOException, DictionaryParserException {
    String dictText = "Buch=book\n" +
        "\n" +
        "Auto=car";
    parser = this.createParser(dictText);
    this.assertNextTranslation("Buch", "book");
    try {
        parser.nextGermanWord();
        fail("Expected DictionaryParserException");
    } catch (DictionaryParserException expected) {}
    this.assertNextTranslation("Auto", "car");
    assertTrue(!parser.hasNextTranslation());
}
```

Erwartete Exception

An diesem Test sind zwei Dinge unerwartet: Zum einen haben wir die Leerzeile in zwei korrekte Zeilen eingebettet. Gerade bei durchgereichten Exceptions ist es sinnvoll, das richtige »Weiterfunktionieren« unseres OUT zu überprüfen. Häufig wird der Zustand eines Objekts vor dem Eintreten der Fehlerbedingung geändert und im Exception-Handler nicht wieder zurückgesetzt. Daher stellt der Test sicher, dass nach dem Fehler korrekt weitergearbeitet wird[8].

Funktionieren nach dem Fehler

Die andere Auffälligkeit ist das Muster zur Überprüfung einer erwarteten Exception:

Testmuster zur Exception-Überprüfung

```
try {
    parser.nextGermanWord();
    fail("Expected DictionaryParserException");
} catch (DictionaryParserException expected) {}
```

Den Autoren scheint diese Art der Überprüfung einfach und intuitiv. Alternativ stellt JUnit eine Klasse ExceptionTestCase zur Verfügung, deren Verwendung aber bestenfalls als umständlich bezeichnet werden kann, da für jede zu überprüfende Exception eine (anonyme) Unterklasse von ExceptionTestCase erstellt werden muss. Zudem ist der

---

8. Keith Stobie geht in [Stobie00] auf diese und ähnlich gelagerte Probleme beim Testen von Exceptions ausführlich ein.

gewählte Ansatz leicht erweiterbar, wenn man die erwartete Exception noch näher untersuchen möchte – beispielsweise auf ihre »Message«:

```
try {
    parser.nextGermanWord();
    fail("Expected DictionaryParserException");
} catch (DictionaryParserException expected) {
    assertEquals("message", expected.getMessage());
}
```

Um die testEmptyLine()-Methode zum fehlerfreien Kompilieren zu bewegen, müssen wir nicht nur die Klasse DictionaryParserException erzeugen, sondern diese auch in die throws-Klausel der nextGerman-Word()-Methode aufnehmen. Dies hat zur Folge, dass der Großteil aller Methoden in DictionaryParserTest erst wieder kompiliert werden können, wenn wir auch ihnen DictionaryParserException mit auf den Weg geben. Ob wir in den Testmethoden jeden einzelnen Exception-Typ deklarieren oder nur ein simples throws Exception ist eine Geschmacksfrage. Während das hier gewählte Vorgehen die auftretenden Ausnahmen besser dokumentiert, erfordert es aber auch einen spürbar höheren Anpassungsaufwand.

Die nötige Änderung im Applikationscode sieht so aus:

```
public class DictionaryParser {
    ...
    public String nextGermanWord()
    throws IOException, DictionaryParserException {
        if ("".equals(nextLine)) {
            this.readNextLine();
            throw new DictionaryParserException();
        }
        int index = nextLine.indexOf('=');
        String german = nextLine.substring(0, index);
        currentTranslation = nextLine.substring(index + 1);
        this.readNextLine();
        return german;
    }
}
```

Entsprechend können wir jetzt die Testmethoden für Fall 2 und 3 definieren:

```
public void testLineWithoutEquals()
    throws IOException, DictionaryParserException {
    String dictText = "Buch=book\n" +
        "Auto car\n" +
        "Auto=car";
```

```
    parser = this.createParser(dictText);
    this.assertNextTranslation("Buch", "book");
    try {
        parser.nextGermanWord();
        fail("Expected DictionaryParserException");
    } catch (DictionaryParserException expected) {}
    this.assertNextTranslation("Auto", "car");
    assertTrue(!parser.hasNextTranslation());
}

public void testLinesWithEmptyWords()
        throws IOException, DictionaryParserException {
    String dictText = "Buch=book\n" +
        "Auto=\n" +
        "=car\n" +
        "Auto=car";
    parser = this.createParser(dictText);
    this.assertNextTranslation("Buch", "book");
    try {
        parser.nextGermanWord();
        fail("Expected DictionaryParserException");
    } catch (DictionaryParserException expected) {}
    try {
        parser.nextGermanWord();
        fail("Expected DictionaryParserException");
    } catch (DictionaryParserException expected) {}
    this.assertNextTranslation("Auto", "car");
    assertTrue(!parser.hasNextTranslation());
}
```

Die Veränderung und das Refactoring der `nextGermanWord()`-Methode verbleibt wieder einmal – wie gewohnt – dem Leser.

Fall 4 unterscheidet sich von den ersten drei Fällen dadurch, dass Wörter trotz umrahmender Leerzeichen sinnvoll sind. Wir hätten daher gerne, dass Leerzeichen am Anfang oder Ende eines Wortes ignoriert werden:

```
public void testSpacesInWords()
        throws IOException, DictionaryParserException {
    String dictText = "  Buch  =book\n" +
        "Auto=  car  \n" +
        " Buch=volume \n" +
        "Modultest=unit test  ";
    parser = this.createParser(dictText);
    this.assertNextTranslation("Buch", "book");
    this.assertNextTranslation("Auto", "car");
```

```
        this.assertNextTranslation("Buch", "volume");
        this.assertNextTranslation("Modultest", "unit test");
        assertTrue(!parser.hasNextTranslation());
    }
```

Umfang der zu testenden
Fehlerfälle

Auch hier haben wir wieder unterschiedliche Fälle identifiziert, darunter einen, bei dem die Leerzeichen innerhalb eines Wortes erhalten bleiben sollen. Wie viele Fälle man im ersten Versuch berücksichtigt, wie viele man bei der Durchsicht der Tests hinzufügt und wie viele schließlich erst nach einem Problem im Betrieb hinzukommen, ist nicht zuletzt eine Frage der Erfahrung und des Feedbacks. Werden immer wieder Defekte erst in der ausgelieferten Software entdeckt, muss man mehr Zeit in die Testfallerstellung investieren. Verschlingt dagegen die Testfallfindung 80% der Ressourcen, ist eine Überprüfung von Aufwand und Nutzen angesagt.

Bislang haben wir in unseren Tests überprüft, ob ein fehlerhafter Eingabe-Stream zu den richtigen Exceptions geführt hat. Der nächste Schritt ist, die korrekte Weiterbehandlung dieser »Ausnahmen« im »Klienten«, der Klasse `Dictionary`, zu überprüfen:

```
public void testInvalidTranslationsInStream()
    throws IOException {
    String dictText = "Buch=book\n"+
        "\n" +
        "Buch volume\n" +
        "Auto=car";
    InputStream in = new StringBufferInputStream(dictText);
    dict = new Dictionary(in);
    assertEquals("dict size", 2, dict.size());
    assertEquals("translation Buch",
                        "book", dict.getTranslation("Buch"));
    assertEquals("translation Auto",
                        "car", dict.getTranslation("Auto"));
}
```

Unser eigentliches Testziel – die Überprüfung der korrekten Behandlung von `DictionaryParserException` – mussten wir über eine Hintertür angehen: Wir haben einen `InputStream` so erzeugt, dass er – unserem Insider-Wissen nach – die gewünschten Exceptions wirft; ein typischer White-Box-Test. Auch die korrekte Behandlung – ignorieren der fehlerhaften Einträge – wurde über einen Nebeneffekt getestet und wir haben dafür das Interface der `Dictionary`-Klasse um die `size()`-Methode erweitert. Dieses indirekte Vorgehen ist typisch, wenn ein Test mehrere Objekte umspannt.

Um zu verhindern, dass in der Implementierung von size() die bloße Rückgabe einer Konstanten erfolgt, haben wir einen Test auf die Größe des Dictionary-Objekts auch in alle anderen Tests eingebaut, wie z.B. hier:

```
public void testTwoTranslations() {
    dict.addTranslation("Buch", "book");
    dict.addTranslation("Auto", "car");
    assertTrue("dict not empty", !dict.isEmpty());
    assertEquals("dict size", 2, dict.size());
    ...
}
```

Schließlich ist auch noch ein Test sinnvoll, der überprüft, dass eine IOException aus dem DictionaryParser auch im Dictionary-Konstruktor bis an die Oberfläche gelangt:

```
public void testIOExceptionFromStream() {
    InputStream in = new InputStream() {
        public int read() throws IOException {
            throw new IOException();
        }
    };
    try {
        dict = new Dictionary(in);
        fail("Expected IOException");
    } catch (IOException expected) {}
}
```

Dabei stört, dass die Erzeugung der IOException einen Griff in die Java-Trickkiste erfordert, der alles andere als leicht verständlich ist. Bisweilen ist es auf konventionelle Art und Weise sogar unmöglich, die gewünschte Exception zu erzeugen. In Kapitel 6.6 werden wir glücklicherweise eine Technik kennen lernen, die uns in den meisten Fällen um esoterische Testtricks herumkommen lässt.

4.6 Objektinteraktionen

Ein wesentliches Merkmal objektorientierter Programme ist, dass das eigentliche Verhalten des Systems nicht durch einzelne Objekte, sondern durch das Zusammenspiel vieler Instanzen bestimmt wird. Klassische Unit Tests beschränken sich jedoch auf die Überprüfung des isolierten Verhaltens einer Programmeinheit und verschieben den Test des Zusammenspiels der Einheiten in die sog. *Integrationstests*. Das Augenmerk prozeduraler Integrationstests richtet sich auf die syntaktisch korrekte Verwendung der Schnittstellen und der Verifikation von Neben-

Integrations- und Interaktionstests

effekten. Diese Aufgaben werden heute von modernen IDEs bzw. der Datenkapselung übernommen. McGregor und Sykes schlagen daher den neuen Begriff *Interaktionstest* vor, um die Verschiebung des Testfokus auf das Zusammenspiel der Objekte deutlich zu machen.

Arten von Interaktionstests

In [McGregor01] werden zwei Hauptarten von Interaktionstests unterschieden:

▨ Testen von *Collection Classes*: Diese »Sammlungsklassen« speichern Referenzen auf andere Objekte – typischerweise als eine 1:n-Beziehung –, ohne jedoch mit diesen zu »kollaborieren«, d.h. deren Dienste zu nutzen. Getestet werden muss daher nur das Hinzufügen bzw. Erzeugen sowie das Entfernen bzw. Löschen der referenzierten Instanzen. Eine kleine (unvollständige) Testsuite für eine imaginäre Collection, die String-Objekte aufnimmt, könnte so aussehen:

```java
public class MyCollectionTest extends TestCase {
    ...
    private MyCollection collection;
    protected void setUp() {
        collection = new MyCollection();
    }
    public void testAddString() {
        assertTrue(collection.isEmpty());
        assertEquals(0, collection.size());
        assertTrue(!collection.containsString("string1"));
        collection.addString("string1");
        assertTrue(!collection.isEmpty());
        assertEquals(1, collection.size());
        assertTrue(collection.containsString("string1"));
        collection.addString("string2");
        assertTrue(!collection.isEmpty());
        assertEquals(2, collection.size());
        assertTrue(collection.containsString("string2"));
    }
    public void testRemoveString() {
        collection.addString("string1");
        collection.addString("string2");
        collection.addString("string3");
        assertTrue(collection.containsString("string2"));
        collection.removeString("string2");
        assertTrue(!collection.containsString("string2"));
        assertEquals(2, collection.size());
        collection.removeString("string3");
        collection.removeString("string1");
```

```
        assertTrue(collection.isEmpty());
        assertEquals(0, collection.size());
    }
}
```

Je nach Art der Collection und erwünschtem Fehlerverhalten müssen noch diverse Testfälle ergänzt werden. Entscheidend ist, dass zum Testen der Collection-Eigenschaften keine Nachrichten an die »gesammelten« Instanzen verschickt werden müssen.

▪ Testen von *Collaborating Classes*: Klassen werden dann als »kollaborierend« bezeichnet, wenn sie für die Erfüllung ihrer Aufgaben die Dienste anderer Klassen in Anspruch nehmen, so wie beispielsweise Objekte der Klasse Dictionary eine Instanz von Dictionary-Parser benutzen. Die Zusammenarbeit von Objekten kann sowohl *uni-* als auch *bi-direktional* stattfinden, d.h., zwei Objekte können gegenseitig Nachrichten austauschen.

Für das Testen von Kollaborationen gibt es kein allgemeines Vorgehen. Einzelne Beispiele haben wir schon gesehen – z.B. alle Testfälle der Klasse DictionaryTest, die ein fromStream im Namen tragen –, andere werden wir noch kennen lernen. Wichtig ist, dass wir danach streben, wenn möglich den direkten Nachrichtenaustausch zwischen benachbarten Objekten zu testen. Je mehr Mittlerobjekte sich zwischen unseren »Kollaborateuren« befinden, desto schwieriger sind die Tests zu kontrollieren und desto häufiger treffen wir auf das im nächsten Absatz erwähnte Phänomen der verschluckten Fehler. Auch sollten wir uns bei der Kollaboration rein auf das öffentliche Interface des aufgerufenen Objekts beschränken, sonst laufen wir Gefahr, sehr änderungsanfällige Tests zu entwerfen.

Interaktionstests sind zwar keine Unit Tests auf Klassenebene mehr, aber dennoch für das korrekte Verhalten unserer größeren Einheiten unerlässlich. Die Erfahrungen der Testgemeinde mit objektorientierten Systemen widersprechen der Hoffnung, dass das richtige Zusammenspiel unserer Objekte allein durch Akzeptanztests auf Systemebene sichergestellt werden kann. Wird die Distanz zwischen Testinterface und getesteter Klasse zu groß, dann dringen zu viele Fehler in den Komponenten nicht mehr bis an die Oberfläche; sie werden »verschluckt« und können dennoch unter leicht geänderten Umständen auftauchen.

Sind Interaktionstests auch Unit Tests?

Wir kommen daher auch als Entwickler-Tester nicht um unterschiedliche Arten von Interaktionstests herum[9]. Und in der Tat waren

---

9. Aus diesem Grund existieren auch Vorschläge, XP-Unit-Tests in *Mobility Tests* bzw. *Build Tests* umzutaufen.

bereits einige unserer Testbemühungen auf das Zusammenspiel zweier Objekte ausgerichtet. Die Tatsache, dass Interaktionstests wichtige Bestandteile einer Testsuite sind, sollte uns jedoch nicht zu dem Versuch verleiten, bestimmte Objekte nur noch indirekt über aufrufende Objekte zu testen. Doch auch das Testen einer Klasse in Isolation genügt nicht, um das Zusammenspiel der Objekte zu überprüfen. Dabei müssen wir immer die Nachteile im Auge behalten, die unitüberschreitende Tests mit sich bringen: Abhängigkeiten in der Entwicklungsreihenfolge sowie ein erhöhter Aufwand bei Änderungen und Refactoring.

4.7 Design by Contract

Design by Contract (abgekürzt DBC, dt. »Entwurf durch Vertrag«) ist eine maßgeblich von Betrand Meyer (siehe [Meyer97]) entwickelte Methode zum Entwurf von objekt- und komponentenorientierten Systemen. Hauptmerkmal ist, dass Klassen ihr Verhalten und Zusammenspiel durch so genannte *Verträge* festlegen. Ein Vertrag besteht dabei im Wesentlichen aus einer *Klasseninvarianten* sowie *Vor-* und *Nachbedingungen* aller Methoden der Klassenschnittstelle.

Während die von Meyer präferierte Sprache *Eiffel* Verträge explizit unterstützt, müssen in Java andere Wege gefunden werden. So stehen dem DBC-Anwender sowohl kommerzielle (z.B. JContract [URL:JContract] und JWAM-Contract [URL:JWAM]) als auch einige freie Java-Erweiterungen (z.B. [URL:IContract]) zur Verfügung[10]. Eine interessante Alternative ist die Verwendung der Vertragsbestandteile für die Konstruktion bzw. Erweiterung unserer Unit Tests:

Verträge als Ideengeber für Unit Tests

- Die **Vorbedingung** einer Methode beschreibt die Grenze des definierten Systemverhaltens. Sie sagt uns, welche Eingabedaten für die CUT sinnvoll sind und hilft uns dadurch bei der Entscheidung, ob Test X mit Eingabe Y, Z noch geschrieben werden sollte oder nicht. Ein Test auf die Einhaltung der Vorbedingung selbst ist nicht sinnvoll.

- Eine **Nachbedingung** kann direkt in einen zusätzlichen `assert`-Aufruf umgesetzt werden. Problematisch kann dabei sein, dass nicht alle für die Überprüfung nötigen Interna der CUT von außen sichtbar sind, doch dafür sind Nachbedingung eigentlich nicht gedacht.

---

10. Der ab JDK 1.4 verfügbare `assert`-Befehl ist wegen der fehlenden Unterstützung von Subtypen und Invarianten für DBC nur sehr eingeschränkt verwendbar.

▨ Die **Klasseninvariante** kann für Unit-Test-Zwecke wie eine zusätzliche Nachbedingung betrachtet und genauso behandelt werden.

Nehmen wir einen Teil des Vertrages von `DictionaryParser` als Beispiel:

▨ Vorbedingung des Konstruktors: `in != null`
▨ Vorbedingung von `nextGermanWord()`: `hasNextTranslation() == true`
▨ Nachbedingung von `nextGermanWord()`: `result != null && currentTranslation != null`

Aus den Vorbedingungen können wir vor allem lernen, welche Tests wir nicht schreiben müssen: keinen Test mit `null` als `in`-Parameter und keinen Test auf `nextGermanWord()`, wenn wir nicht vorher `hasNextTranslation()` überprüft haben. Aus der Nachbedingung könnte beispielsweise folgende Zeilenfolge werden:

```
String nextGerman = parser.nextGermanWord();
assertNotNull(nextGerman);
assertNotNull(parser.currentTranslation());
```

Die beiden `assert`-Zeilen könnten nun nach jedem Aufruf von `nextGermanWord()` in unsere Testfälle eingefügt werden. Da jedoch beide Bedingungen meist implizit durch nachfolgende Asserts abgedeckt werden, ergibt es hier wenig Sinn. Dies ist insofern nicht untypisch, da DBC-Bedingungen keine verändernden Operationen ausführen dürfen und häufig recht schwach – d.h. unspezifisch – ausfallen.

Defensive Programmierung

Ein Entwurfsparadigma, das man als Gegenpol von DBC betrachten kann, ist die *defensive Programmierung* (engl. Defensive Programming). Diese geht davon aus, dass die Vorbedingungen eines Funktions- oder Methodenaufrufs von der Methode selbst überprüft werden und die Verletzung der Vorbedingung zu einem definierten Fehlerverhalten führt. Fehlertolerante Systeme gehen meist diesen Weg. Die Hauptnachteile liegen in erhöhtem Entwicklungsaufwand, verschlechterter Laufzeit und der potenziellen Verschleierung von Programmierfehlern.

Defensive Programmierung wird in vielen Spezifikationen implizit angenommen: Vom Entwickler wird erwartet, dass er falsche Eingangswerte nicht mit undefiniertem Verhalten, sondern mit einer verständlichen Fehlermeldung beantwortet. Im Gegensatz zu DBC machen in diesem Fall Negativtests für Vorbedingungen nicht nur Sinn, sondern sind für adäquates Testen unerlässlich (siehe Kapitel 4.5: Fehlerfälle und Exceptions). In der Regel gilt, dass defensiv entwickelte Klassen mehr isolierte Unit Tests benötigen, während ein vertragsbasierter Entwurf nach Interaktionstests verlangt (vgl. [McGregor01], S. 224).

Kompatibilität von DBC und Test-First-Entwicklung

Wir haben gesehen, dass DBC-Verträge als Ideengeber für unsere Unit Tests dienen können – vorausgesetzt die Verträge wurden formuliert. Methodenzentrierte Testfälle sind meist direkt in Vor- und Nachbedingungen übersetzbar – und umgekehrt. Die große (unbeantwortete) Frage lautet daher: An welcher Stelle unseres Test-First-Entwicklungszyklus ist es sinnvoll, die Verträge *explizit* zu spezifizieren? Möglicherweise spielen DBC-Verträge bei der Test-First-Entwicklung am erfolgreichsten die Rolle der unbewussten Ideengeber, indem der Entwickler häufiger an Vorbedingungen, Nachbedingungen und Invarianten denkt, ohne sie explizit zu formulieren. Die eigentlichen Verträge stellen jedoch die Unit Tests selbst dar[11].

Von Vorteil sind explizite Verträge auf jeden Fall dann, wenn sie bereits existieren, z.B. beim nachträglichen Erstellen von Unit Tests für vorhandene Software (siehe auch Kapitel 15.1), und wenn es darum geht, Schnittstellen für externe Entwicklungsteams zu definieren und zu dokumentieren. Verwendet man dann noch eine entsprechende DBC-Erweiterung, so vermindert sich die Anzahl der zu schreibenden Unit Tests um diejenigen, die den nun anderswo verifizierten Vertrag überprüfen.

4.8 Weitere Ideen zur Testfallfindung

Wer immer noch nicht über ausreichend Stoff für das Finden von Testfällen verfügt, dem sei das Studium der mehr als umfangreichen Testliteratur empfohlen. Lesehinweise dazu gibt es in Anhang D.3: *Weiterführende Lesehinweise*. Hier noch ein paar zusätzliche Tipps und Ideen aus diversen Quellen:

- Legen Sie sich einen *Testkatalog mit typischen Fehlerfällen* an und benutzen Sie ihn als Inspirationsmittel. Ausgangspunkt könnte der Katalog unter [URL:TestingCat] sein.
- Testen Sie *alle unterschiedlichen Ergebniskategorien* (»Distinct Results«) eines Funktionsaufrufs. Die obigen Ausführungen zu Fehlerfällen und Exceptions basieren auf diesem Prinzip.
- Manchmal ist es sinnvoll, nicht nur Testfälle mit exakt vordefinierten Ein- und Ausgabedaten zu verwenden, sondern *Testdaten zufällig zu generieren* und das erwünschte Ergebnis anhand eines Testorakels zu bestimmen. Dies trifft meist dann zu, wenn gewisse Fehler nicht auf deterministische Weise hervorgerufen werden kön-

---

11. Eine etwas abweichende Sicht auf die Beziehung zwischen DBC und Unit Tests formulieren die Autoren von [Lippert02] im Kapitel über Unit Tests.

nen. Ein typisches Beispiel ist das Erzeugen zufälliger, aber korrekter Eingabestrings für einen Parser, um mögliche Zweideutigkeiten der zugrunde liegenden Grammatik aufzudecken (siehe [Metsker01]).

Da solche Tests jedoch den kausalen Zusammenhang zwischen Failure und vorangegangener Codeänderung aufheben, sollten diese Tests von »normalen« Unit Tests getrennt werden.

Nimmt man als Entwickler auch seine Rolle als Tester ernst, dann besteht das Problem nur in den seltensten Fällen darin, dass man zu wenig testen könnte, sondern darin, wann man aufhört. Kapitel 8 beschäftigt sich eingehend mit dieser Frage. Häufig hilft auch folgende Heuristik weiter: *Teste dort, wo bereits viele Fehler gefunden wurden.* Der Grund: Statistische Untersuchungen zeigen, dass Fehler typischerweise geballt auftreten und nicht gleichmäßig über die ganze Applikation verteilt sind.

Was tun bei Zeitmangel?

4.9 Refactoring von Code und Tests

Refactoring wird in [Fowler99] so beschrieben:

> »Refactoring ist der Prozess, ein Softwaresystem so zu ändern, dass sich das externe Verhalten nicht ändert, jedoch die innere Struktur verbessert wird.«[12]

Auf den ersten Blick lässt diese Definition vermuten, dass sich daher im Laufe des Refactorings auch an den Tests nichts ändert. Dies trifft für all die Tests zu, die das Verhalten der CUR (*Component under Refactoring*) von außen betrachten, also beispielsweise sämtliche Akzeptanztests. Unit Tests sind hingegen meist eine Mischung aus spezifikationsbasierten und implementierungsabhängigen Tests. Daher können Änderungen im Zuge des Refactorings nicht vermieden werden. Ein paar Grundtypen und ihre Auswirkungen auf Unit Tests lassen sich identifizieren:

- Die **Umbenennung** von Methoden, Klassen oder Packages zwingt zur Umbenennung von Testfällen und Verschiebung von Testklassen.

- Das **Entfernen von Parametern** resultiert in der entsprechenden Anpassung der Testfälle. Manchmal werden Testfälle auch überflüssig, wenn sie sich von einem anderen Testfall nur durch einen jetzt weggefallenen Parameter unterschieden haben.

Einfluss von Refactoring auf Unit Tests

---

12. Siehe [Fowler99] S. xvi; Übersetzung durch die Autoren.

▨ Das **Hinzufügen von Parametern** erfordert nicht nur die Korrektur der entsprechenden Methodenaufrufe, sondern häufig auch die Ergänzung der Testfixture um das neue Parameterobjekt.

▨ Die **Extraktion einer Klasse** führt zur Verschiebung der Tests, die sich auf das Verhalten konzentriert haben, das nun durch die neue Klasse implementiert wird. Zusätzlich werden Interaktionstests zwischen der ursprünglichen und der hinzugekommenen Klasse nötig. Wichtig ist auch, dass man anschließend die neue Klasse nochmals als eigenständige CUT betrachtet, um fehlende Testfälle zu identifizieren.

Ein Sonderfall der Extraktion einer Klasse ist die **Extraktion einer Unterklasse**. Hierbei entsteht häufig auch eine parallele Hierarchie von Testklassen (siehe Kapitel 7.1).

▨ Im Gegenzug verlangt die **Einverleibung einer Klasse** die Verschiebung von Tests in umgekehrte Richtung. Einige Tests verlieren dabei ihre Daseinsberechtigung, vor allem diejenigen, die sich mit der Interaktion beider Klassen beschäftigen.

▨ Das **Verschieben einer öffentlichen Methode** in eine andere Klasse hat ähnliche Folgen wie die Extraktion einer Klasse, d.h. Verschiebung der Testfälle, die sich auf diese Methode konzentrieren, bzw. Duplikation, falls die Methode in der alten Klasse erhalten bleibt und den Aufruf an die neue Klasse weiterdelegiert.

▨ Die **Änderung der Implementierung** einer einzelnen Methode hat keine Auswirkungen auf Black-Box-Tests. Implementierungsabhängige Testfälle müssen jedoch neu überdacht werden. Würde sich beispielsweise die Implementierung der sort()-Methode aus Kapitel 4.4 folgendermaßen ändern:

```
private final static int MIN_QUICKSORT = 10;
public List sort(List unsorted) {
    if (unsorted.size() < MIN_QUICKSORT) {
        return bubbleSort(unsorted);
    } else {
        return quickSort(unsorted);
    }
}
```

dann wären die richtigen Testfälle nicht mehr mit 14 und 15, sondern mit 9 und 10 Elementen bestückt.

Häufig geht man beim Refactoring so vor, dass man zunächst die Test-
fälle identifiziert, die auch nach dem Umbau noch gültig sein sollen.
Danach führt man den Umbau in möglichst kleinen Schritten durch
und überlegt nach jedem Schritt, ob nun nicht der eine oder andere
Test überflüssig wurde, verschoben werden sollte oder ergänzt werden
müsste; gefolgt natürlich immer vom Start der verbliebenen Tests zur
Validierung der eigenen Vermutungen. Hält man einen Refactoring-
Task für abgeschlossen, tauscht man nochmals Entwicklerhut gegen
Testermütze und überdenkt die vorhandenen Testfälle hinsichtlich
Adäquatheit und Redundanz.

Vorgehen beim Refactoring

[Marick00] hebt hervor, dass man bei Systemänderungen nicht
krampfhaft an allen existierenden Tests festhalten sollte. Je komplexer
das getestete Szenario, desto schwieriger ist es, dieses nachträglich an
die neuen Gegebenheiten anzupassen. Solche komplizierten Tests müssen daher manchmal aus Kostengründen weggeworfen werden und
durch ganz neue ersetzt werden.

Wegwerfen vorhandener Tests

Der Aufwand, um unsere Testsuiten an das sich ständig ändernde
Programm anzupassen, ist nicht zu vernachlässigen. Doch handelt es
sich dabei nur selten um vergebene Liebesmüh. Ein positiver Effekt ist,
dass die Entwickler ständig mit ihren in der Vergangenheit getroffenen
Annahmen konfrontiert werden und Gelegenheit zur Verbesserung
erhalten; schließlich lernen wir alle ständig hinzu.

Anpassungsaufwand

Stellt man jedoch fest, dass die Instandhaltung der Testsuiten deutlich mehr Zeit in Anspruch nimmt als die eigentlichen Änderungen am
System, so weist das darauf hin, dass wir die falschen Tests schreiben.
»Falsch« heißt in diesem Zusammenhang, dass wir Dinge testen, die
sich zu häufig ändern, als dass automatisierte Tests von Nutzen wären,
z.B. Tests von privaten Methoden und Attributen einer Klasse.

4.10 Zusammenfassung

Ziel des Kapitels war es, dem Leser Anhaltspunkte und theoretische
Grundlagen an die Hand zu geben, mit Hilfe derer er seine existierenden Testfälle verbessern und erweitern kann. Dabei sind wir sowohl
auf sinnvolle Regeln für das Aussehen einzelner Testmethoden eingegangen wie auch auf zahlreiche Ideen zur Testfallgewinnung.

Verzichtet haben wir auf den in der Testliteratur umfangreich
behandelten Aspekt der algorithmischen und formalen Umsetzung
unterschiedlicher Softwaremodelle in Testfälle. Der Grund ist zum
einen, dass uns im Zuge der Test-First-Entwicklung nur sehr wenige
Vorabmodelle zur Verfügung stehen. Zum anderen aber auch, dass die
dort propagierten Methoden meist eine riesige Anzahl unterschiedli-

Modellbasierte Testfallerstellung

cher Testfälle erzeugen. Dies hat nicht nur eine abschreckender Wirkung auf den »normalen« Softwareentwickler, sondern verzichtet auch auf das sinnvolle Abwägen zwischen Kosten und Nutzen des Testens. Darüber hinaus erzielen formale Testfallerzeugungsmethoden zwar eine theoretisch größere Codeabdeckung, haben jedoch den Nachteil, dass sie intuitivem Testen im Wege stehen können. Effektives Testen lebt von der Intuition; zu strikte Regeln behindern die Intuition. Und dennoch: Wer an die Grenzen der hier beschriebenen Testideen stößt oder einfach nur neugierig ist, dem hilft hoffentlich Anhang D.3: *Weiterführende Lesehinweise*.

5 Das Innenleben eines Testframeworks

Als reine Anwender eines Testframeworks sollte uns sein interner Aufbau ganz egal sein. Es sei denn, wir sind selbst Programmierer und interessieren uns daher für die Innereien eines jeden Stückchen Software, das wir in die Finger bekommen. Hinzu kommt, dass Unit Testing eine so individuelle Tätigkeit ist, dass wir manchmal um Ergänzungen und Anpassungen des Frameworks nicht herumkommen. JUnit ist kein völlig fertiges Stück Software, sondern ein offener Kern, den man an unterschiedlichen Stellen erweitern und ergänzen kann. Stellt man gar fest, dass JUnit die eigenen Testbedürfnisse zu stark beschneidet, kann es noch als Beispiel für Vor- und Nachteile bestimmter Designentscheidungen bei der Entwicklung eines eigenen Tools zur Testunterstützung dienen.

5.1 Die Statik

Bislang haben wir die Klassen TestRunner (in drei unterschiedlichen Ausprägungen), TestCase und TestSuite kennen gelernt. Doch JUnit bietet noch einiges mehr. Der innere Aufbau von JUnit ist ein kleines Lehrstück für die Verwendung zahlreicher *Entwurfsmuster* (engl. *Design Patterns* [Gamma95]). In [Beck99] beschreiben Kent Beck und Erich Gamma die verwendeten Muster und deren Motivation[1]. Der Artikel und das begleitende Studium der JUnit-Sourcen ist für jeden empfehlenswert und ein absolutes Muss für alle, die JUnit verstehen und erweitern möchten, auch wenn sich JUnit seitdem weiterentwickelt hat.

JUnit als »Patterns-Lehrstück«

Ein kleiner Ausschnitt aus dem Innenleben von JUnit (Stand Version 3.7) ist in Abbildung 5–1 zu sehen. Mit Ausnahme von TestDeco-

---

1. Dieser Artikel ist auch als cookstour.htm in der JUnit beiliegenden Dokumentation enthalten.

Abb. 5–1

JUnit-Klassendiagramm

rator zeigt das Klassendiagramm einen Ausschnitt aus dem Package junit.framework. Neu für uns sind die »Angriffspunkte« für projekt-spezifische und funktionale Erweiterungen des JUnit-Frameworks:

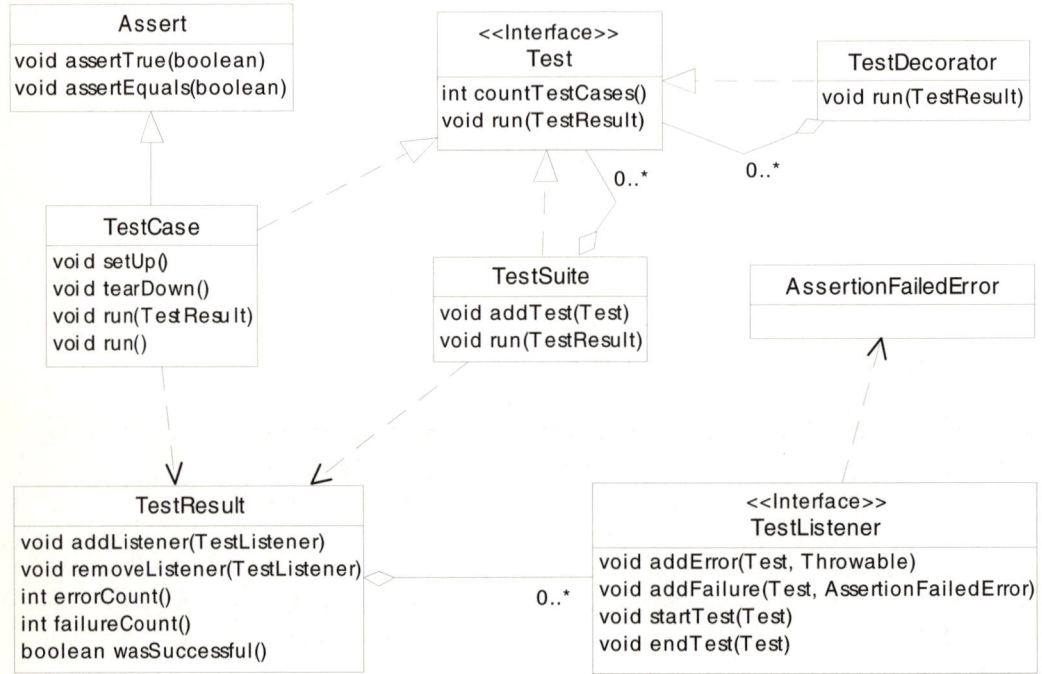

- TestResult ist das Sammelbecken aller Ergebnisse eines Testlaufes. Alle Klassen, die das Interface Test implementieren – TestCase, TestSuite und TestDecorator – bekommen eine Instanz der Klasse TestResult in ihrer run()-Methode mitgegeben.

- Ein TestListener kann bei einem TestResult mit addListener() registriert werden, um über Start, Ende, Failure und Error eines Tests informiert zu werden. Diese Möglichkeit nutzen beispiels-weise alle drei TestRunner-Klassen, um über den aktuellen Stand der Testausführung benachrichtigt zu werden.

- Die Klasse TestDecorator dient zahlreichen Erweiterungen des Testframeworks als Oberklasse. Wie der Name schon sagt, imple-mentiert sie das *Decorator*-Muster aus [Gamma95], das die Ver-wendung mehrerer gleichzeitiger Erweiterungen erlaubt. Beispiele für die Verwendung finden sich im Package junit.extensions.

Die meisten JUnit-Erweiterungen werden als Unterklasse von TestCase entwickelt. Verwendet man stattdessen einen TestDecorator, dann hat das den Vorteil, dass mehrere Erweiterungen gleichzeitig eingesetzt werden können. Der Nachteil besteht in der komplexeren Anwendung, da eine Decorator-Instanz einem Test oder einer Testsuite explizit hinzugefügt werden muss.

▨ AssertionFailedError ist eine Exception, die beim Scheitern eines assert-Aufrufs geworfen, von TestCase-Instanzen gefangen und schließlich einem TestResult zur Registrierung übergeben wird.

▨ Assert ist Oberklasse von TestCase und beheimatet sämtliche Varianten der assert-Methode, die zudem alle static sind. Auf diese Weise können auch andere Klassen, z.B. Test-Dekoratoren, die Assert-Funktionalität nutzen. Der Umfang der angebotenen assert-Varianten und deren Implementierung ist ständiger Diskussionspunkt in der JUnit-Diskussionsgruppe [URL:YahooJUnit]. Projektspezifische Ergänzungen beinhalten meist die eine oder andere neue assert-Methode, um bestimmte Collection-Klassen oder andere Datenstrukturen miteinander vergleichen zu können.

Das Wissen darüber, wie JUnit im Inneren aufgebaut ist, nützt vor allem bei der Entscheidung, wann man einen Blick hinter die TestCase-Kulisse wagt und sich den gut lesbaren Quelltext des Frameworks zu Gemüte führt.

5.2 Lebenszyklus einer Testsuite

Die dynamische Seite eines Programms lässt sich durch das Studium von Klassendiagrammen nur selten erschließen. Betrachten wir folgende AllTests-Klasse:

```
public class AllTests {
    public static void main(String[] args) {
        junit.awtui.TestRunner.run(AllTests.class);
    }
    public static Test suite() {
        TestSuite suite =
            new TestSuite("All tests of MyProject");
        suite.addTest(pack1.AllTests.suite());
        suite.addTestSuite(pack2.ExampleTest);
        return suite;
    }
}
```

Was geschieht, wenn wir diese Klasse von der Kommandozeile aus aufrufen:

Schritte für Schritt durch
die Testausführung

1. Der AWT-Test-Runner wird mit der `AllTests`-Klasse selbst als Argument gestartet.
2. Der Test-Runner ruft die statische `suite()`-Methode der `All-Tests`-Klasse auf. Diese wiederum baut sich eine komplexe Testsuite mit Baumstruktur auf, indem sie andere Testsuiten – hier `pack1.AllTests` und `pack2.ExampleTest` – ihrer eigenen hinzufügt. Der Unterschied zwischen `addTest(Test)` und `add-TestSuite(Class)` besteht darin, dass `addTestSuite(Class)` die übergebene Klasse – eine Unterklasse von `TestCase` – per Reflection nach ihren Testmethoden fragt und daraus eine Suite zusammenbaut.

   An den Enden dieser Kette stehen die einzelnen Testfälle. Jeder Testfall ist durch eine Instanz der Klasse `TestCase` oder einer Unterklasse repräsentiert. So wird aus

   ```
   public class ExampleTest extends TestCase {
       public void testSample1() {...}
       public void testSample2() {...}
       public void testSample3() {...}
   }
   ```

   eine Instanz von `TestSuite` mit drei Instanzen der Klasse `ExampleTest`, die sich nur durch den Namen der aufgerufenen Testmethode unterscheiden. Dieser wird intern als Name des Testfalls gespeichert und kann mittels `getName()` erfragt werden.
3. Beim Klick auf den *Run-Button* wird zunächst eine `TestResult`-Instanz erzeugt und anschließend die `run(TestResult)`-Methode der obersten Testsuite gestartet. Diese wiederum ruft sequenziell die `run(TestResult)`-Methode aller enthaltenen Tests auf.

   In den »Blättern« dieses Aufrufbaumes – den `TestCase`-Instanzen – bewirkt das `run(TestResult)` zunächst die Ausführung von `setUp()`, dann der Methode `runTest(TestResult)` und danach von `tearDown()`. Wurde `runTest()` nicht explizit überschrieben, so startet es die eigentliche Testmethode, deren Namen es im Konstruktor mitbekommen hat. Abbildung 5–2 zeigt den vereinfachten Ablauf bis zur Ausführung eines Testfalls.[2]

Was wir aus dieser Vorgehensbeschreibung lernen können, sind zwei Dinge: Zum einen ist es ein Unterschied, ob man die Testfixture –

---

2. Die Wirklichkeit ist – wie immer – etwas komplizierter und die Einzelheiten am leichtesten dem JUnit-Quellcode selbst zu entnehmen.

meist identisch mit den Instanzvariablen der Testklasse – im Konstruktor oder der `setUp()`-Methode aufbaut, da ein Test-Setup erst bei der Ausführung stattfinden sollte. Zum anderen findet die Testausführung sequenziell, aber in einer nicht näher definierten Reihenfolge statt, auf die man sich nicht verlassen kann.

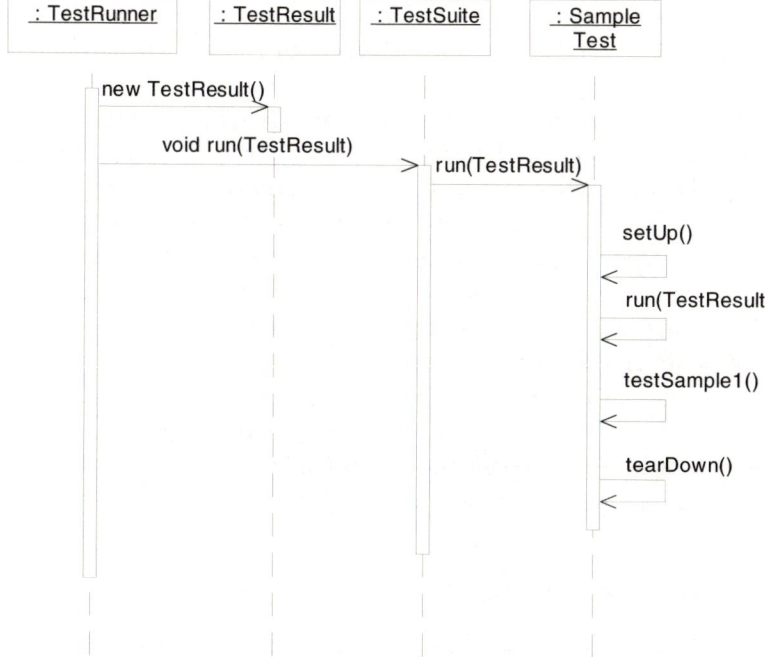

Abb. 5–2
Sequenzdiagramm für den Start eines Testfalls

Was beim zweiten Anklicken des Run-Buttons geschieht, hängt vom Status der *Reload-Checkbox* ab. Ist die Reload-Option nicht angewählt, dann wird wieder ein `run(TestResult)` an die oberste Testsuite geschickt. Bei gewähltem Reload dagegen werden alle Klassen neu geladen[3], der Testbaum neu erzeugt und schließlich die Suite gestartet. Man muss sich bewusst sein, dass die Instanzen der Testfälle so beschaffen sein müssen, dass sie wiederholt gestartet werden *könnten*.

Wiederholte Testausführung

5.3 Projektspezifische Erweiterungen

»JUnit ist ja ganz praktisch«, sagen Sie, »aber in unserem Projekt müssen wir ständig überprüfen, ob und wie und warum und wann genau. Ja und genau das kann JUnit nicht!« So ist das immer: Kaum gibt man

---

3. Durch das dynamische Nachladen können auch Probleme auftreten (siehe dazu die JUnit-FAQ in Anhang A.1).

den Leuten ein nettes kleines Werkzeug, beschweren Sie sich darüber, was es alles nicht kann, anstatt sich am Funktionierenden zu erfreuen.

Projektspezifische
Anforderungen

Viele Projekte haben Besonderheiten, die auch auf das Testen durchschlagen. Im einfachsten Fall wird eine zusätzliche oder modifizierte Assert-Variante benötigt, um beispielsweise Dateien miteinander zu vergleichen. In schwierigeren Fällen sollen die Testergebnisse in XML protokolliert werden. Und dann gibt es noch das Projekt, das den einen Test mit hundert unterschiedlichen Datensätzen ausführen muss.

Nur zu, erweitern Sie JUnit um eigene Testfunktionalität[4]. Oder noch besser, schauen Sie zunächst, welche Erweiterungen es bereits gibt (siehe auch Anhang A.2: *JUnit-Erweiterungen*), und greifen Sie nur selbst zur Tastatur, wenn das gewünschte Rad nicht bereits irgendwo fertig verfügbar ist. Ach ja, und vergessen Sie nicht, Ihre Erweiterung irgendwann den anderen JUnit-Nutzern zur Verfügung zu stellen. Einige kleine und auch ein paar größere Erweiterungen werden Sie im weiteren Buchverlauf noch kennen lernen.

Warnung

Der Ausbau des Testframeworks soll jedoch nicht zum Selbstzweck werden, sondern uns das Testen erleichtern oder gar erst ermöglichen. Jegliche Framework-Bastelei darüber hinaus ist für den Projektfortschritt unnötig und damit Feierabendbeschäftigung.

5.4 Zusammenfassung

Dieses Kapitel hat ein wenig Licht in das versteckte Innere von JUnit geworfen. Ziel war nicht, jedes Detail dieses offenen Testframeworks zu beleuchten, sondern dem interessierten Entwickler Anhaltspunkte für einen Einstieg in die Quelltext-Lektüre zu geben. Darüber hinaus ist ein gewisses Grundverständnis über den statischen Aufbau und die Dynamik der wichtigsten Objekte sinnvoll, wenn man die Anwendbarkeit von Testframeworks auf bestimmte Testaufgaben und Szenarien beurteilen möchte. So sind projektspezifische Ergänzungen von JUnit häufig notwendig, komplexe Erweiterungen und Umbauten gehören jedoch nur in den wenigsten Fällen zu den Aufgaben eines Projektes bzw. der beteiligten Entwickler und Entwicklerinnen.

---

4. Aber überlegen Sie 10x, bevor Sie den JUnit-Quelltext selbst verändern. Jede neue Version erfordert dann wiederum eine Änderung und schon sind wir in einer zeitaufwändigen und meist unnötigen Wartungsspirale.

6 Unabhängigkeit durch Dummy- und Mock-Objekte

In einer durchschnittlich komplizierten Anwendung kommt kaum ein Objekt ohne die Mitwirkung zahlreicher anderer Objekte – der gleichen oder einer anderen Klasse – aus. Wie also testet man dieses Objekt, das von so vielen anderen abhängt? Der pragmatischste und (vermutlich) intuitivste Weg aus diesem Dilemma ist der *Bottom-up-Ansatz*: Man beginnt die Entwicklung und das Testen mit den Klassen, die selbst nur auf systemeigenen Klassen aufbauen. Danach benutzt man diese getesteten Komponenten zum Aufbau abhängiger Klassen (vgl. auch Seite 50 ff.).

Dieses Vorgehen nennt sich *bottom-up*, da man »ganz unten«, also bei den konkretesten Objekten beginnt und sich nach oben zu den abstrakteren Systemkomponenten hocharbeitet. Dass man beim Test-First-Ansatz einfacher *top-down* (bzw. *outside-in*) vorgeht, haben wir bereits in Kapitel 3.2 gesehen. Dort sind wir auch auf Probleme gestoßen, die durch die Abhängigkeit verschiedener Klassen untereinander und zu externen Quellen hervorgerufen wurden. Wie man diese Abhängigkeiten in vielen Fällen vermeiden oder auch nachträglich eliminieren kann, zeigt dieses Kapitel.

6.1 Kleine Attrappe

Eine wichtige Regel des Unit-Testens taucht immer wieder auf: Der einzelne Testfall soll so *lokal* wie möglich sein, d.h., er soll nur das Objekt testen, das wir gerade unter der Lupe haben, und nicht all die anderen, die es bei seiner Arbeit benötigt, mit denen es zusammenarbeitet und an die es Aufgaben delegiert. Ein Weg, um diesem Ziel der größtmöglichen Unabhängigkeit eines Tests näher zu kommen, sind *Dummy-Objekte*. Das englische Wort *Dummy* bedeutet *Attrappe*, d.h., wir ersetzen einen Teil unserer Objekte durch andere, die nur so tun als ob. Ein einfaches Beispiel veranschaulicht diese Idee:

Lokalität und Unabhängigkeit

Wir möchten einen Euro-Rechner programmieren, der für einen gegebenen Betrag und Währung den entsprechenden Betrag in Euro zurückgibt[1]. Zunächst natürlich die Tests:

```java
public class EuroCalculatorTest extends TestCase {
    public EuroCalculatorTest(String name) {
        super(name);
    }
    public void testEUR2EUR() {
        double result =
                new EuroCalculator().valueInEuro(1.0, "EUR");
        assertEquals(1.0, result, 0.00001);
    }
    public void testUSD2EUR() {
        double result =
                new EuroCalculator().valueInEuro(1.0, "USD");
        assertEquals(1.1324, result, 0.00001);
    }
}
```

Als fertige Komponente steht uns die Klasse ExchangeRateProvider zur Verfügung, die über eine Netzwerkverbindung den Wechselkurs für alle gängigen Währungen bereitstellt:

```java
public class ExchangeRateProvider {
    public double getRateFromTo(String fromCurrency,
                                String to) {
        double retrievedRate = ... // Netzzugriff auf Server
        return retrievedRate;
    }
}
```

Probleme Die Implementierung der EuroCalculator-Klasse ist denkbar einfach; dennoch haben unsere Tests ein paar Probleme: Zum einen funktioniert der Testfall testUSD2EUR() vermutlich nur für kurze Zeit, nämlich genau so lange, bis sich der Wechselkurs zwischen Dollar und Euro ändert. Zum anderen ist der Zugriff auf den Wechselkursserver eine sehr unsichere Sache, da es sich um einen Netzzugriff handelt. Der Server kann lange Antwortzeiten haben oder wegen Überlastung für unabsehbare Zeit gar nicht verfügbar sein. Durch diese Abhängigkeit von einem externen Dienst geht unser Test möglicherweise schief, ohne dass unser Programm einen Fehler aufweist.

---

1. Zur Vereinfachung benutzen wir hier den primitiven Typ double zur Repräsentation von Geldbeträgen, der wegen seiner Rundungsproblematik im »richtigen« Leben nur selten zum Einsatz kommt.

Eine Möglichkeit, dieses Problem zu lösen, ist die Verwendung *Erste Attrappe* eines »falschen« Wechselkursservers, dem wir den erwarteten Wechselkurs gleich mitgeben können:

```
public class DummyProvider extends ExchangeRateProvider {
    private double dummyRate;
    public DummyProvider(double dummyRate) {
        this.dummyRate = dummyRate;
    }
    public double getRateFromTo(String from, String to) {
        return dummyRate;
    }
}
```

Jetzt bleibt nur noch die Frage, wie wir unsere Attrappe dem EuroCalculator unterschmuggeln. Eine Möglichkeit ist, die Signatur der valueInEuro() Methode um einen Parameter vom Typ ExchangeRateProvider zu erweitern. Bei dieser Gelegenheit wird auch gleich noch die erwartete Genauigkeit in eine Konstante ACCURACY hinausgezogen. Der geänderte Test sieht damit folgendermaßen aus:

```
public class EuroCalculatorTest extends TestCase {
    private final static double ACCURACY = 0.00001;
    public EuroCalculatorTest(String name) {
        super(name);
    }
    public void testEUR2EUR() {
        ExchangeRateProvider provider =
                        new DummyProvider(1.0);
        double result = new EuroCalculator().
                        valueInEuro(2.0, "EUR", provider);
        assertEquals(2.0, result, ACCURACY);
    }
    public void testUSD2EUR() {
        ExchangeRateProvider provider =
                        new DummyProvider(1.1324);
        double result = new EuroCalculator().
                        valueInEuro(1.5, "USD", provider);
        assertEquals(1.6986, result, ACCURACY);
    }
}
```

Und siehe da, unser Test läuft schnell, stabil und ist von den sich ändernden Kursen unabhängig. Uns muss jedoch klar sein, dass wir nun jedoch einzig die Klasse EuroCalculator testen, nicht jedoch den Währungskursserver. Aber dieser wird (hoffentlich) bereits vom

Anbieter der Komponente getestet worden sein. Sind wir selbst dieser Anbieter, dann testen wir auch den Server, aber in einer anderen Testsuite.

6.2   Begriffswirrwarr

Bevor wir uns anspruchsvolleren Fälschungen widmen, zunächst ein Blick auf die verwendeten Begriffe: Im angloamerikanischen Sprachgebrauch existieren zahlreiche Wörter für das, was wir hier Dummy-Objekte nennen, u.a. *Dummy*, *Stub*, *Mock* und *Shunt*. Unsere Verwendungsweise ist die folgende:

Stub Ein *Stub* (dt. Stummel) ist ein bislang nur rudimentär implementierter Teil der Software, der später durch die richtige Implementierung ersetzt werden soll. Die Aufgabe eines Stub-Objekts ist die eines Platzhalters für geplante, aber noch nicht umgesetzte Funktionalität.

Dummy Ein *Dummy* (dt. Attrappe, Schaufensterpuppe) dagegen kann die echte Implementierung für Testzwecke ersetzen. Ob das echte oder ein Dummy-Objekt verwendet wird, entscheidet sich durch codeinterne oder externe Konfiguration.

Mock Ein *Mock* (dt. Nachahmung) unterscheidet sich vom *Dummy* durch zusätzliche Funktionalität: Ein Mock-Objekt erlaubt, falls nötig, die Einstellung der von ihm gewünschten Reaktionen und das Verifizieren des korrekten Verhaltens seines »Klienten«. Mock-Objekte werden ausführlich in Kapitel 6.5 besprochen.

In der Literatur und im Web ist die Verwendung der Begriffe jedoch alles andere als konsistent und man muss damit rechnen, dass jeder Begriff als Synonym eines beliebig anderen benutzt wird – und umgekehrt.

6.3   Große Attrappe

Das obige Euro-Rechner-Beispiel besticht durch seine Einfachheit, da es nichts anderes tut, als eine in der Realität komplexe Funktion durch festverdrahtete Werte zu ersetzen, die genau auf die Tests abgestimmt sind. Betrachten wir ein komplexeres Problem:

In den meisten Applikationen benötigen wir eine Möglichkeit, verschiedenste Ereignisse während des Programmablaufs an zentraler Stelle festzuhalten. Um diese *Logging-Funktionalität* überall im Programm auf konsistente Weise durchführen zu können, definieren wir uns ein standardisiertes Interface:

```
public interface Logging {
   public final static int DEFAULT_LOGLEVEL = 2;
   public void log(int logLevel, String message);
   public void log(String message);
}
```

Das Interface erlaubt das Loggen einer Nachricht message unter
Angabe einer Log-Stufe loglevel, um etwa zwischen Fehler- und
Debug-Meldungen unterscheiden zu können. Zudem soll die Möglichkeit bestehen, auch ohne expliziten Loglevel, d.h. mit einem Standard-
wert DEFAULT_LOGLEVEL, zu arbeiten.

Eine erste Implementierung von Logging soll die Klasse LogServer
sein, die unter Angabe eines Dateinamens erzeugt wird und alle Log-
Einträge in diese Datei schreibt. Wie immer beginnen wir mit einem
Test:

```
public class LogServerTest extends TestCase {
   public void testSimpleLogging() {
      Logging logServer = new LogServer("log.test");
      logServer.log(0, "Zeile eins");
      logServer.log(1, "Zeile zwei");
      logServer.log("Zeile drei");
      // assertTrue(??) Oops, und jetzt?
   }
}
```

Während uns die ersten vier Zeilen des Tests geradezu aus den Fingern
fließen, befinden wir uns jetzt in einem Dilemma: Wie gelangt man an
die Innereien der Datei log.test, um zu überprüfen, ob der LogServer
seine Arbeit auch wirklich ordentlich verrichtet? Eine Möglichkeit
wäre es, unseren Log-Server um eine Funktion getLoggingFile() zu
erweitern. Allerdings hätten wir uns dann auf Datei-Logging festgelegt
und ein Implementierungsdetail nur für Testzwecke offengelegt.
Zudem kann das Öffnen und Lesen einer Datei Schwierigkeiten mit
sich bringen, die eine kontrollierte und wiederholbare Testdurchführung erschweren:

*Wie testet man
Dateizugriffe?*

■ Wie finde ich einen Pfad, der für Testzwecke les- und schreibbar ist?
■ Wie stelle ich sicher, dass die Zugriffsrechte in diesem Pfad stimmen?
■ Wie gehe ich sicher, dass die Datei nicht bereits existiert bzw. vor
   dem Test gelöscht wird?

All dies sind Probleme, die von uns im Produktivbetrieb zwar bedacht
werden müssen, für den gegenwärtigen Stand der Entwicklung aber
unbedeutend sind bzw. sein sollten.

PrintWriter statt Datei   Unsere Kenntnisse der Java-IO-Klassen helfen hier weiter: Wie wäre es, wenn wir unserem `LogServer` anstatt einem Dateinamen einfach eine Instanz vom Typ `java.io.PrintWriter` im Konstruktor übergeben. Dieser bietet die Möglichkeit, unsere Log-Nachricht per `println()` auszugeben, und ist nicht nur für Dateien, sondern auch für jede Art von `OutputStream` zu gebrauchen. Unser Test ändert sich damit folgendermaßen:

```java
public void testSimpleLogging() {
    PrintWriter writer = new PrintWriter(
                         new FileOutputStream("log.test"));
    Logging logServer = new LogServer(writer);
    logServer. log(0, "Zeile eins");
    logServer.log(1, "Zeile zwei");
    logServer.log("Zeile drei");
    // assertTrue(??) Oops, und jetzt?
}
```

Trotzdem stehen wir weiterhin vor dem Problem, zunächst an die Datei herankommen zu müssen, um die nötigen Überprüfungen durchführen zu können. Das Wissen jedoch, dass unser `LogServer` nichts weiter tun soll, als mittels der Methode `println(..)` eine Kombination aus Loglevel und Log-Nachricht auszugeben, führt zu einer weiteren Intuition: Warum nicht, wie im obigen Euro-Rechner-Beispiel, unsere eigene Unterklasse von `PrintWriter` implementieren, deren Instanzen all das, was ihnen per `println()` übergeben wird, aufzeichnen und für spätere Überprüfungen zur Verfügung stellen? Diese Überlegung lässt folgende *Dummy-Klasse* entstehen:

```java
import java.io.PrintWriter;
import java.util.*;
public class DummyPrintWriter extends PrintWriter {
    private List logs = new ArrayList();
    DummyPrintWriter() {
        super((OutputStream) null);
    }
    public void println(String logString) {
        logs.addElement(logString);
    }
    public String getLogString(int pos) {
        return (String) logs.get(pos);
    }
}
```

Mit Unterstützung dieser DummyPrintWriter-Klasse lässt sich unser Test
jetzt einfacher und klarer formulieren:

```
public void testSimpleLogging(){
    DummyPrintWriter writer = new DummyPrintWriter();
    Logging logServer = new LogServer(writer);
    logServer.log(0, "Erste Zeile");
    logServer.log(1, "Zweite Zeile");
    logServer.log("Dritte Zeile");
    assertEquals("0: Erste Zeile", writer.getLogString(0));
    assertEquals("1: Zweite Zeile",
                    writer.getLogString(1));
    assertEquals("2: Dritte Zeile",
                    writer.getLogString(2));
}
```

Geschafft! Oder etwa doch nicht? Sieht man genauer hin, dann weist
unser Test noch einige Unschönheiten auf: Um DummyPrintWriter als
Unterklasse von PrintWriter einsatzfähig zu machen, haben wir tricksen müssen: Zum einen führt unser Konstruktor einen *Cast* auf das
null-Objekt durch; dies ist unästhetisch, aber nötig, um dem Java-
Compiler die statische Bestimmung des richtigen Super-Konstruktors
zu erlauben. Zum anderen machen wir die gefährliche Annahme, dass
unser Log-Server ausschließlich die Methode println(..) der Print-
Writer-Instanz aufruft. Warum nicht einfach diese implizite Annahme
durch die Einführung eines Interfaces explizit machen? Gesagt –
getan ...

Mangelnde Ästhetik

```
public interface Logger {
        public void logLine(String logString);
}
```

Natürlich ändert sich damit auch der Konstruktor unseres Log-Servers
und folglich auch der Test:

```
public void testSimpleLogging() {
    DummyLogger logger  = new DummyLogger();
    Logging logServer = new LogServer(logger);
    logServer.log(0, "Erste Zeile");
    logServer.log(1, "Zweite Zeile");
    logServer.log("Dritte Zeile");
    assertEquals("0: Erste Zeile", logger.getLogString(0));
    assertEquals("1: Zweite Zeile",
                    logger.getLogString(1));
    assertEquals("2: Dritte Zeile",
                    logger.getLogString(2));
}
```

und unser DummyPrintWriter wird zu einem DummyLogger:

```java
import java.util.*;
public class DummyLogger implements Logger {
    private List logs = new ArrayList();
    public void logLine(String logString) {
        logs.add(logString);
    }
    public String getLogString(int pos) {
        return (String) logs.get(pos);
    }
}
```

Im Vergleich zu den Mühen, die uns das »Testbar-Machen« gekostet hat, erscheint die eigentliche Implementierung von LogServer trivial:

```java
public class LogServer implements Logging {
    private Logger logger;
    public LogServer(Logger logger) {
        this.logger = logger;
    }
    public void log(int logLevel, String message) {
        String logString = logLevel + ": " + message;
        logger.logLine(logString);
    }
    public void log(String message) {
        this.log(DEFAULT_LOGLEVEL, message);
    }
}
```

Lohnt sich die Mühe? War das jetzt wirklich die ganze Mühe wert? Sieht man nicht auf einen Blick, dass die Klasse genau das tut, was sie tun soll? Bevor wir an die Beantwortung dieser Frage gehen, lohnt es sich anzuschauen, was wir alles mit der Einführung unseres »Dummys« erreicht haben und was nicht: Durch die Einführung des Logger-Interfaces haben wir einen Log-Server, dessen Implementierung von systemnahen IO-Klassen unabhängig ist. Dieses Interface erlaubt es uns auch, unterschiedliche Logger zu implementieren, die unser Server ohne Modifikationen verwenden kann.

Dependency Inversion Principle Wir haben damit eine wichtige Heuristik objektorientierten Designs befolgt, nämlich das so genannte *Dependency Inversion Principle* (siehe [Martin96b] und [Meade00]). Dieses *Prinzip der umgekehrten Abhängigkeit* besagt:

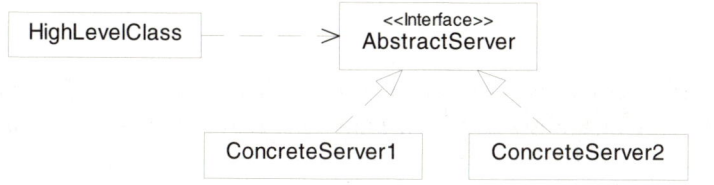

Abb. 6–1
*Dependency Inversion
Principle*

◾ High-Level-Module sollen nicht von Low-Level-Modulen abhängen – der Log-Server nicht vom Datei-Logger. Abhängigkeiten sollen ausschließlich zu *Abstrahierungen* (Interfaces) bestehen.

◾ Abstrahierungen sollen ihrerseits nicht von Details abhängen, sondern die Details von den Abstrahierungen.

Abbildung 6–1 zeigt dieses einfache Prinzip anhand eines Abhängigkeitsdiagramms der Klasse HighLevelClass von einem abstrakten Interface AbstractServer. Die beiden Implementierungen ConcreteServer1 und ConcreteServer2 hängen wiederum nur von diesem Interface ab.

Eine weitere Errungenschaft ist, dass wir *die korrekte Interaktion des Log-Servers mit seinem Logger* auf einfache Art und Weise testen können. Durch Verfolgung des einen Ziels – nämlich unseren Log-Server testbar zu machen – gab es noch ein zweites gratis dazu: ein verändertes Design und zwar eines, das die Abhängigkeiten verringert und die Erweiterbarkeit vergrößert. Wir haben jedoch (noch) keinen Log-Server, der wirklich in eine Datei schreibt. Doch das ist bei unserem jetzigen Wissensstand ein Klacks! Zunächst der Test:

Designverbesserung

```java
import java.io.*;
public class FileLoggerTest extends TestCase {
    private final String TEMPFILE = "C:\\temp\\test.txt";
    public FileLoggerTest(String name) {
        super(name);
    }
    public void testLogLine() throws IOException {
        FileLogger logger = new FileLogger(TEMPFILE);
        logger.logLine("Zeile 1");
        logger.logLine("Zeile 2");
        logger.close();
        BufferedReader reader = new BufferedReader(
                            new FileReader(TEMPFILE));
        assertEquals("Zeile 1", reader.readLine());
        assertEquals("Zeile 2", reader.readLine());
        assertNull("Dateiende erreicht",
                                reader.readLine());
        reader.close();
```

```
        }
    }
```

Der Test besitzt noch eine kleine Unschönheit, nämlich die Abhängigkeit von einem absoluten Dateipfad; aber darauf kommen wir später zurück (siehe Kapitel 6.10). Die Implementierung der Klasse FileLogger ist mit Hilfe des Tests jetzt auch kein Hexenwerk mehr:

```java
import java.io.*;
public class FileLogger implements Logger {
    private PrintWriter writer;
    public FileLogger(String filename) throws IOException {
        writer = new PrintWriter(
                                new FileOutputStream(filename));
    }
    public void close() {
        writer.close();
    }
    public void logLine(String logMessage) {
        writer.println(logMessage);
    }
}
```

Ziel teilweise erreicht Die Abhängigkeit der Tests vom Dateisystem wurde zwar nicht vollständig eliminiert, aber auf einen einzigen reduziert. Nämlich genau jenen, der die Zusammenarbeit mit Dateien verifiziert.

6.4 Wir bauen an

Hat sich die Mühe nun wirklich gelohnt? Betrachten wir ein paar Erweiterungen des kleinen Frameworks und überlegen, welche Auswirkungen diese auf unsere Tests haben könnten:

Zusätzlicher Parameter **Erweiterung 1:** Wir erweitern unser Logging-Interface um eine log-Methode mit zusätzlichem Parameter module, der angibt, welches Modul der Anwendung gerade loggt.

Auswirkung: Eine zusätzliche Testmethode und ein wenig Refactoring im LogServerTest, etwa so:

```java
public class LogServerTest extends TestCase {
    private LogServer logServer;
    private DummyLogger logger;
    public LogServerTest(String name) {
        super(name);
    }
    protected void setUp() {
```

```
        logger = new DummyLogger();
        logServer = new LogServer(logger);
    }
    public void testLoggingWithModule() {
        logServer.log(0, "Erste Zeile", "test");
        assertEquals("test(0): Erste Zeile",
                        logger.getLogString(0));
    }
    public void testSimpleLogging() {
        logServer.log(0, "Erste Zeile");
        logServer.log(1, "Zweite Zeile");
        logServer.log("Dritte Zeile");
        assertEquals("(0): Erste Zeile",
                        logger.getLogString(0));
        assertEquals("(1): Zweite Zeile",
                        logger.getLogString(1));
        assertEquals("(2): Dritte Zeile",
                        logger.getLogString(2));
    }
}
```

Die Tests für die eigentlichen Logger bleiben unberührt.

Erweiterung 2: Wir erlauben, dass ein Log-Server mehrere Logger   *Mehrere Logger pro Server*
beherbergen kann, an die er alle Log-Nachrichten verteilt.

Auswirkung: Ein paar Tests hier, um das Hinzufügen und Entfernen
der Logger zu testen, und ein paar Tests da, um zu überprüfen, dass
auch jeder Logger alle Nachrichten erhält. Selbst diese größere funktionale Erweiterung lässt die Tests für die eigentlichen Logger unberührt.

Ein zusätzlicher Vorteil bei der Separierung von LogServer und   *Eingrenzbarkeit von*
Logger und der Einführung einer Dummy-Implementierung ist, dass   *Fehlern*
wir im Fall einer *Test-Failure* das Problem im Quellcode sehr genau
eingrenzen können. Wir wissen nämlich, dass unser Log-Server die
ganze Schuld trägt, und nicht etwa ein Fehler beim Zugriff auf das
Dateisystem zum Scheitern des Tests geführt hat.

6.5 Endoskopisches Testen

In der XP-Szene werden Dummy-Objekte meist *Mock-Objekte*
genannt. In dem empfehlenswerten Artikel von [Mackinnon00] über
Endo-Testing – eine Anspielung auf endoskopische Operationstechni-
ken – wird dieser Begriff das erste Mal verwendet. Es geht also um das
»Testen von innen« durch die Einschleusung eines Testmediums: das   *Testen von innen*

Dummy-Objekt. Der Dummy-Logger hat es schließlich ermöglicht, das korrekte Verhalten des Log-Servers zu überprüfen, ohne dass wir dazu die Innereien des Log-Servers sichtbar machen mussten.

Mock-Objekte, die den Namen verdienen, gehen noch einen Schritt weiter als die hier bislang betrachteten Dummy-Objekte. Mock-Objekte holen den Großteil des eigentlichen Testcodes zu sich. Bauen wir unseren Dummy-Logger zu einem Mock-Logger um:

```java
import java.util.*;
public class MockLogger implements Logger {
    private List expectedLogs = new ArrayList();
    private List actualLogs = new ArrayList();
    public void addExpectedLine(String logString) {
        expectedLogs.add(logString);
    }
    public void logLine(String logString) {
        actualLogs.add(logString);
    }
    public void verify() {
        if (actualLogs.size() != expectedLogs.size()) {
            Assert.fail("Expected " + expectedLogs.size() +
                    " log entries but encountered " +
                    actualLogs.size());
        }
        for (int i = 0; i < expectedLogs.size(); i++) {
            String expectedLine =
                    (String) expectedLogs.get(i);
            String actualLine =
                    (String) actualLogs.get(i);
            Assert.assertEquals(expectedLine, actualLine);
        }
    }
}
```

Typisch für ein Mock-Objekt sind die beiden Methoden addExpected-Line() und verify(). Während die erste dazu dient, das *erwartete Verhalten* unseres »Klienten« (des Log-Servers) zu setzen, führt die zweite das eigentliche Überprüfen des korrekten Verhaltens *am Ende des Tests* durch. Natürlich muss sich nun auch unsere Testklasse anpassen:

```java
public class LogServerTest extends TestCase {
    private LogServer logServer;
    private MockLogger logger;
    public LogServerTest(String name) {
        super(name);
    }
```

```
    protected void setUp() {
        logger = new MockLogger();
        logServer = new LogServer(logger);
    }
    public void testLoggingWithModule() {
        logger.addExpectedLine("test(0): Erste Zeile");
        logServer.log(0, "Erste Zeile", "test");
        logger.verify();
    }
    public void testSimpleLogging() {
        logger.addExpectedLine("(0): Erste Zeile");
        logger.addExpectedLine("(1): Zweite Zeile");
        logger.addExpectedLine("(2): Dritte Zeile");
        logServer.log(0, "Erste Zeile");
        logServer.log(1, "Zweite Zeile");
        logServer.log("Dritte Zeile");
        logger.verify();
    }
}
```

Bislang haben wir nur ein wenig Code hin- und hergeschoben. Ein paar Veränderungen unseres Mock-Loggers können daher nicht schaden:

```
import java.util.*;
public class MockLogger implements Logger {
    private List expectedLogs = new ArrayList();
    private List actualLogs = new ArrayList();
    public void addExpectedLine(String logString) {
        expectedLogs.add(logString);
    }
    public void logLine(String logLine) {
        Assert.assertNotNull(logLine);
        if (actualLogs.size() >= expectedLogs.size()) {
            Assert.fail("Too many log entries");
        }
        int index = actualLogs.size();
        String expectedLine =
                (String) expectedLogs.get(index );
        Assert.assertEquals(expectedLine, logLine);
        actualLogs.addElement(logLine);
    }
    public void verify() {
        if (actualLogs.size() < expectedLogs.size()) {
            Assert.fail("Expected " + expectedLogs.size() +
                    " log entries but encountered " +
```

```
                              actualLogs.size());
                }
            }
        }
```

Der Gewinn scheint subtil: Ein Teil des Verifikationscodes wurde aus der `verify()`- in die `logLine()`-Methode verlagert. Dies hat den Vorteil, dass das Feedback eines fehlerhaften Log-Eintrages nun unmittelbar erfolgt und nicht erst am Ende des Tests. Man kann dies gut sehen, wenn man beispielsweise die Zeile

```
    logServer.log(0, "Erste Zeile");
```
zu

```
    logServer.log(0, "Falsche erste Zeile");
```

abändert und mit dem Debugger verfolgt, wann die Exception `Test-Failure` geworfen wird. Bei komplexen Testfällen kann diese genauere Lokalisierbarkeit eines Fehlers die Debugging-Zeit spürbar verkürzen. Eine weitere Änderung war die zusätzliche Zeile:

```
    Assert.assertNotNull(logLine);
```

Das Testen dieser wichtigen Vorbedingung mit unserem »alten« `DummyLogger` hätte erfordert, sie für jede einzelne Log-Zeile gesondert einzufügen.

Wie man hier sieht, besteht der Fortschritt, den uns Mock-Objekte gegenüber einfachen Dummy-Objekten bringen, zu einem wichtigen Teil in der Vermeidung von dupliziertem Code. Dieser Vorteil wird umso größer, je mehr Mock-Objekte gebaut werden, da sich der Code, den wir für den Vergleich von erwartetem und wirklich erfolgtem Verhalten benötigen, von Mock-Objekt zu Mock-Objekt sehr ähnelt und daher in eigene Klassen ausgelagert werden kann.

Muster zur Testfallerstellung mit Mock-Objekten

Des Weiteren vergrößern Mock-Objekte die Kommunikationsfähigkeit unseres Codes. Werden sie so verwendet, wie in [Mackinnon00] vorgeschlagen, so ergibt sich ein standardisiertes Verwendungsmuster (*Pattern*), das den eigentlichen Testcode vereinfacht und damit lesbarer macht. Wie bei anderen Patterns auch lässt sich dadurch die Kommunikation zwischen all denen, die das Muster kennen, deutlich verbessern. Unsere leicht adaptierte Fassung des in [Mackinnon00] vorgeschlagenen »Pattern for unit testing« besteht aus folgenden Schritten, die das Aussehen eines einzelnen Unit Tests beschreiben:

1. Erzeuge die nötigen Mock-Objekte.
2. Setze, wenn nötig, den internen Zustand dieser Mock-Objekte.

3. Setze die Erwartungen in den Mock-Objekten.
4. Rufe den zu testenden Code mit den Mock-Objekten als Parameter auf.
5. Überprüfe, wenn angebracht, Zustandsänderungen in den zu testenden Objekten durch direkte Tests.
6. Verifiziere die Konsistenz der Mock-Objekte mittels `verify()`.

In [Mackinnon00] fehlt Punkt 5 ersatzlos, da die Autoren davon ausgehen, dass auch einfache Zustandsänderungen aus Konsistenzgründen am besten über Mock-Objekte getestet werden. Unsere Erfahrung zeigt jedoch, dass das direkte Abfragen bloßer Zustandsänderung häufig viel einfacher ist, als entsprechende Mock-Objekte zu bauen, die nur an dieser Stelle Verwendung fänden. Auch hier gibt es wieder mal keine feste Regel; ob die Verwendung von Mock-Objekten eine Verbesserung unseres Codes zur Folge hat oder nicht, muss im Einzelfall entschieden werden.

Mock-Objekte für Zustandstests?

Häufig bietet sich zunächst der direkte Zustandstest als einfachste Möglichkeit an. Werden die inneren Objekte später komplizierter und stellen wir Codeduplikation in unseren Tests fest, so führen wir nach und nach entsprechende Interfaces und zugehörige Mock-Implementierungen ein. Auch beim Testen ist iteratives Vorgehen die Methode der Wahl.

Fertige Mock-Objekte

Die Tatsache, dass Mock-Objekte eine Standardtechnik des Test-First-Ansatzes sind, hat einige interessante Software entstehen lassen:

- In [Mackinnon00] wird eine Bibliothek von *Expectation Classes* erwähnt, die mittlerweile auch frei verfügbar ist [URL:MockObjects] und uns eine Menge Implementierungsaufwand abnehmen kann.
- Das Tool MockMaker [URL:MockMaker] dient zum Erzeugen von Quellcode für Mock-Objekte, die auf den erwähnten »Expectation Classes« aufbauen. Das Werkzeug geht von einem Interface aus und generiert Klassen, die sowohl die Spezifikation des erwarteten Verhaltens erlauben als auch die Rückgabe vorbestimmter Funktionswerte.
- Ähnlich wie MockMaker stellt MockCreator [URL:MockCreator] eine Umgebung zum automatischen Erzeugen von Mock-Objekten bereit. Das Tool ist zurzeit noch ausschließlich für IBMs Entwicklungsumgebung *Visual Age for Java* [URL:VAJava] erhältlich.

Ab JDK 1.3 ▪ Einen anderen Ansatz verfolgen die *EasyMocks* [URL:EasyMock].
Anstatt sich für jeden Verwendungszweck selbst Interfaces und
Mock-Implementierungen schreiben zu müssen, erlauben diese
»einfachen Mocks« das erwartete Verhalten programmatisch zu
bestimmen und sich so unter Umständen einiges an Programmieraufwand zu sparen.

▪ Im Bereich der Sanitäranlagen und des Heizungsbaus machen sich
Mocks auch bereits breit [URL:MockSanitaer].

Ein Blick auf diese frei verfügbaren Bibliotheken und Tools ist jedem
empfohlen, der Mock-Objekte nicht nur sporadisch einsetzt.

6.6   Testen von Grenzwerten und Exceptions

In Kapitel 4.4 haben wir begründet, dass Testfälle sich in besonderem
Maße auf die Grenzbereiche von Ein- und Ausgabe konzentrieren sol-
ten. Vorausgesetzt man kennt diese Grenzwerte, kann man diese Tests
genau dann recht leicht durchführen, wenn sie der zu testenden
Methode als Parameter übergeben werden.

Ein Beispiel: Zum Test bereit steht unsere Klasse TextFormatter,
die einen von uns übergebenen Text zeilenweise umformatieren soll.
Unsere Grenzbedingung ist, dass Zeilen von maximal 32 Zeichen verarbeitet werden; längere Zeilen werden abgeschnitten. Unser grenz-
wertbasierter Test lautet daher:

```
public void testLongLines() {
    TextFormatter formatter = new TextFormatter();
    String line32 = "  abcdefg   hijklmn opqrs tuvwxy";
    String line33 = "  abcdefg   hijklmn opqrs tuvwxyz";
    assertEquals("abcdefg hijklmn opqrs tuvwxy",
        formatter.formatLine(line32));
    assertEquals("abcdefg hijklmn opqrs tuvwxy",
        formatter.formatLine(line33));
}
```

So weit, so gut. Nun fällt uns jedoch eine weitere Anforderung an
unseren Textformatierer ein: Er soll keine einzelne Zeilen formatieren,
sondern komplette Dateien und das Ergebnis seinerseits in eine Datei
schreiben; d.h., unser öffentliches Interface ist nicht mehr zeilenba-
siert, sondern dateibasiert. Wir haben also wieder ein ähnliches Problem wie mit unserem Log-Server (siehe Kapitel 6.3), nur dass wir
außer der Ausgabedatei auch noch eine Eingabedatei mit entsprechen-
dem Inhalt **vor** dem Test erzeugen müssen. Verwenden wir jedoch ein
Pärchen von Mock-Klassen, ein MockLineReader und ein MockLineWri-

ter, die jeweils das Interface LineReader bzw. LineWriter implementieren, dann ist der Test gemäß dem vorgestellten Mock-Pattern leicht hinzuschreiben:

```
public void testLongLines() {
    MockLineReader reader = new MockLineReader();
    String line32 = "  abcdefg    hijklmn opqrs tuvwxy";
    String line33 = "  abcdefg    hijklmn opqrs tuvwxyz";
    reader.addLineToBeRead(line32);
    reader.addLineToBeRead(line33);
    MockLineWriter writer = new MockLineWriter();
    writer.addExpectedLine("abcdefg hijklmn opqrs tuvwxy");
    writer.addExpectedLine("abcdefg hijklmn opqrs tuvwxy");
    TextFormatter formatter = new TextFormatter();
    formatter.format(reader, writer);
    writer.verify();
}
```

Während in diesem konstruierten Fall das Erzeugen entsprechender Testdateien noch denkbar wäre, gibt es andere Fälle, in denen Grenzbedingungen kaum anders als durch Dummy- bzw. Mock-Objekte zu erreichen sind. Man denke beispielsweise an den Zugriff auf einen Server, der sich mit seiner Antwort nur x Sekunden Zeit lassen darf, bevor eine TimeOutException vom Client geworfen werden soll. Wie bringe ich einen entfernten Server dazu, genau *x-1* bzw. *x+1* Sekunden mit seiner Antwort zu warten, damit ich die korrekte Reaktion meines Client in diesen Grenzfällen überprüfen kann? Eine MockServer-Klasse, bei der ich nicht nur die gewünschte Antwort, sondern auch die Verzögerungszeit konfigurieren kann, macht diesen Test zu einem Kinderspiel.

Unkontrollierbare Grenzwerte

Ein ähnlich gelagerter Fall wie Grenzwerte sind *Exceptions*. Denken wir an unser Beispiel in Kapitel 6.1, verändern jedoch das Interface unserer getRateFromTo()-Methode zu:

Unkontrollierbare Exceptions

```
public double getRateFromTo(String from, String to)
    throws ServerNotAvailableException;
```

Es dürfte einiger Überzeugungskraft bedürfen, unseren Anbieter von Finanzinformationen dazu zu bringen, immer wenn wir testen, den Wechselkursserver für wenige Millisekunden vom Netz zu nehmen. Aber mit einer kleinen Änderung der Klasse DummyProvider können wir uns die nötigen Verhandlungen für wichtigere Aufgaben sparen:

```
public class DummyProvider extends ExchangeRateProvider {
    private double dummyRate;
    private boolean serverAvailable = true;
    public DummyProvider(double dummyRate) {
```

```
            this.dummyRate = dummyRate;
        }
        public double getRateFromTo(String from, String to)
                throws ServerNotAvailableException {
            if (!serverAvailable) {
                throw new ServerNotAvailableException("Test");
            }
            return dummyRate;
        }
        public void setServerAvailable(boolean isAvailable) {
            serverAvailable = isAvailable;
        }
    }
}
```

Wir hätten gerne, dass unser EuroCalculator, falls der Wechselkursserver nicht zur Verfügung steht, einen Wechselkurs von 1.0 benutzt (ob diese Vorgabe sinnvoll ist, soll hier nicht diskutiert werden ;-). Der Test hierfür könnte so aussehen:

```
public void testServerNotAvailable() {
    //Kurs des DummyProvider egal, da er Exception wirft
    DummyProvider provider = new DummyProvider(1.1324);
    provider.setServerAvailable(false);
    double result = new EuroCalculator().
                            alueInEuro(1.5, "USD", provider);
    assertEquals(1.5, result, ACCURACY);
}
```

Soll jede mögliche Exception getestet werden? Auf diese Art und Weise ermöglichen uns Mock-Objekte, korrektes Verhalten in Ausnahmesituationen und Grenzfällen zu testen, die wir ohne sie außen vor lassen müssten. Jedoch auch hier gilt wieder: Nur weil es möglich ist, wird nicht jedes Objekt mit allen denkbaren und undenkbaren Exceptions bombardiert. Wollten wir beispielsweise alle Stellen unseres Programms, an denen eine NullPointerException auftreten kann, auch dahingehend testen, kämen wir zu nichts anderem mehr. Ein Abwägen zwischen Aufwand und Nutzen ist hier ganz besonders angebracht.

6.7 Wie kommt der Test zum Mock?

In den bisherigen Beispielen hatten wir kein größeres Problem dabei, dem Testobjekt das Dummy- bzw. Mock-Objekt unterzuschieben. Während in unserem Euro-Rechner das Interface der valueInEuro()-Methode die Übergabe eines ExchangeRateProvider vorsah, konnte man dem LogServer einen Logger im Konstruktor übergeben. Ob man die eine oder andere Möglichkeit wählt, hängt von unterschiedlichen Punkten ab:

▨ Nehmen wir das Helferobjekt als Parameter in die entsprechenden Methoden auf, wie im EuroCalculator, so können wir das OUT mit unterschiedlichen Instanzen des Helfers immer wieder verwenden. Dafür müssen wir uns aber auch bei jedem Methodenaufruf überlegen, woher wir die richtige Helferinstanz nehmen – ohne sie zu stehlen.

▨ Wird jedoch das Helferobjekt im Konstruktor des Testobjekts übergeben, wie bei unserem Log-Server, so haben wir ein für alle Mal die Überlegung, welche Instanz wir wann benötigen, vom Hals. Dies ist vor allem dann sinnvoll, wenn der Helfer in mehreren Methoden des Objekts benötigt wird und darüber hinaus für die gesamte Lebenszeit des Objekts unverändert bleibt.

Beide Möglichkeiten erlauben uns das einfache Ersetzen eines Helfer- oder Serverobjekts durch Dummy- bzw. Mock-Objekte. Existierende Programme sind jedoch meist geschrieben worden, ohne die Anforderungen an das Testen zu berücksichtigen, d.h., die intern verwendeten Objekte sind fest verdrahtet. Häufig werden bei der Initialisierung eines Objekts die benötigten Helferobjekte erzeugt und in Instanzvariablen festgehalten. Solche Objekte kann man relativ leicht durch das Anbieten zusätzlicher Methoden zum Austausch dieser Helfer testbar machen. Unser Euro-Rechner sähe dann etwa so aus:

Nachträgliche Modifikation

```
public class EuroCalculator {
    private ExchangeRateProvider provider =
                        new ExchangeRateProvider();
    public void setProvider(
                        ExchangeRateProvider newProvider) {
        provider = newProvider;
    }
    double valueInEuro(double amount, String currency) {...}
}
```

Dementsprechend muss unsere Testklasse in den Testmethoden den richtigen Provider durch einen Dummy-Provider explizit ersetzen:

```
public void testUSD2EUR() {
    ExchangeRateProvider dummyProvider =
                        new DummyProvider(1.1324);
    EuroCalculator calculator = new EuroCalculator();
    calculator.setProvider(dummyProvider);
    double result = calculator.valueInEuro(1.5, "USD");
```

```
        assertEquals(1.6986, result, ACCURACY);
    }
```

Man sieht, dass der Test länger und schlechter lesbar wird. Zudem besteht die Gefahr, dass man bei komplexeren Testszenarien vergisst, die eine oder andere Komponente durch ihr Mock-Pendant zu ersetzen. Dies kann zu subtilen und schwer ergründbaren Failures oder Errors im Test führen. Vorteilhaft hingegen ist, dass der Applikationscode nichts über das Austauschen des Provider-Objekts wissen muss.

Noch schwieriger gestaltet sich das Testen mittels Attrappen, wenn das Serverobjekt an jeder Stelle seiner Verwendung neu erzeugt wird, um beispielsweise Synchronisationsprobleme zu umgehen. Unsere (vereinfachte) valueInEuro()-Methode sähe dann folgendermaßen aus:

```
public double valueInEuro(double amount, String currency) {
    ExchangeRateProvider provider =
                    new ExchangeRateProvider();
    double exchangeRate =
                    provider.getRateFromTo(currency, "EUR");
    return amount * exchangeRate;
}
```

In diesem Fall ist unser Konstruktoraufruf new ExchangeRateProvider() nichts anderes als eine implizite Konstante und spielt daher auch die gleiche unschöne Rolle bei der Wartung und beim Testen der Software: Eine Änderung der Konstanten erfordert die Suche nach allen im Code verteilten Verwendungsstellen – ein erster Schritt auf dem Weg in die »Wartungsfalle«.

Letzte Rettung: Factory   Die Entschlossenheit, eine solche Methode vernünftig zu testen, erfordert einen größeren Umbau: Der ExchangeRateProvider muss auf die eine oder andere Weise austauschbar gemacht werden. Wollen wir den Provider dennoch nicht als zusätzlichen Parameter übergeben, bleibt noch ein letzter Trick: Statt der Instanz selbst übergeben wir ein *Factory*-Objekt, das wir dann im Testfalle wiederum durch eine *Mock-Factory* ersetzen können. Dafür wird ein Interface mit zwei Implementierungen benötigt:

```
public interface ProviderFactory {
    public ExchangeRateProvider createProvider();
}

public class RealProviderFactory implements ProviderFactory {
    public ExchangeRateProvider createProvider() {
        return new ExchangeRateProvider();
```

```
        }
    }

    public class MockProviderFactory implements ProviderFactory {
        private double rate;
        public MockProviderFactory(double rate) {
            this.rate = rate;
        }
        public ExchangeRateProvider createProvider() {
            return new DummyProvider(rate);
        }
    }
```

In der EuroCalculator-Klasse kann nun das entsprechende Factory-Objekt entweder im Konstruktor übergeben werden oder mittels einer Setter-Methode austauschbar sein. Ein typischer Testfall wäre dann:

```
    public void testUSD2EUR() {
        ProviderFactory factory =
                        new MockProviderFactory(1.1324);
        EuroCalculator calculator =
                        new EuroCalculator(factory);
        double result = calculator.valueInEuro(1.5, "USD");
        assertEquals(1.6986, result, ACCURACY);
    }
```

Die Testbarkeit geht jedoch hier auf Kosten der Einfachheit und Lesbarkeit: Die zusätzliche Umleitung ist schwieriger zu verstehen als ein unmittelbarer Konstruktoraufruf. Im Austausch gewinnen wir jedoch die Unabhängigkeit des EuroCalculator von einer konkreten ExchangeRateProvider-Implementierung.

Nachteile der »Fabriklösung«

6.8 Böse Singletons

Einen Sonderfall des Wie-bringe-ich-den-Dummy-ins-Objekt-Problems stellen *Singletons* dar. Die Popularität von *Entwurfsmustern* [Gamma95] unter heutigen Programmierern hat dazu geführt, dass vor allem die einfachen Muster sehr häufig angewandt werden, ohne deren Nachteile zuvor abzuwägen. »Singleton« stellt das einfachste der verbreiteten Muster dar. Es soll sicherstellen, dass nur eine Instanz einer bestimmten Klasse erzeugt wird, welche zudem von allen Objekten im System leicht angesprochen werden kann. Praktisch scheint dieses Vorgehen bei systemweit verwendeten Objekten, wie z.B. Ressourcen-Verwaltern, Datenbanken, Voreinstellungen, und überhaupt allen global nützlichen Objekten, die der Entwickler gerne allzeit und überall zur freien Verfügung hat.

Singleton == globale
Variable

Doch Vorsicht, Singletons sind, ohne Nachdenken angewandt, nichts anderes als die globalen Variablen objektorientierter Systeme – inklusive all ihrer Nachteile, z.B. der Anfälligkeit für Nebeneffekte und dem Aufweichen der Kapselung [Rainsberger01]. Auch trifft man bei der Verwendung von Singletons in Applikationsservern manchmal auf unerwartete Probleme, ausgelöst durch die Verwendung von Threads und applikationseigener Class Loader. Doch wir wollen hier keine Grundsatzdiskussion zum Thema »*Singletons are evil*« führen[2], sondern ein testspezifisches Problem untersuchen: Da es von jeder Singleton-Klasse während der Laufzeit eines Programms nur genau eine Instanz gibt und auf diese Instanz nur lesend zugegriffen werden kann, stellt sich die Frage, wie man, wenn nötig, diese Instanz gegen eine Mock-Instanz austauscht.

Folgende Lösung scheint denkbar (unsere Singleton-Klasse abstrahiert diesmal von allen sinnvollen Tätigkeiten):

```
public class Singleton {
    protected static Singleton instance = null;
    public static Singleton getInstance() {
        if (instance == null) {
            instance = new Singleton();
        }
        return instance;
    }
}
```

Damit kann unser Mock-Singleton als Unterklasse eine Initialisierungsmöglichkeit für Testzwecke anbieten:

```
public class MockSingleton extends Singleton {
    public static void initMockSingleton() {
        instance = new MockSingleton();
    }
}
```

In unseren Tests müssen wir jetzt dafür sorgen, dass die initMockSingleton()-Methode zu Beginn des Tests oder im Setup ausgeführt wird:

```
public class MockSingletonTest extends TestCase {
    public MockSingletonTest(String name) {
        super(name);
    }
```

---

2. Diese findet sich ausführlich unter [URL:CoSingle] und [URL:WikiSAE].

```
public void testInitialization() {
   MockSingleton.initMockSingleton();
   assertTrue(Singleton.getInstance()
                    instanceof MockSingleton);
  }
 }
```

Dies ist zwar ein gangbarer Weg, wenn wir uns partout nicht von unserem Singleton trennen wollen, er hat aber auch einige Nachteile:

- Wir müssen stets gewährleisten, dass jeder Test auch wirklich alle benötigten Singletons zu Beginn in den korrekten Testzustand bringt und danach wieder durch das Original ersetzt. Vergisst man dies, beispielsweise für ein neu hinzugekommenes Singleton, so kann dies zu schmerzhaft langen Debugging-Sessions führen.
- Manchmal benötigt jeder Test eine individuell konfigurierte Instanz unseres Mock-Singletons. Dies kann bewirken, dass sich immer mehr Initialisierungscode in der `Singleton`- oder `MockSingleton`-Klasse anhäuft.

Beide Probleme lassen sich dadurch angehen, dass man eine *Setter-Methode* für das Singleton anbietet. Damit ist das Singleton jedoch kein echtes Singleton mehr, sondern zu einer gefährlichen Mutation geworden: einem global zugänglichen Zustandsbehälter, anfällig für Nebeneffekte aller Art.

Singleton-Alternativen

Ein Ausweg aus dieser Singleton-Krise ist möglich, aber nicht kostenfrei. Hinter den meisten Singletons versteckt sich nämlich ein anderes Konzept: Wir benötigen Objekte, die innerhalb eines gewissen Kontextes gleich bleiben und nur einmal vorhanden sind. Dieser Kontext kann unser *System* sein oder unser *User* oder vielleicht auch unsere *Session*. Warum nicht also ein *Systemobjekt* zur Verfügung stellen bzw. ein User- oder ein Session-Objekt, das uns Zugriff auf die Objekte gewährt, die wir andernfalls zu Singletons gemacht hätten. Dieses Systemobjekt können wir dann entweder allen Objekten, die es benötigen, bei ihrer Erzeugung mit auf den Weg geben – oder, weil wir kompromissbereit sind, zu einem Singleton machen. So bleiben wir am Ende nur noch auf einem einzigen Singleton sitzen, das wir dann jedoch genau im Auge behalten müssen.

Auch in dieser Diskussion haben wir gesehen, dass der Wunsch nach lokaler Testbarkeit gängige Programmiermuster in Frage stellt und uns manchmal auf Designprobleme hinweist, die wir andernfalls einfach übersehen oder zumindest ignoriert hätten. Erstellt man Software nach dem *Test-First-Ansatz*, so lassen sich die meisten Schwierigkeiten von vorneherein vermeiden. Versucht man jedoch, eine bestehende Anwendung im Nachhinein mit einem dichten Netz von Entwicklertests auszustatten, so gerät man an einen Punkt, an dem die Implementierung dieser Tests eine umfangreiche Restrukturierung des Programms voraussetzt. Wir wagen es schon kaum mehr zu sagen: Auch hier ist ein Abwägen zwischen Kosten und Nutzen angesagt, bevor man sich an monatelangen Umbauarbeiten versucht.

6.9   Leicht- und schwergewichtige Mocks

Bislang haben wir zwei Ansätze gesehen, ein Dummy-Objekt zu bauen:

1. Indem wir es als Unterklasse von der richtigen Implementierung ableiten, wie beispielsweise der `DummyRateProvider`.
2. Indem sowohl die richtige als auch die Mock-Klasse das gleiche Interface implementieren.

Während die erste Variante die einfachere ist, da wir kein eigenes Interface implementieren müssen, birgt sie gewisse Gefahren. So passiert es relativ schnell, dass man bei einer Änderung der Signatur der richtigen Klasse vergisst, die Mock-Klasse anzupassen. Das OUT ruft nun die neue Methode auf und der Test wird eine unerwartete und häufig schwer zu ergründende Failure erzeugen.

Die zweite Variante dagegen erzeugt zusätzlichen Programmieraufwand, da sie zunächst einmal die Extraktion des Interfaces erfordert und auch die Implementierung aller Methoden in der Mock-Klasse. Änderungen der Signatur ziehen dementsprechend auch Änderungen an (mindestens) drei unterschiedlichen Stellen nach sich: dem Interface selbst, der richtigen Implementierung und aller Mock-Klassen. Dennoch bevorzugen wir meist diese Variante, da das Interface zusätzlich eine dokumentierende Funktion ausübt und die zu betrachtende Komplexität spürbar verringert wie bei unserem Übergang vom `DummyPrintWriter` zum `DummyLogger` (siehe Kapitel 6.3). Zudem kann der Aufwand zur Synchronisation zwischen Interface und Implementierung durch eine entsprechend ausgestattete Entwicklungsumgebung oder die Verwendung der erwähnten Easy-Mocks minimiert werden.

Das UML-Diagramm in Abbildung 6-2 soll den Vollausbau unseres kleinen Musters zur Einführung von Mock-Objekten verdeutlichen. Die Idee dahinter ist, dass die Klasse `AbstractMock` für alle im Interface deklarierten Methoden eine `NotImplementedException` wirft. Konkrete Mock-Klassen leiten von ihr ab und überschreiben nur die interessanten Methoden. Gemeinsamkeiten der konkreten Mock-

Objekte lassen sich zudem nach oben in AbstractMock verschieben, um
auch in den Tests Codeduplikation zu vermeiden.

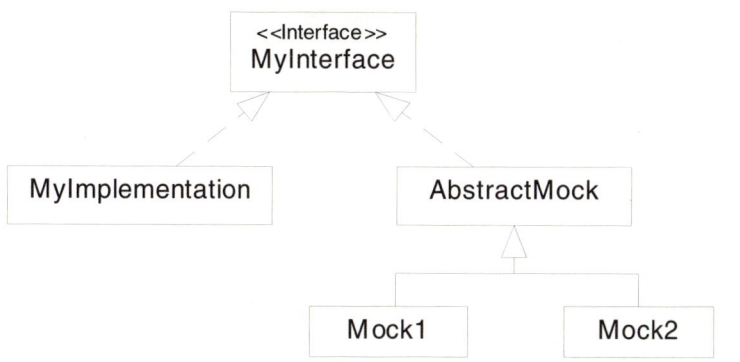

Abb. 6–2

Mock-Objekte-Hierarchie

Betrachten wir uns dieses Vorgehen an einem Beispiel: Unser Logging-
Framework soll dahingehend erweitert werden, dass einzelne Logger
im laufenden Betrieb ausgetauscht werden können. Dies erfordert
zunächst einmal, dass in der Klasse LogServer die Methode

```
public void setLogger(Logger newLogger) {...}
```

eingefügt wird. Darüber hinaus muss unser Logger-Interface um die
Methode

```
public void close();
```

erweitert werden, um zu gewährleisten, dass ein zu ersetzender Logger
die Möglichkeit erhält, vor seinem Ruhestand die nun nicht mehr
benötigten Ressourcen freizugeben. Vor der Implementierung schreiben wir zwei Tests für diese neue Funktionalität:

```
public void testSetLogger() {
    MockLogger newLogger = new MockLogger();
    logServer.setLogger(newLogger);
    newLogger.addExpectedLine("(1): Test");
    logServer.log(1, "Test");
    newLogger.verify();
}

public void testCloseOnSetLogger() {
    logger.setCloseExpected();
    logServer.setLogger(new MockLogger());
    logger.verify();
}
```

Wir fordern im zweiten Test, dass einem Logger, bevor er ersetzt wird, eine close()-Nachricht geschickt wird. Folgende Erweiterungen sind dafür in der MockLogger-Klasse nötig:

```
public class MockLogger implements Logger {
   /.../
   private boolean closeExpected = false;
   private boolean closeInvoked = false;
   public void close() {
      closeInvoked = true;
   }
   public void setCloseExpected() {
      closeExpected = true;
   }
   public void verify() {
      if (closeExpected) {
         Assert.assertTrue(
         "close() should have been called", closeInvoked);
      }
      if (actualLogs.size() < expectedLogs.size()) {
         Assert.fail("Expected " + expectedLogs.size() +
                        " log entries but encountered " +
                        actualLogs.size());
      }
   }
}
```

Die auffälligste Änderung hat in der verify()-Methode stattgefunden, die um eine zusätzliche Überprüfung ergänzt wurde. Man kann sich vorstellen, wie sich verify() im Zuge aller zukünftigen Erweiterungen der Logger-Funktionalität zu einem Sammelbecken zahlreicher möglicher und unmöglicher Validierungsfunktionen entwickelt, von denen jedoch in jedem einzelnen Test nur ein oder zwei benötigt werden. Durch die Einführung eines abstrakten Mock-Loggers und diverser Unterklassen (z.B. TestCloseMockLogger und ein TestLinesMockLogger) ließe sich diese Vermischung umgehen, dafür hätten wir auf Dauer vermutlich mit einer sich stetig vermehrenden Zahl von Mock-Klassen zu kämpfen, von denen die meisten nur ein einziges Mal Verwendung fänden.

Tricks zur
Klassenbegrenzung

Diese übermäßige Vermehrung von Klassen lässt sich in Java durch zwei kleine Tricks vermeiden:

1. Wird eine bestimmte Mock-Implementierung nur für einen einzelnen Test gebraucht, so erzeugt man sie als *anonyme Klasse* direkt in der Testmethode.

2. Wird eine bestimmte Mock-Implementierung nur innerhalb ei-
    ner Testklasse benötigt, dann legt man sie als *innere Klasse* der
    Testklasse an.

Trick Nummer 1 ist vor allem geeignet, um Methoden zu simulieren,
die im Test feste Werte zurückgeben. Komplexere Validierungsfunktionen sind in anonymen Klassen nur durch leichte bis mittelschwere Ver-
renkungen zu erreichen, da Java diesen leichtgewichtigen Klassen
einige Einschränkungen auferlegt. Unser Euro-Rechner bietet sich als
typisches Beispiel für diese Technik an. Seine Tests kämen ohne die
Klasse DummyProvider aus, dafür wäre jeder einzelne Test etwas
schwerfälliger:

```
public void testUSD2EUR() {
    ExchangeRateProvider provider =
                    new ExchangeRateProvider() {
        public double getRateFromTo(String from, String to) {
            return 1.1324;
        }
    };
    double result = new EuroCalculator().
                    valueInEuro(1.5, "USD", provider);
    assertEquals(1.6986, result, ACCURACY);
}
```

Trick Nummer 2 ist nichts anderes ist als die Reduzierung der Sichtbarkeit der Mock-Klasse; die Übertragung dieses Prinzips auf einen
TestLineMockLogger überlassen wir dem geneigten Leser. Ob man eine
Mock-Klasse im konkreten Fall als innere oder »normale« Klasse implementiert, hängt nicht zuletzt von der Unterstützung dieses Java-Fea-
tures durch die verwendete Entwicklungsumgebung ab.

   Zu guter Letzt soll auch die Möglichkeit nicht unerwähnt bleiben,
die Testklasse selbst als Mock-Objekt zu nutzen, indem man sie das entsprechende Interface selbst implementieren lässt. Dies ist eine leicht
abgewandelte Form des Ansatzes mit der inneren Klasse, jedoch ohne
die Möglichkeit, von einer bestehenden abstrakten Klasse zu erben. Dieses Vorgehen wird in [Feathers00] als das »*Self*«-*Shunt*-Testmuster
beschrieben.

   Und welche dieser zahlreichen Möglichkeiten wird für die Praxis   *Evolution eines*
empfohlen? Am besten halten wir uns auch hier an die XP-Regel: »Tue   *Mock-Objekts*
das Einfachste, das möglicherweise funktioniert!«[3] Im EuroCalcula-

---

3. »We [...] generally do [...] the simplest thing that could possibly work.«
    [Jeffries00], S. 74.

tor-Beispiel würden wir mit einer anonymen Klasse beginnen und dann beim zweiten Test, der die getRateFromTo()-Methode überschreibt, auf eine innere Klasse umschwenken. Sobald wir diese Klasse außerhalb benötigen oder sobald wir feststellen, dass die erschwerte Handhabbarkeit der inneren Klasse den kleinen Vorteil der reduzierten Sichtbarkeit aufhebt, extrahieren wir die innere Klasse und machen sie zu einem vollwertigen Mitglied unserer Java-Gesellschaft.

Ähnlich war die Entwicklung im Fall unseres MockLogger. Im ersten Ansatz hatten wir einen DummyPrintWriter als direkte Unterklasse von PrintWriter, um jedoch festzustellen, dass ein dediziertes Interface (Logger) den wahren Zweck des Objekts viel besser kommunizierte und auch den Code besser lesbar machte – trotz der Notwendigkeit, ein Interface und zwei Klassen neu zu programmieren. In einem späteren Schritt sind wir zu dem Schluss gekommen, dass es unseren Test vereinfacht, wenn wir die eigentliche Validierung aus der Testklasse in die Dummy-Klasse ziehen und so unseren DummyLogger zu einem MockLogger befördern.

Eine Erweiterung des Logging-Frameworks führte schließlich zu einer Erweiterung des Logger-Interfaces und im Zuge der Tests zum Wunsch nach unterschiedlichen MockLogger-Klassen. Das ist die Geburtsstunde unseres AbstractMockLogger:

```java
public class AbstractMockLogger implements Logger {
    public static class NotImplemented
                    extends RuntimeException {
    }
    public void close() {
        throw new NotImplemented();
    }
    public void logLine(String logMessage) {
        throw new NotImplemented();
    }
}
```

Diesen können wir dann, je nach Bedarf, in einer anonymen, inneren oder richtigen Klasse zu einem konkreten Mock-Logger-Objekt machen. Iteratives Vorgehen und Entwicklung unseres Testframeworks ersetzt auch hier das starre Festhalten an unumstößlichen Regeln.

6.10 Dateiattrappen

In Kapitel 6.3 haben wir einen Test für die FileLogger-Klasse geschrieben. Das Unschöne an diesem Test war, dass wir den Namen einer Testdatei als Konstante angeben mussten. Dies macht uns nicht nur vom verwendeten Dateisystem abhängig, sondern auch von Dingen wie den *Security*-Einstellungen und dem vorhandenen Plattenplatz. Seit JDK 1.2 stellt uns die Klasse java.io.File zwar einen Mechanismus zur Verfügung, um temporäre Dateien unabhängig von einem konstanten Dateipfad zu erzeugen, aber die Abhängigkeit von der Verfügbarkeit des Filesystems und dessen Zugriffsrechten bleibt auch mit dieser Methode bestehen.

Warum nutzen wir nicht unser neues Wissen über Dummy- und Mock-Klassen, um unsere eigene MockFile-Klasse zu programmieren? Leichter gesagt als getan, da uns die Entwickler des JDK ein paar Steine in den Weg zu diesem Ziel gelegt haben: Das größte Hindernis ist die Tatsache, dass die Klasse java.io.File nicht das hält, was der Name verspricht: Sie ist nämlich keineswegs eine Abstraktion all der Dinge, die wir gerne mit Dateien tun würden, sondern lediglich eine vom konkreten Filesystem unabhängige Abstraktion eines Dateinamen und seines Zugriffpfades.

Generische Mock-Dateien

Die eigentliche Dateifunktionalität ist in den Klassen java.io.FileInputStream und java.io.FileOutputStream verborgen. Lohnt es sich, Mock-Klassen für diese beiden »Ströme« zu erzeugen, indem man die diversen read- und write-Methoden überschreibt?

In den meisten Fällen lohnt es sich nicht, da uns die Funktionalität von Streams, die ihre Daten in Buffer schreiben und aus Buffern holen, schon in Form diverser anderer Stream-Klassen (z.B. ByteArrayInputStream und ByteArrayOutputStream) zur Verfügung steht. Diese können dann für Testzwecke den Platz der File-Streams einnehmen.

Schauen wir uns das am Beispiel unseres FileLogger von oben an (Seite 97 ff.). Zunächst machen wir aus dem FileLogger einen StreamLogger, der zwei Konstruktoren anbietet:

```
import java.io.*;
public class StreamLogger implements Logger {
   private PrintWriter writer;
   public StreamLogger(OutputStream out)
                       throws IOException {
      writer = new PrintWriter(out);
   }
   public StreamLogger(String filename) throws IOException {
      this(new FileOutputStream(filename));
```

```java
      }
      public void close() {
         writer.close();
      }
      public void logLine(String logMessage) {
         writer.println(logMessage);
      }
   }
```

Nun können wir im Konstruktor einen beliebigen InputStream übergeben. Dies ermöglicht einen vom Dateizugriff unabhängigen Test:

```java
public void testLogLine() throws IOException {
   ByteArrayOutputStream out =
                        new ByteArrayOutputStream();
   StreamLogger logger = new StreamLogger(out);
   logger.logLine("Zeile 1");
   logger.logLine("Zeile 2");
   logger.close();
   ByteArrayInputStream in =
          new ByteArrayInputStream(out.toByteArray());
   BufferedReader reader =
          new BufferedReader(new InputStreamReader(in));
   assertEquals("Zeile 1", reader.readLine());
   assertEquals("Zeile 2", reader.readLine());
   assertNull("Dateiende erreicht", reader.readLine());
   reader.close();
}
```

Das ganze Herumhantieren mit verschiedenen Stream- und Writer-Klassen lässt sich jetzt noch schön in eine wiederverwendbare Mock-Klasse stecken:

```java
import java.io.*;
import java.util.*;
public class MockTextOutputStream extends OutputStream {
   private ByteArrayOutputStream outputStream;
   private List expectedLines = new ArrayList();
   private boolean streamClosed = false;
   public MockTextOutputStream() {
      outputStream = new ByteArrayOutputStream();
   }
   public void addExpectedLine(String line) {
      expectedLines.add(line);
   }
   public void close() throws IOException {
      streamClosed = true;
```

```
        outputStream.close();
    }
    public void flush() throws IOException {
        outputStream.flush();
    }
    private InputStreamReader getReader() {
        InputStream input =
     new ByteArrayInputStream(outputStream.toByteArray());
        return new InputStreamReader(input);
    }
    public void verify() throws IOException {
        if (!streamClosed) {
            Assert.fail("Stream was not closed");
        }
        BufferedReader reader =
                   new BufferedReader(this.getReader());
        Iterator i = expectedLines.iterator();
        while(i.hasNext()) {
            String expectedLine = (String) i.next();
            String actualLine = reader.readLine();
            Assert.assertEquals(expectedLine, actualLine);
        }
        Assert.assertNull("EOF expected", reader.readLine());
    }
    public void write(byte[] b) throws IOException {
        outputStream.write(b);
    }
    public void write(int b) throws IOException {
        outputStream.write(b);
    }
}
```

Dieser MockTextOutputStream kann immer dann verwendet werden, wenn es darum geht, zeilenweise Ausgaben in einen beliebigen OutputStream zu überprüfen. Häufig wird eine Anpassung dieser Mock-Klasse an die lokalen Bedürfnisse nötig sein. Unser geänderter Test sieht durch die Verwendung von MockTextOutputStream nun so aus:

```
public void testLogLine() throws IOException {
    MockTextOutputStream mockStream =
                         new MockTextOutputStream();
    mockStream.addExpectedLine("Zeile 1");
    mockStream.addExpectedLine("Zeile 2");
    StreamLogger logger = new StreamLogger(mockStream);
    logger.logLine("Zeile 1");
    logger.logLine("Zeile 2");
```

```
        logger.close();
        mockStream.verify();
    }
```

Der eigentliche Testcode ist kürzer geworden. Je mehr Tests dieser Art man besitzt, desto lohnender ist die Investition in den Mock-Stream.

Im vorliegenden Beispiel fällt auf, dass die testLogLine()-Methode stark an die letzte Fassung der testSimpleLogging()-Methode in LogServerTest erinnert (vgl. Kapitel 6.5). Dies liegt daran, dass der StreamLogger nichts weiter tut, als die hereinkommenden Log-Zeilen *Testen einer einfachen* in einen PrintWriter zu schieben. Ob diese bloße Delegation über- *Delegation* haupt eines eigenen Tests bedarf, kann durchaus unterschiedlich beur- teilt werden, wir plädieren jedoch für die Erstellung des Tests. Denn selbst wenn wir im Augenblick sehen, dass der Code unserer log- Line()-Methode genau das tut, was er tun soll, kann das nach dem nächsten Refactoring schon völlig anders sein.

Angelehnt an MockTextOutputStream empfehlen wir an dieser Stelle die Implementierung einer MockTextInputStream-Klasse zur Übung. Oder besser doch eine Kaffeepause ...

6.11 Noch mehr typische Mock-Objekte

Weitere Die Verwendung von Mock-Objekten bietet sich an zahlreichen Stellen *Anwendungsgebiete* unseres Codes an. Die Mock-Streams des vorangegangenen Unterkapi- tels sind dabei ebenso typisch wie die Beispiele, die wir u.a. in den Kapiteln 9 und 12 noch kennen lernen werden. Hier noch einige Ideen:

▮ Das korrekte Versenden von *Events* an entsprechende *Listener- Objekte* lässt sich durch *MockListener* überprüfen. Je nach Kom- plexität der Event-Instanzen könnte man dabei die erwartete Sequenz an Events durch String-Objekte beschreiben, die den toString()-Repräsentationen der Events entsprechen.

▮ Möchte man die genaue *Reihenfolge von empfangenen Nachrich- ten* verifizieren, dann bietet sich auch hier die Umwandlung der Nachrichten im Mock-Objekt zu Strings an. Unter Umständen erfordert dieses Vorgehen jedoch häufige Anpassungen im Zuge von Methodenumbenennungen.

▮ Die Überprüfung einer Nachrichten- oder Event-Sequenz über mehrere Clients (und damit Mock-Objekte) hinweg, lässt sich bewerkstelligen, indem man allen betroffenen Mock-Objekten einen *Nachrichtenregistrator* mitgibt. Dieser Registrator spielt die Rolle des eigentlichen Mocks und vergleicht die erwartete mit der tatsächlichen Nachrichtenfolge.

Diese Art von Tests reagiert äußerst empfindlich auf kleine Änderungen der Implementierung unserer CUT und kann daher nur für Fälle empfohlen werden, in denen die exakte Reihenfolge Teil der Spezifikation ist. Dies trifft häufig auf Frameworks zu, in denen abstrakte Framework-Oberklassen die Aufrufreihenfolge abstrakter Methoden garantieren[4].

6.12 Fremde Komponenten

Das Testen mit Dummy-Objekten funktioniert immer dann wunderbar, wenn unsere Hilfs- bzw. Serverobjekte die einfache Erstellung von Attrappen erlauben. Arbeiten wir ausschließlich mit eigenem Code, dann können wir diese Art der Testbarkeit schlimmstenfalls durch größere Refactoring-Maßnahmen herstellen. Haben wir à la *Test-First* gearbeitet, so ergibt sich die Testbarkeit meist von alleine.

Anders sieht dies bei unseren Schnittstellen zur Java-Bibliothek oder eingekauften Komponenten aus. Mit großem Glück sind auch hier die externen APIs mittels Interfaces oder abstrakter Klassen gekapselt und können in unseren Tests leicht durch Mock-Objekte ersetzt werden. Ein Beispiel dafür ist die Klasse `java.io.OutputStream`, die wir oben ohne größere Schwierigkeiten durch unseren `MockText-OutputStream` ersetzen konnten. Gerade jedoch bei Bibliotheken von Drittanbietern, und wenn wir mit den Teilen der Java-Bibliothek zu tun haben, die noch aus JDK 1.0 übrig geblieben sind, sieht die Situation oft so aus[5]:

Testbarkeit fremder Klassen

```
import thirdparty.*;
public class MyClient {
    public void doSomething(String arg) {
        TheirRequest request = new TheirRequest(arg);
        TheirResponse response = request.send();
        String answer = response.getAnswer();
        // do something with answer...
    }
}
```

Dabei sind die `Their*`-Klassen die vom Drittanbieter zur Verfügung gestellten Schnittstellen; `MyClient` ist unsere eigene Klasse. Gemäß dem bislang Erlernten planen wir nun folgendes Vorgehen: Wir bauen uns eine Klasse `MockRequest`, die von `TheirRequest` abgeleitet wird, und

---

4. Dies entspricht dem *Template-Method*-Entwurfsmuster aus [Gamma95].
5. Das Beispiel ist sinngemäß der Diskussion in [URL:WikiUTATP] entnommen.

diese gibt uns dann bei `send()` eine Instanz von `MockResponse`, ihrerseits abgeleitet von `TheirResponse`, zurück, deren Reaktion auf `getAnswer()` wir natürlich wieder vorher festgelegt haben. Gelingt uns das, so haben wir auch diese Fremdschnittstelle mit unserem Attrappenangriff zähmen können. Doch häufig scheitern wir bei diesem Versuch aus einem oder mehreren der folgenden Gründe:

- `TheirRequest` und/oder `TheirResponse` sind *final*, d.h., von ihnen können keine Unterklassen abgeleitet werden.
- Die Klassen selbst sind nicht *final*, dafür aber die Methoden `send()` und/oder `getAnswer()`.
- Die vorhandenen Konstruktoren von `TheirResponse` sind für eine Mock-Unterklasse nicht zu gebrauchen, da sie Parameterobjekte benötigen, deren Erzeugung von außerhalb der Bibliothek nicht möglich ist bzw. wieder neue Parameter erfordert usw.
- Die Bibliotheksklassen tun Dinge, die wir mit unserem Mock-Ansatz gerade vermeiden wollten, z.B. Netzwerkzugriffe.

Es hilft nicht weiter, über die Unzulänglichkeiten der unbekannten Entwickler zu jammern. Nein, wir müssen unser Testproblem lösen. Bei vorliegendem Quellcode könnten wir die entsprechenden Klassen so ändern, dass sie sich unseren Testanstrengungen nicht mehr entgegenstellen. Damit hängen wir uns jedoch für zukünftige Versionen der Fremdbibliothek einen Wartungsklotz ans Bein.

Einführung eines Adapters   Gibt es vielleicht einen anderen Weg? Bauen wir doch einfach noch eine Schicht um die Fremdschnittstelle herum: Zunächst definieren wir ein Interface, das die Funktionalität der Fremdbibliothek für unsere speziellen Bedürfnisse definiert. Dieses Vorgehen ist in [Gamma95] auch als *Adapter*-Muster beschrieben. Im vorliegenden Fall sieht das so aus:

```
public interface AnswerFactory {
    String getAnswer(String arg);
}
```

Unser eigener Client benutzt von nun an nur noch diese »Fabrik« zum Erzeugen des answer-Objekts:

```
import thirdparty.*;
public class MyClient {
    private AnswerFactory factory;
    public MyClient(AnswerFactory factory) {
        this.factory = factory;
    }
    public void doSomething(String arg) {
```

```
      String answer = factory.getAnswer(arg);
      // do something with answer...
   }
}
```

Jetzt fehlen nur doch die beiden Implementierungen von AnswerFactory ...

```
public class MockAnswerFactory implements AnswerFactory {
   private String answer;
   public MockAnswerFactory(String presetAnswer) {
      answer = presetAnswer;
   }
   public String getAnswer(String arg) {
      return answer;
   }
}
```

```
import thirdparty.*;
public class AnswerFactoryAdaptor implements AnswerFactory {
   public String getAnswer(String arg) {
      TheirRequest request = new TheirRequest(arg);
      TheirResponse response = request.send();
      return response.getAnswer();
   }
}
```

Und schon sind wir da, wo wir hin wollten: Wir besitzen ein Mock-Objekt, mit dessen Hilfe wir unsere MyClient-Klasse testen können. Eine kleine Lücke hat das Ganze jedoch bekommen: Die Klasse AnswerFactoryAdaptor bleibt ungetestet. Könnten wir sie testen, hätten wir uns die Mühe von Anfang an nicht machen müssen. Aus diesem Grund sollten die Methoden dieser »Weiterleitungsklasse« so einfach wie möglich bleiben. Benötigen wir außer der reinen Übersetzung von Methodenaufrufen zusätzliche Logik in dieser Klasse, empfiehlt sich eine weitere Aufteilung in *Adapter* und *Delegator*.

Gewonnene Unabhängigkeit

Außer der Testbarkeit haben wir übrigens noch etwas Weiteres gewonnen: die Unabhängigkeit unseres Clients von der externen Schnittstelle. Entscheiden wir uns später für die Verwendung einer anderen Bibliothek, müssen wir »nur noch« die Adaptor-Klasse austauschen.

Tests für externe Bibliotheken

Es gehört normalerweise nicht zu unseren Aufgaben, die Funktionalität der externen Bibliothek zu testen; dies sollte bereits andernorts geschehen sein. Sinnvoll ist jedoch, eine Hand voll Tests aufzunehmen, die unsere spezielle Verwendung der Bibliothek abdecken, um sicherzugehen, dass wir die Schnittstelle richtig verstanden haben und dass auch eine neue Version der Bibliothek noch wie erwartet funktioniert. Aber das ist eine andere Geschichte.

6.13 Pro und Contra

Die Verwendung von Dummy- und Mock-Objekten ist sowohl in der Gemeinde der Softwaretester als auch in der XP-Welt nicht unumstritten. Tragen wir die Argumente beider Seiten nochmal zusammen. Zunächst die Vorteile von Dummy-Objekten:

Vorteile von Dummy-Objekten

▨ Wir können mit einer feineren Granularität und größeren Genauigkeit testen. Dies zeigt sich u.a. darin, dass wir eine *Test-Failure* immer auf einen Fehler im Testobjekt oder den Test selbst zurückführen können und nicht in Schichten des Programms wühlen müssen, die augenblicklich nicht von Interesse sind.

▨ Die Attrappe erlaubt es, uns auf das zu testende Objekt zu konzentrieren und den für den Test nötigen Anfangszustand leichter zu erzeugen. Der Aufbau eines komplexen Anfangszustandes mit den richtigen (eventuell persistenten) Objekten kann dagegen ein schwieriges Problem darstellen.

▨ Testeigene Dummy-Objekte stellen die Wiederholbarkeit unserer Tests sicher. Echte Serverobjekte ändern durch einen Test möglicherweise ihren Zustand und müssten nach dem Test wieder zurückgesetzt werden. Dies ist im besten Fall zusätzlicher Aufwand, unter Umständen sogar völlig unmöglich.

▨ Die Verwendung echter Serverobjekte im Test stellt eine Art von *Mikrointegrationstest* dar. *Integrationstests* überlappen jedoch stark mit den *Funktionstests* und sind nur in besonderen Fällen Teil der *Entwicklertests*. Die Erfahrung zeigt auch, dass Tests, die Objekte vieler Schichten integrieren, auf Dauer zu langsam für ein schnelles und ständiges *Feedback* werden.

▨ Dummy-Objekte ermöglichen uns, das Verhalten des Testobjekts an den Rändern erlaubter Wertebereiche zu testen sowie Fehlerfälle und Exceptions sehr dediziert zu simulieren. Die Erzeugung bestimmter Randbedingungen und Fehlerfälle durch mehrere Abstraktions- und Zugriffsschichten hindurch ist äußerst schwierig und in vielen Fällen sogar unmöglich.

▨ Dummy-Objekte erlauben darüber hinaus ein Top-down-Vorgehen bei der Softwareentwicklung, wo wir sonst, wegen der Abhängigkeiten der Objekte untereinander und von Schicht zu Schicht, nur bottom-up entwickeln könnten. Dies bedeutet auch, dass wir bei Verwendung von Mock-Objekten nicht mehr die komplette Infrastruktur unseres Systems zu Beginn festlegen müssen, sondern diese iterativ und inkrementell auf- und ausbauen können.

▨ Testen mit Dummy-Objekten verbessert die Struktur des resultierenden Programms, da es kleine Objekte bevorzugt und für die Einhaltung des *Dependency Inversion Principle* und des *Law of Demeter* (siehe Anhang C: *Glossar*, Seite 310) sorgt.

Zusätzliche Vorteile bieten Mock-Objekte als besondere Attrappen-Spezies:

▨ Herkömmliche Tests sind auf das Überprüfen von Rückgabewerten und nach außen sichtbaren Zustandsänderungen des Testobjekts angewiesen. Mock-Objekte erlauben es uns, zu überprüfen, ob der Zugriff des Testobjekts auf seine Helfer- und Serverobjekte richtig ist. Wir testen sozusagen von innen.

Vorteile von Mocks

▨ Mock-Objekte dienen als Behälter, in dem wir sich wiederholende Testfunktionalität sammeln können. Sie erleichtern das *Refactoring* von Testcode und stellen ein Muster dar, das die Kommunikation des Codes verbessert.

Alle genannten Punkte haben entweder mit der Erhöhung der Unabhängigkeit (von Tests und Code) oder der Verbesserung der Kommunikation zu tun. All diesen Vorteilen stehen auch Nachteile gegenüber:

Nachteile

▨ Dummy-Klassen können Fehler enthalten. Dieses Problem wird jedoch dadurch relativiert, dass die Wahrscheinlichkeit, dass sich Fehler in der Dummy-Klasse und in der Testklasse gegenseitig aufheben, sehr klein ist. Fehler der Dummy-Klasse werden daher meist sofort entdeckt.

▨ Mock-basiertes Testen findet keine Fehler, die sich aus dem Zusammenspiel mehrerer Komponenten ergeben. Diese Fehlerkategorie decken wir einfacher durch Funktionstests ab. Werden solche Fehler dennoch zu einem häufigen Problem, sollte man über zusätzliche lokale Integrationstests an den kritischen Stellen des Systems nachdenken, die idealerweise aber nur zwei aneinander grenzende Schichten integrieren.

▨ Änderungen am Interface der echten Implementierung erfordern Änderungen am Dummy-Objekt. Dieser zusätzliche Aufwand macht erfahrungsgemäß jedoch nur einen kleinen Teil des

Gesamtaufwands zur Aktualisierung aller Tests aus. Häufig hilft auch die IDE beim Finden der zu ändernden bzw. zu ergänzenden Signaturen.

▨ Das Testen mit Attrappen muss von den Entwicklern erlernt werden. Mit der Zeit wächst jedoch nicht nur die Erfahrung, sondern auch die Bibliothek an wiederverwendbaren Dummy- und Mock-Objekten.

▨ »Testen von innen« erfordert, dass man weiß, was in der Klasse geschieht bzw. geschehen soll. Ändert sich die Implementierung, z.B. weil man bessere Wege gefunden hat, mit einem Serverobjekt zu arbeiten, muss häufig auch der Testcode (inklusive Mock-Objekten) geändert werden, obwohl das Testobjekt nach außen ein unverändertes Verhalten zeigt. Mock-Objekte werden daher bevorzugt für das Testen relativ stabiler Implementierungen verwendet.

Kosten der Dummy-Programmierung   Robert Binder beurteilt den Aufwand zur Erstellung von *Stubs* als sehr hoch (siehe [Binder99] S. 662 ff.). Vor allem die große Anzahl von Stub-Objekten, die gebraucht werden, um jeden einzelnen Test mit den nötigen Antworten zu versorgen, sieht er als großes Hindernis bei der generellen Nutzung dieser Technik. Unsere Erfahrung stützt diese These nicht; wir kommen meist mit einem einzigen und leicht zu konfigurierenden Mock-Objekt pro Test aus. Diese Diskrepanz in der Erfahrung ergibt sich teils aus den Unterschieden zwischen der Anwendung von *Test-First-* und *Test-After*-Entwicklung, von dem die klassische Testtheorie ausgeht. Zum anderen simulieren herkömmliche Stubs oft das echte Verhalten des Systems, was einen deutlich höheren Implementierungsaufwand erfordert als schlanke Mock-Objekte.

Brian Marick sieht zwei Hauptprobleme bei der Verwendung von »Stubs« (siehe [Marick00] S. 110): (a) Jede falsche Vorstellung (*Misconception*), die wir über das echte Objekt haben, implementieren wir auch im Dummy-Objekt. (b) Fehler, die wir sonst über indirekte Aufrufe im Hilfsobjekt gefunden hätten, bleiben unentdeckt. Grund (b) warnt uns vor der Annahme, dass durch die Mock-Technik Interaktionstests, wie sie in Kapitel 4.6 beschrieben werden, völlig wegfallen können; bestenfalls reduziert sich deren Anzahl.

Heuristiken für den Einsatz von Mocks

Die richtige Abwägung zwischen den zahlreichen Vor- und Nachteilen erfordert Erfahrung und Mut zum Experimentieren. Die Autoren verwenden Dummy- und Mock-Objekte in folgenden Situationen:

▓ Wir kommen ohne sie nicht aus, wenn die Tests zu langsam laufen, wenn die »richtige« Klasse noch nicht existiert oder wenn bestimmte Grenz- und Fehlerfälle nicht anders testbar sind.

▓ Sie verbessern die Lesbarkeit und Wartbarkeit unseres Testcodes, z.B. durch Entfernung von Codeduplikation.

Wenn wir den Test genauso leicht und genauso lesbar und mit der gleichen oder weniger Redundanz ohne Dummy-Objekte hinschreiben können, dann verzichten wir auf sie. Je mehr wir uns jedoch an sie gewöhnt haben, desto häufiger finden wir gute Gründe für ihre Verwendung.

Wir müssen jedoch darauf achten, dass unsere Mock-Objekte nicht zu komplex werden. Anzeichen für zu große Komplexität sind:

▓ Sie duplizieren Programmlogik aus den »richtigen« Klassen.

▓ Sie rufen ihrerseits andere Mock- oder Dummy-Objekte auf.

▓ Wir haben das Bedürfnis, Testfälle für die Mock-Objekte selbst zu schreiben.

In diesen Fällen hilft es, einen Schritt zurückzutreten und uns zu fragen, ob wir die Mocks nicht vereinfachen können, z.B. durch die Aufteilung in mehrere Mock-Klassen, ob wir sie vielleicht gar nicht benötigen oder ob unser Mock-Problem nicht eigentlich unsere Aufmerksamkeit auf ein Designproblem lenken möchte.

6.14 Zusammenfassung

Ein *Dummy-Objekt* ist ein Objekt, das ein anderes für die Dauer eines Tests ersetzt. Dabei implementiert es das gleiche Interface wie die »richtigen« Objekte, ersetzt dabei jedoch komplexe Berechnungen durch konstante Rückgaben, wirft auf Befehl Exceptions, führt zusätzliche Parameterüberprüfungen durch oder tut andere Dinge, die man nur in den Tests benötigt. *Mock-Objekte* sind besondere Dummy-Objekte, die zusätzlich die Spezifikation des erwarteten Verhaltens und die Überprüfung des tatsächlichen Verhaltens an sich ziehen.

Hauptargument für die Verwendung von Attrappen ist die gewonnene Unabhängigkeit in den Tests und die damit einhergehenden Designverbesserungen. Es gibt jedoch noch zahlreiche weitere Vor- und Nachteile, daher sollten auch Mock-Objekte nicht reflexartig, sondern nur nach Abwägung der positiven und negativen Auswirkungen verwendet werden. Typische Anwendungsfälle sind die Zugriffe auf Dateien oder andere externe Ressourcen sowie die Anbindung von Fremdkomponenten. Auch in Kapitel 9 (»Persistente Objekte«) und

Kapitel 12 (»Web-Applikationen«) werden Dummy-Objekte und Mocks eine wichtige Rolle spielen.

7 Vererbung und Polymorphismus

Java ist bekanntlich eine objektorientierte Sprache. Neben den Konzepten der Objektidentität und Datenkapselung gehören auch *Vererbung* und *Polymorphismus* zu den wesentlichen Eigenschaften des objektorientierten Paradigmas[1]. Die beiden letztgenannten Konzepte haben in diesem Buch bislang – außer in der Implementierung unserer Testfälle – keine größere Rolle gespielt. So nützlich und bequem Vererbung und Polymorphie für das Entwickeln von Software sind, so groß sind auch die Probleme, die sie beim Testen bereiten. Doch alles Klagen ist zwecklos; wir müssen uns mit den positiven und negativen Auswirkungen auseinander setzen.

7.1 Vererbung

Wohlgeformte Vererbungshierarchien

Viele unerfahrene Entwickler betrachten Vererbung zwischen Klassen vor allem als ein praktisches Mittel zur Vereinfachung der Implementierung: Kennen sie eine Klasse, die bereits einen Teil der Fähigkeiten besitzt, die wir uns für eine neue Klasse wünschen, dann erweitern sie diese Klasse – schließlich nennt sich das Schlüsselwort extends -, fügen hier eine Methode hinzu, überschreiben dort eine andere und – voilà – fertig ist das neue Wunderwerk.

Vererbung als Reuse-Mechanismus

Nachteilig wirkt sich diese Verwendungsart des Vererbungsmechanismus vor allem dadurch aus, dass wir nicht nur die erwünschten, sondern auch die unerwünschten Eigenschaften der Oberklasse mitgenommen haben. Und da Java – wie die meisten anderen statisch typisierten Sprachen – mit der extends-Beziehung auch eine Untertyp-

---

1. Einige Sprachen, z.B. das prototypbasierte *Self*, kommen jedoch ohne Klassen und klassenbasierte Vererbung aus.

Beziehung verknüpft, sind nun die Pforten für eine nicht beabsichtigte Verwendung der neuen abgeleiteten Klasse geöffnet. Vererbung als Wiederverwendungsmechanismus ist nicht nur sehr verbreitet, sondern einer der Hauptgründe für die Unwartbarkeit größerer objektorientierter Systeme[2].

Ersetzbarkeitsprinzip

Die Probleme dieser Art der Vererbung werden umgangen, wenn man sich beim Aufbau von Vererbungshierarchien an das *Ersetzbarkeitsprinzip* (*Liskov Substitution Principle* [Liskov93], [Martin96a] und [Neumann00]) zur Bildung von Subtypen hält. Dieses besagt, dass ein Objekt eines Untertyps – und damit auch eine Instanz einer Unterklasse – jederzeit das Objekt des Obertyps ersetzen können muss.

Diese Regel erscheint zunächst intuitiv, hat jedoch ihre Tücken, wenn man sich bei der Bildung von Klassenhierarchien gerne von den Spezialisierungsbeziehungen des »realen Lebens« inspirieren lässt. Deutlich wird die Problematik am viel verwendeten Beispiel der Beziehung zwischen Rechteck und Quadrat. Ein Programmierer mit mathematischen Grundkenntnissen weiß, dass ein Quadrat (*square*) ein Rechteck (*rectangle*) mit zwei gleichen Seiten ist, und kommt daher zu folgendem Code:

```
public class Rectangle {
    private int x;
    private int y;
    public Rectangle(int x, int y) {...}
    public int getX() {...}
    public int getY() {...}
}

public class Square extends Rectangle {
    public Square(int x) {
        super(x, x);
    }
}
```

So weit, so gut. Die Schwierigkeiten beginnen, wenn er nun der Klasse Rectangle die Methode stretchX(int factor) hinzufügt. Die entscheidende Nachbedingung dieser Methode ist, dass x danach um factor gestreckt wurde, y jedoch unverändert bleibt. Die Unterklasse Square kann diese Eigenschaft nie erfüllen, da ihre Seiten immer gleich lang bleiben müssen. Daher kann eine Instanz von Square nicht mehr an allen Stellen eine Instanz von Rectangle ersetzen – das Substitutionsprinzip ist verletzt.

2. Die Situation verschlimmert sich noch, wenn von Mehrfachvererbung Gebrauch gemacht wird.

Im konkreten Beispiel gibt es mehrere Lösungsmöglichkeiten, auf die nicht näher eingegangen werden soll[3]. Was wir daraus lernen können, ist die Tatsache, dass *wohlgeformte Vererbungshierarchien* – d.h., sie genügen dem Ersetzbarkeitsprinzip – nicht den natürlichen Generalisierungs- und Spezialisierungshierarchien entsprechen müssen, sondern von den konkreten Anforderungen unseres Programms bestimmt werden.

Wohlgeformte Hierarchien

Im allgemeinen Fall wird eine wohlgeformte Hierarchie durch zwei Regeln sichergestellt:

Regeln für wohlgeformte Vererbungshierarchien

- Eine Unterklasse kann die **Nachbedingungen** einer öffentlichen Methode unverändert lassen oder **verschärfen**, d.h. zusätzliche Bedingungen einbringen. Dies gilt gleichermaßen für die Klasseninvariante, da wir diese als implizite Nachbedingung aller öffentlichen Methoden betrachten können.
- Eine Unterklasse kann die **Vorbedingungen** einer öffentlichen Methode unverändert lassen oder **aufweichen**, d.h. Bedingungen wegnehmen bzw. erleichtern. Dies scheint zunächst unintuitiv, folgt aber direkt aus dem Substitutionsprinzip.

Diese beiden Regeln entsprechen auch denen von Design by Contract (siehe Kapitel 4.7), das gerade in der Überprüfung von Vererbungshierarchien auf Wohlgeformtheit seine starke Seite zeigt. Meist sind es jedoch die nicht explizit gemachten Bedingungen, die uns Schwierigkeiten bereiten.

Im weiteren Verlauf des Kapitels gehen wir davon aus, dass wir es mit wohlgeformten Hierarchien zu tun haben, da andernfalls die Wiederverwendung von Testfällen kaum Sinn ergibt. Im Einzelfall kann das Brechen des Ersetzbarkeitsprinzips durchaus seine Berechtigung haben, vorausgesetzt wir sind uns über die Folgen – z.B. die erschwerte Testbarkeit – im Klaren.

Wiederverwendung von Oberklassentests

Eine angenehme und intuitive Vermutung scheint das Testen von Klassenhierarchien zu einer leichten und unaufwändigen Übung zu machen: Wenn eine Unterklasse den Anforderungen des Ersetzbarkeitsprinzips gehorcht, d.h. ein echter Subtyp der Oberklasse ist, sollten (a) unveränderte Methoden gar nicht mehr getestet werden müssen und (b) überschriebene Methoden mit der Testsuite der Oberklasse adäquat getestet werden können.

---

3. Beispielsweise Umdrehen der `extends`-Beziehung, Extraktion einer gemeinsamen Oberklasse oder Einführung von *Wertesemantik*.

Testaxiome

Leider sind beide Vermutungen falsch. Dies geht aus den drei Testaxiomen der objektorientierten Testtheorie hervor:[4]

▨ Das **Antiextensionality-Axiom** besagt, dass eine Testsuite, die eine bestimmte Implementierung einer Spezifikation adäquat testet, nicht notwendigerweise eine andere Implementierung der gleichen Spezifikation adäquat testet.

▨ Das **Antidecomposition-Axiom** besagt, dass die Testabdeckung, die für ein *Module under Test* gilt, nicht notwendigerweise für die Module erreicht wird, die dieses Modul aufruft.

▨ Das **Anticomposition-Axiom** besagt, dass Testsuiten, die adäquat sind für die einzelnen Segmente eines Moduls, nicht notwendigerweise für das Modul als Ganzes adäquat sind.

Auswirkungen der Testaxiome

Für unsere Strategie zum Testen von Klassenhierarchien hat das einige Auswirkungen. Zum einen müssen wir auch unveränderte Methoden einer Unterklasse testen, wenn diese direkt oder indirekt überschriebene Methoden aufruft. Zum anderen genügt die Testsuite der Oberklasse oft nicht, um überschriebene Methoden der Unterklasse zu testen. Dies resultiert daher, dass eine andere Implementierung sowohl neue implementierungsbasierte als auch – bei geänderten Vor- oder Nachbedingungen – erweiterte spezifikationsbasierte Tests benötigt. Die gute Nachricht lautet, dass wir zumindest einen Teil der Testsuite der Oberklasse zum Testen der Unterklasse wiederverwenden können.

Abb. 7–1
Einfache Vererbungshierarchie

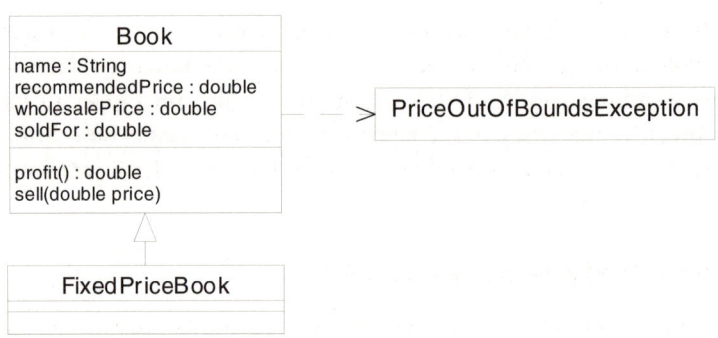

Versuchen wir einmal, die Theorie an einem Beispiel in die Tat umzusetzen: Es handelt sich um eine denkbar einfache Hierarchie zweier Klassen, wie sie Abbildung 7–1 zeigt. Die Attribute sind dabei nicht etwa öffentlich zugänglich, sondern stehen stellvertretend für entsprechende Getter und Setter-Methoden. Im Diagramm ist nicht zu erken-

---

4. Nach [Binder99] S. 505. Man kann darüber streiten, ob der Begriff »Axiom« für diese v.a. empirisch gewonnenen Regeln korrekt ist.

nen, dass die `PriceOutOfBoundsException` von der Methode `sell(double price)` geworfen werden kann. Diese Methode hat zusätzlich die Bedingung, dass sie nach einem erfolgreichen Versuch nicht mehr aufgerufen werden darf. Auch existiert für `Book.profit()` die Vorbedingung, dass sie erst nach einem erfolgreichen Verkauf aufgerufen werden darf. Für `FixedPriceBook.profit()` besteht diese Vorbedingung jedoch nicht mehr, da die Höhe des (möglichen) Gewinns hier schon vor dem Verkauf feststeht. Betrachten wir uns zunächst die Testklasse für `Book`:

```java
public class BookTest extends TestCase {
    private Book book;
    private final String NAME = "Ein Testbuch";
    private final double WHOLESALE = 10.0;
    private final double RECOMMENDED = 12.0;
    public BookTest(String name) {
        super(name);
    }
    protected void setUp() {
        book = new Book(NAME, WHOLESALE, RECOMMENDED);
    }
    public void testCreation() {
        assertEquals(NAME, book.getName());
        assertEquals(WHOLESALE,
                    book.getWholesalePrice(), 0.00);
        assertEquals(RECOMMENDED,
                    book.getRecommendedPrice(), 0.00);
        book = new Book("Ein anderes Buch", 20.0, 23.0);
        assertEquals("Ein anderes Buch", book.getName());
        assertEquals(20.0, book.getWholesalePrice(), 0.00);
        assertEquals(23.0, book.getRecommendedPrice(), 0.00);
    }
    public void testSellAtRecommendedPrice()
    throws Exception {
        book.sell(RECOMMENDED);
        assertEquals(RECOMMENDED, book.getSoldFor(), 0.00);
        assertEquals(2.0, book.profit(), 0.00);
        book = new Book("Ein anderes Buch", 20.0, 23.0);
        book.sell(23.0);
        assertEquals(23.0, book.getSoldFor(), 0.00);
        assertEquals(3.0, book.profit(), 0.00);
    }
    public void testSellAtWholesalePrice()
    throws Exception {
        book.sell(WHOLESALE);
```

```
            assertEquals(WHOLESALE, book.getSoldFor(), 0.00);
            assertEquals(0.0, book.profit(), 0.001);
    }
    public void testSellBelowWholesalePrice() {
        try {
            book.sell(WHOLESALE - 0.01);
            fail("PriceOutOfBoundsException expected");
        } catch (PriceOutOfBoundsException expected) {}
    }
    public void testSellAboveRecommendedPrice() {
        try {
            book.sell(RECOMMENDED + 0.01);
            fail("PriceOutOfBoundsException expected");
        } catch (PriceOutOfBoundsException expected) {}
    }
}
```

An den beiden letzten Testfällen können wir erkennen, dass die erlaubte Preisspanne nur zwischen Einkaufspreis (engl. Wholesale Price) und empfohlenem Verkaufspreis (engl. Recommended Price) liegen darf.

Parallele Testklassenhierarchie
Da die Unterklasse FixedPriceBook das exakt gleiche öffentliche Interface wie Book besitzen soll, möchten wir auch die existierende Testsuite der Book-Klasse verwenden. Der technisch einfachste Weg ist eine Testklassenhierarchie, welche die Struktur unserer Applikationsklassen nachbildet. Wenn man nun noch die Konstruktoraufrufe in den Tests durch den Aufruf einer überschreibbaren *Factory*-Methode ersetzt und den Zugriff auf unser OUT durch einen Getter und Setter kapselt, dann ist die Wiederverwendung der bereits existierenden Testfälle ein Kinderspiel:

```
public class BookTest extends TestCase {
    ...
    protected Book createBook(String name,
                        double wholesale, double recommended) {
        return new Book(name, wholesale, recommended);
    }
    protected Book getOUT() {
        return book;
    }
    protected void setOUT(Book newBook) {
        book = newBook;
    }
    protected void setUp() {
        this.setOUT(this.createBook(NAME,
```

```
                   WHOLESALE, RECOMMENDED)));
   }
   public void testCreation() {
      assertEquals(NAME, this.getOUT().getName());
      assertEquals(WHOLESALE,
                this.getOUT().getWholesalePrice(), 0.00);
      assertEquals(RECOMMENDED,
                this.getOUT().getRecommendedPrice(), 0.00);
      this.setOUT(this.createBook("Ein anderes Buch",
                20.0, 23.0));
      assertEquals("Ein anderes Buch",
                this.getOUT().getName());
      ...
   }
   ...
}

public class FixedPriceBookTest extends BookTest {
   ...
   protected Book createBook(String name,
                   double wholesale, double recommended) {
      return new FixedPriceBook(name,
                   wholesale, recommended);
   }
}
```

Und tatsächlich läuft die FixedPriceBookTest-Suite fehlerfrei durch – *Ergänzung und Adaption* vorausgesetzt man hat in FixedPriceBook auch wirklich keine *der vorhandenen Testfälle* Methode überschrieben. Aber genau das war ja eigentlich Sinn und Zweck der Übung: Ein Festpreisbuch soll (a) nur zum empfohlenen Verkaufspreis verkauft werden und (b) die profit()-Methode soll auch ohne vorherigen Verkauf aufgerufen werden dürfen. Wir müssen daher die geerbten Testfälle auf ihre Sinnhaftigkeit überprüfen und zudem neue Testfälle hinzufügen:

1. testCreation(), testSellAtRecommendedPrice() und testSell-AboveRecommendedPrice() scheinen weiterhin unserer Spezifikation zu genügen und bleiben unverändert.

2. testSellAtWholesalePrice() entspricht nicht mehr unserer verschärften Bedingung und muss daher überschrieben werden:

```
   public class FixedPriceBookTest extends BookTest {
      ...
      public void testSellAtWholesalePrice() {
         try {
            this.getOUT().sell(WHOLESALE);
```

```
            fail("PriceOutOfBoundsException expected");
        } catch (PriceOutOfBoundsException expected) {}
    }
}
```

3. `testSellBelowWholesalePrice()` ist zwar nicht falsch, bezieht sich jedoch eigentlich auf einen Grenzfall der Oberklasse; er schadet aber auch nicht.

4. Wir benötigen einen zusätzlichen Testfall, um direkt unterhalb des empfohlenen Verkaufspreises zu testen:

```
public void testSellBelowRecommendedPrice()
    try {
        this.getOUT().sell(RECOMMENDED - 0.01);
        fail("PriceOutOfBoundsException expected");
    } catch (PriceOutOfBoundsException expected) {}
}
```

5. Und schließlich fehlt noch ein Testfall, der das korrekte Funktionieren von `profit()` auch ohne vorherigen Verkauf überprüft:

```
public void testProfitBeforeSale() {
    assertEquals(2.0, this.getOUT().profit(), 0.00);
}
```

Damit die veränderte Testsuite mit grünem Balken abschließt, müssen in der Klasse `FixedPriceBook` die Methoden `sell()` und `profit()` aus `Book` überschrieben werden. Hätten wir uns dafür entschieden, den einen oder anderen Test aus `BookTest` nicht auch auf Instanzen von `FixedPriceBook` loszulassen, dann wären zwei Möglichkeiten in Frage gekommen: Überschreiben der Testmethode mit einem leeren Rumpf oder die Extraktion aller `Book`-spezifischen Testfälle in eine eigene Testklasse.

Parametrisierung der Factory-Methode

Im allgemeinen Fall kann es passieren, dass die Erzeugung einer Instanz der Unterklasse andere Parameter erfordert als die Instanzierung der Oberklasse. Dann benötigt die OUT-Factory-Methode – hier `createBook(..)` – zusätzliche Parameter, von denen nicht alle auch in allen Test-Unterklassen verwendet werden.

Kommt in der Unterklasse neue Funktionalität hinzu, wodurch die Testklasse um neue spezifische Tests erweitert wird, dann empfiehlt sich das Anbieten einer `getOUT()`-Variante, die den nötigen Typecast bereits durchführt. Ein Klassendiagramm der parallelen Testhierarchie in allgemeiner Form zeigt Abbildung 7–2.

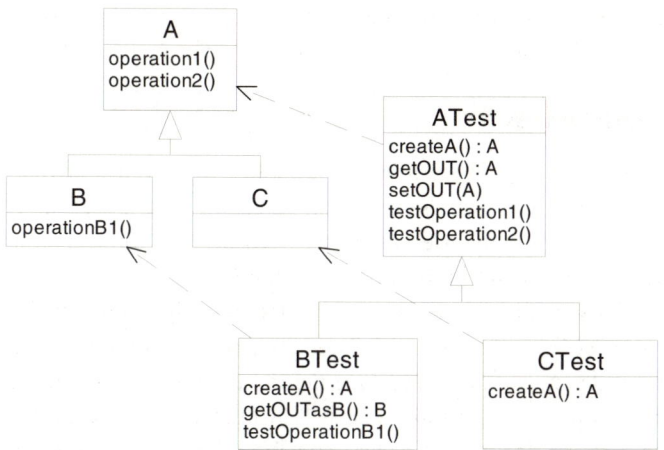

Abb. 7–2
Parallele Testhierarchie

Entstehen der Tests durch Refactoring

Im obigen Beispiel haben wir die Tests für unsere Klassenhierarchie nachträglich eingebaut. In diesem Fall ist ein Top-down-Vorgehen am einfachsten, da man so Klasse für Klasse überlegen kann, welche Tests der Oberklasse weiterhin sinnvoll sind und welche nicht.

Bei der Test-First-Programmierung geschieht jedoch meist etwas anderes. Die Entscheidung, eine Klasse als Unterklasse von einer anderen abzuleiten, trifft man im Zuge eines Refactorings. Dies bedeutet, dass wir bereits eine eigenständige Testsuite für die Unterklasse besitzen. Auch hier stoßen wir auf das in Kapitel 4.9 beschriebene typische Phänomen: Zunächst findet ein möglichst kleiner Refactoring-Schritt statt, der sich auf die vorhandenen Testfälle stützt. Erst danach machen wir uns Gedanken über nun notwendige Änderungen und Erweiterungen der Unit Tests.

Im Buch-Beispiel wäre vor Einführung der Klassenhierarchie möglicherweise ein Attribut `isFixedPrice` der Klasse `Book` für die Unterscheidung von normalen Büchern und Festpreisbüchern gestanden. Die Testsuite hätte zwischen Tests unterschieden, bei denen dieses Attribut gesetzt bzw. nicht gesetzt ist. Die Einführung der Unterklasse hätte irgendwann erfordert, dass der Setter für das Attribut verschwindet, und spätestens vor dieser Modifikation hätten wir unsere parallele Testhierarchie aufgebaut. Anschließend wären diejenigen Testfälle, die sich auf Verhaltensunterschiede durch `isFixedPrice` konzentrierten, zerlegt und eventuell in die Testunterklasse verschoben worden.

Das Refactoring der Tests hinkt dem Umbau des Applikationscodes häufig um einen Schritt hinterher. Dies ist entgegengesetzt zur

Verzögertes Test-Refactoring

Vorgehensweise beim Hinzufügen von Funktionalität, wo unsere Testfälle den Applikationsklassen immer einen Schritt voraus eilen.

Testen von Interfaces

Interfaces sind Javas Weg, mit dem Problem der Mehrfachvererbung
umzugehen. Bekanntermaßen kann jede Klasse eine beliebige Menge
von Interfaces implementieren und erbt zusätzlich alle implementierten Interfaces ihrer direkten und indirekten Oberklassen.

Beziehung zwischen   Aus Testersicht ist ein `MyClass implements MyInterface` sehr ver-
Superklassen und   wandt mit `MyClass extends MySuperclass`. Der Unterschied besteht
Interfaces   zum einen darin, dass ein Interface keine Implementierung kennt und
wir daher nur spezifikationsbasierte Testfälle ableiten können. Zum
anderen versagt der oben beschrittene Weg der parallelen Testhierarchie, sobald `MyClass` mehr als ein Interface implementiert bzw. zusätzlich noch `MySuperclass` erweitert, da Java keine Mehrfachvererbung
der Implementierung unterstützt.

Uns schwebt dennoch die Idee vor, dass eine Testsuite `MyInter-
faceTest` für `MyInterface` doch für alle implementierenden Objekte
ausgeführt werden sollte. Bei der Verwirklichung dieser Vorstellung in
Java helfen uns ein paar Gedanken weiter:

▨ Auch Testklassen können *abstrakt* sein.
▨ Abstrakte Klassen können durch *statische innere* Klassen konkreti-
   siert werden.
▨ JUnit erlaubt die Implementierung einer eigenen `suite()`-Methode
   pro Testklasse.

Abb. 7–3
Interfaces

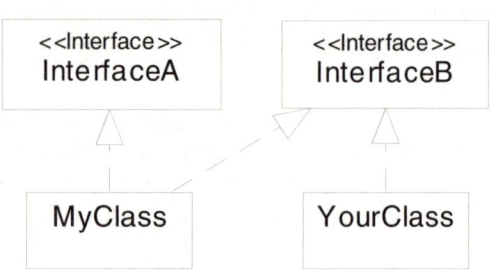

Betrachten wir die Situation in Abbildung 7–3. Wir haben zwei Interfaces und zwei Klassen, von denen die eine beide und die andere nur
eines der beiden Interfaces implementiert. Dieser Struktur entsprechend möchten wir auch Testklassen haben (siehe Abb. 7–4). Dabei
soll die `implements`-Beziehung zwischen Klassen und Interfaces durch

eine irgendwie geartete *uses*-Beziehung zwischen den entsprechenden
Testklassen ersetzt werden.

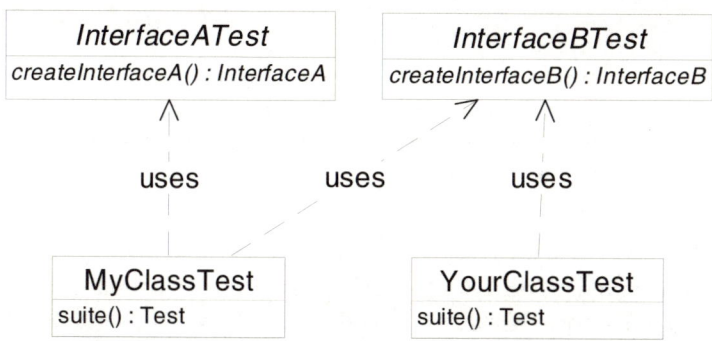

Abb. 7–4
Interfaces-Testklassen

Bleibt noch die Frage übrig, wie die Implementierung der abstrakten
Interface-Testklassen und der suite()-Methoden aussehen könnte.
Hier ein skizzierter Vorschlag, der die obigen Gedanken aufgreift:

```
public class InterfaceATest extends TestCase {
    private InterfaceA out; // object under test
    protected abstract InterfaceA createInterfaceA();
    protected void setUp() {
        out = this.createInterfaceA();
    }
    public void testXXXX() {..}
}

public class InterfaceBTest extends TestCase {
    private InterfaceB out; // object under test
    protected abstract InterfaceB createInterfaceB();
    protected void setUp() {
        out = this.createInterfaceB();
    }
    public void testYYYY() {..}
}

public class MyClassTest extends TestCase {
    public static class MyClassInterfaceATest
                            extends InterfaceATest {
        public MyClassInterfaceATest(String name) {
            super(name);
        }
        protected InterfaceA createInterfaceA() {
            return new MyClass();
        }
    }
```

```
        public static class MyClassInterfaceBTest
                                extends InterfaceBTest {
            ... // entsprechend
        }
        public static Test suite() {
            TestSuite suite = new TestSuite(MyClassTest.class);
            suite.addTestSuite(MyClassInterfaceATest.class);
            suite.addTestSuite(MyClassInterfaceBTest.class);
            return suite;
        }
    }
```

Zu beachten ist, dass in `suite()` zunächst die Standard-Testsuite erzeugt wird – new `TestSuite(MyClassTest.class)` – und anschließend die Interface-Testsuiten angehängt werden. Da `InterfaceATest` und `InterfaceBTest` ausschließlich spezifikationsbasierte Testfälle enthalten (können), bedarf es in `MyClassTest` zusätzlicher implementierungsbasierter Testfälle auf die implementierten Interfaces.

Verwendungskriterien   Die hier vorgestellte Technik zur Wiederverwendung abstrakter Testklassen mittels innerer Klassen ist ein tiefer Griff in unsere Java-Trickkiste und zudem schwer verständlich. Wir wenden dieses Verfahren daher nicht mechanisch für jedes implementierte Interface an, sondern greifen nur dann darauf zurück, wenn tatsächlich eine nicht triviale spezifikationsbasierte Testsuite existiert. Häufig bestehen außer der Forderung, die öffentliche Schnittstelle des Interfaces anzubieten, kaum semantische Anforderungen an die implementierende Klasse. Die Tests auf das Interface sind in diesem Fall besser in der Testsuite der Klasse aufgehoben.

Testen abstrakter Klassen

Gewöhnlich sind die Wurzel einer Klassenhierarchie und auch einige der in der Mitte liegenden Klassen abstrakt, d.h., es können keine Instanzen von ihnen erzeugt werden. Manche Entwurfsheuristik fordert gar, dass nur die Blätter eines Vererbungsbaumes konkret sein dürfen[5].

Aus Test-Implementierungssicht bereiten uns abstrakte Klassen keine größeren Probleme. Wir müssen nur dafür sorgen, dass die entsprechenden Klassen der parallelen Testhierarchie auch abstrakt sind und nicht als eigenständige Testsuiten aufgenommen werden[6].

---

5. Eine differenzierte Diskussion des Themas findet sich in [Riel96].
6. Was bei automatisch erzeugten Sammelsuiten durchaus ein Problem darstellen kann.

McGregor und Sykes [McGregor01] diskutieren, ob das ausschließliche Testen der abstrakten Klassen in konkreten Ableitungen ausreichend ist. Alternativ untersuchen sie die Möglichkeit, eine konkrete Unterklasse ausschließlich für Testzwecke zu erzeugen. Sie kommen jedoch zu dem Ergebnis, dass die Komplexität einer abstrakten Klasse selten groß genug ist, um diesen Aufwand zu rechtfertigen, und empfehlen stattdessen zusätzliche *Inspektionen* des Codes.

Direktes Testen abstrakter Klassen

Unsere persönliche Erfahrung stützt diese Empfehlung – mit einer Ausnahme: Existiert von unserer abstrakten Klasse *keine* konkrete Unterklasse, dann ist eine konkrete Ableitung zwingend notwendig, um *überhaupt* testen zu können. Auf diesen Fall trifft man in der Regel nur bei Framework-Entwicklungen.

7.2 Polymorphismus

Polymorph heißt *vielgestaltig*. Im objektorientierten Sprachgebrauch geht es dabei um die Vielgestaltigkeit von Objektreferenzen. Der für uns interessante *dynamische Polymorphismus* ist die Fähigkeit einer Objektreferenz – z.B. eine Variable oder ein Parameter –, an unterschiedliche Objekte gebunden werden zu können. »Dynamisch« heißt das Ganze genau dann, wenn zur Kompilierungszeit die Klasse des Objekts nicht bestimmt werden kann, sondern erst zur Laufzeit. Festgelegt ist nur ein Typ, dem das Objekt gehorchen muss.

Dynamischer Polymorphismus

Schicken wir eine Nachricht an eine solche Referenz, so können wir nicht vorherbestimmen, welche Methode als Reaktion auf diese Nachricht am Ende ausgeführt wird. Haben wir beispielsweise die Variable myBook vom Typ Book (vgl. Kapitel 7.1), dann kann sich dahinter sowohl eine Instanz der Klasse Book als auch der Klasse FixedPriceBook verbergen.

Wichtig ist dabei die Unterscheidung der Begriffe *Typ* und *Klasse*. Für die korrekte Kompilierung eines Nachrichtenaufrufs – z.B. myBook.sell(10.0) – ist lediglich der Typ des Objekts entscheidend. In Java kann ein Objekt zahlreiche unterschiedliche Typen verkörpern: So definiert sowohl seine Klasse als auch alle seine Oberklassen jeweils einen Typ. Hinzu kommen alle Interfaces, die von seiner Klasse oder einer seiner Oberklassen implementiert werden[7]. Für Instanzen der Klasse FixedPriceBook bedeutet das, dass sie folgende Gestalt annehmen können: Object, Book oder FixedPriceBook. Wird nun eine Nach-

Unterschied zwischen Typ und Klasse

---

7. Die Identifikation von Typen ist in den verschiedenen Programmiersprachen sehr unterschiedlich gelöst. In Smalltalk beispielsweise wird der Typ einzig durch die implementierten Methoden festgelegt.

richt an eine polymorphe Objektreferenz geschickt, so bestimmt die Signatur der Nachricht – dazu gehören Name der Nachricht sowie Anzahl, Typ und Reihenfolge der Parameter –, welche Methode tatsächlich aufgerufen wird.

Entwicklersicht   Aus Sicht des Entwicklers erleichtern polymorphe Serverobjekte das Programmieren, da sie sowohl die Größe und Komplexität des Clientcodes reduzieren als auch den Wartungsaufwand beim Hinzufügen und Entfernen neuer Serverklassen verringern.

Testersicht   Aus Sicht des Testers stellt Polymorphismus das Gegenstück zur Vererbung dar: Wo wir oben durch Wiederverwendung von Testsuiten der Oberklasse und spezieller Interface-Testklassen sicherstellen wollten, dass alle Implementierungen eines Typs auch der Spezifikation gehorchen, sind wir nun damit beschäftigt, das Zusammenspiel – die *Interaktion* – zwischen den getesteten Serverklassen und ihren Clients zu testen.

Probleme des   Polymorphe Nachrichten stellen eine Art case-Statement dar und
Polymorphismus   verkomplizieren dadurch den Kontrollfluss des zu testenden Clientcodes – die Komplexität der Logik wird hinter syntaktischer Einfachheit versteckt. Auch kann Servercode ohne Rücksicht auf seine Clients verändert werden, solange er weiterhin formal die Schnittstelle einhält. Die optimistische Vermutung, dass es genügt, alle Serverklassen adäquat zu testen, sowie das Zusammenspiel unseres Clients mit einem einzigen Server, trifft daher wiedermal nicht zu. Folgende Dinge können trotzdem schiefgehen:

▨ Unsere Objektreferenz könnte an ein falsches Serverobjekt gebunden sein.

▨ Es wird die falsche Methode des Servers aufgerufen. Eine häufige Ursache dafür sind Signaturen, die sich nur durch den Typ ihrer Parameter voneinander unterscheiden.

▨ Der Clientcode rechnet nicht mit der vollen Bandbreite an Rückgabewerten einer Methode. Dazu gehört auch die korrekte Behandlung aller möglichen Exceptions.

▨ Bestimmte Serverklassen verstoßen gegen die Regeln des Substitutionsprinzips und bringen dadurch den Clientcode zum Straucheln.

▨ Die Vor- oder Nachbedingung einer polymorphen Methode wurde geändert, ohne dass der Server dahingehend angepasst wurde.

Betrachten wir uns die Problematik am altgedienten Buch-Beispiel. Unsere beiden »Server« – Book und FixedPriceBook – wurden adäquat getestet. Nun programmieren wir den ersten Client, einen automatischen Verkäufer Mr. BookSeller, dessen Schnittstelle folgendermaßen aussieht:

```
public class BookSeller {
   public void setBookToSell(Book book);
   public Book getBookToSell();
   public String sellFor(double price);
}
```

Überraschend ist dabei eventuell nur, dass sellFor() einen String zurückgeben soll, der uns den Erfolg bzw. Misserfolg des Verkaufsvorgangs mitteilt. Und flugs haben wir eine noch nicht vollständige aber recht ordentliche Testsuite gebastelt:

```
public class BookSellerTest extends TestCase {
   private BookSeller seller;
   private Book book;
   public BookSellerTest(String name) {...}
   protected void setUp() {
      seller = new BookSeller();
      book = new Book("Testbuch", 10.0, 12.0);
      seller.setBookToSell(book);
   }
   public void testNormalSell() {
      assertEquals(book, seller.getBookToSell());
      String answer = seller.sellFor(11.0);
      assertEquals("OK", answer);
      assertEquals(11.0, book.getSoldFor(), 0.0);
   }
   public void testSellAboveRecommendedPrice() {
      String answer = seller.sellFor(12.01);
      assertEquals("Price too high", answer);
      assertEquals(0.0, book.getSoldFor(), 0.0);
   }
   public void testSellBelowWholesalePrice() {
      String answer = seller.sellFor(0.99);
      assertEquals("Price too low", answer);
      assertEquals(0.0, book.getSoldFor(), 0.0);
   }
}
```

Wir vermissen in dieser Testklasse vor allem noch Fälle zum wiederholten Verkaufsversuch nach Erfolg oder Misserfolg – eine weitere praktische Übung für unsere Leser. Das Problem liegt jedoch an anderer Stelle. Folgender **korrekter** Clientcode zeigt wo der Fehler steckt:

```
BookSeller seller = new BookSeller();
Book book = new FixedPriceBook("Pygmalion", 10.0, 12.0);
seller.setBookToSell(book);
String answer = seller.sellFor(11.0);
```

```
System.out.println(answer);
System.out.println(book.getSoldFor());
```

erzeugt die Ausgabe:

```
OK
0.0
```

Womit wir sehen, dass der Verkauf trotz des »OK« gar nicht durchgeführt wurde. Warum das so ist, sieht man, wenn man sich die Implementierung der sellFor()-Methode anschaut:

```
public String sellFor(double price) {
    if (price < bookToSell.getWholesalePrice()) {
        return "Price too low";
    }
    if (price > bookToSell.getRecommendedPrice()) {
        return "Price too high";
    }
    try {
        bookToSell.sell(price);
    } catch (PriceOutOfBoundsException impossible) {}
    return "OK";
}
```

Die Benennung der Exception-Variablen mit impossible zeigt die Fehlannahme des Entwicklers. Ein solcher Irrtum entsteht dann sehr leicht, wenn Festpreisbücher erst nach der Implementierung der BookSeller-Klasse eingeführt wurden.

Und die Moral von der Geschicht'?
Trau einer einzelnen Klasse nicht!

Richtlinien für das Testen polymorpher Interaktionen
Oder als Richtlinie formuliert: Im Fall von polymorphen Nachrichten sollte man die Interaktionstests so gestalten, dass *alle möglichen Implementierungen* des angesprochenen Typs getestet werden. Da dies unter Umständen sehr hohen Aufwand bedeuten kann, gleich noch eine schwächere Regel hinterher: Berücksichtigen Sie beim Erstellen von Testfällen die Möglichkeit der polymorphen Bindung einer Objektreferenz und überarbeiten Sie bei Änderung am Server auch die Interaktionstests aller Clients.

Im vorliegenden Beispiel sind mindestens zwei zusätzliche Testfälle nötig:

```
public void testNormalSellFPB() {
    Book fpBook = new FixedPriceBook("FPB", 10.0, 12.0);
    seller.setBookToSell(fpBook);
    assertEquals(fpBook, seller.getBookToSell());
```

```
    String answer = seller.sellFor(12.0);
    assertEquals("OK", answer);
    assertEquals(12.0, fpBook.getSoldFor(), 0.0);
}
public void testSellFPBBelowRecommendedPrice() {
    Book fpBook = new FixedPriceBook("FPB", 10.0, 12.0);
    seller.setBookToSell(fpBook);
    String answer = seller.sellFor(11.99);
    assertEquals("Price too low", answer);
    assertEquals(0.0, fpBook.getSoldFor(), 0.0);
}
```

Im allgemeinen Fall kann der Aufwand für adäquates Testen polymorpher Interaktionen sehr viel höher sein. Das ist der Preis, den wir für die Flexibilität und scheinbare Einfachheit unserer vielgestaltigen Objektgeflechte bezahlen. There's nothing like a free lunch!

7.3 Zusammenfassung

Vererbungshierarchien, Interfaces und Polymorphismus sind verschiedene Ausprägungen der gleichen objektorientierten Idee: Objekte können sich von unterschiedlichen Seiten zeigen, indem sie den einen oder anderen Typ annehmen. Für den Nutzer der Objekte spielt nur der Typ, nicht aber die konkrete Implementierung eine Rolle.

Aus Entwicklersicht ergeben sich aus dieser Idee zahlreiche Vorteile, während der Tester mit den Fallstricken der hinter dem Mantel der Einfachheit verborgenen Komplexität zu kämpfen hat.

Dieses Kapitel hat sowohl die theoretischen Grundlagen für das Verstehen der Probleme gelegt als auch Techniken erläutert, mit denen einige dieser Probleme angegangen werden können. Zu diesen Techniken gehören die Wiederverwendung von Tests der Oberklasse und das Testen von Interfaces.

8 Wie viel ist genug?

Die vorangegangenen Kapitel haben sich überwiegend damit beschäftigt, aufzuzeigen, was man wie warum testen soll. Würden Sie alle Testideen, die sie haben, in automatisierte Testfälle umsetzen, dann wäre das Verhältnis von Testaufwand zu restlichem Implementierungsaufwand mindestens 10 zu 1, wenn nicht gar höher. Eine wichtige Frage lautet daher: Wann haben wir ausreichend getestet?

Seien wir ehrlich; nur die wenigsten unter uns sind der Testsucht anheim gefallen. Die meisten Entwicklungsteams leiden eher unter dem gegenteiligen Phänomen: Es existieren zu wenig Tests, als dass wir immer guten Gewissens ausliefern oder restrukturieren könnten. Die andere wichtige Frage lautet daher: Wann haben wir zu wenig getestet?

Es gibt zahlreiche Faktoren, die bei der Bestimmung des optimalen Testaufwands eine Rolle spielen. Die wichtigsten davon sind: *Einflussfaktoren der Testoptimierung*

- *Vollständiges Testen* mit der erklärten Absicht, die Korrektheit eines Programms zu verifizieren, *ist für alle nicht trivialen Programme unmöglich*. Ziel unserer Testbemühungen kann daher nur das Finden möglichst vieler Defekte mit überschaubarem Aufwand sein.
- Für jedes System existiert ein *akzeptables Fehlerniveau*. Wie hoch dieses Niveau ist, hängt von der Art des Systems ab: Die Software zur Steuerung einer radiologischen Bestrahlungseinheit darf sicherlich nicht so viele Fehler enthalten wie eine Web-Applikation für Sockenabonnements[1]. Die Bestimmung dieses akzeptablen Fehlerniveaus ist Aufgabe des Kunden.
- Der *Aufwand* zur Erreichung eines bestimmten Fehlerniveaus *wächst exponentiell zum Nutzen*. Wir können daher mit relativ geringem Testaufwand ein mittleres Fehlerniveau erreichen, doch schon für halb so viele Bugs im Programm müssen wir ungleich mehr Aufwand betreiben.

---

1. Was es nicht alles gibt: [URL:Soxabo].

- Die richtige Menge an *Unit Tests* hat *positive Auswirkungen auf die Entwicklungsgeschwindigkeit*, sobald die Projektlaufzeit eine bestimmte Länge überschreitet. Strittig ist jedoch, ob diese Laufzeitgrenze eher bei wenigen Tagen, bei mehreren Wochen oder bei einigen Monaten liegt.
- Test-First-Entwicklung benötigt zumindest so viele Tests, dass alle Entwickler *ausreichend Vertrauen in ihre eigene Arbeit* haben. Wird ein Entwickler zum Unterschreiten seines persönlichen Qualitätsmindestmaßes gezwungen – etwa durch Zeitdruck –, dann lässt seine Identifikation mit dem Ergebnis der Arbeit und damit auch seine Motivation und Produktivität stark nach.
- Unit Tests sind *nicht nur eine qualitätssichernde Technik,* sondern lenken vor allem die Entwicklung unseres evolutionären Designs.
- Unit Tests sind *nicht die einzigen Tests*, die wir verwenden; daher müssen sie auch nicht vollständig das gewünschte Fehlerniveau garantieren. Dafür sind auch die vom Kunden spezifizierten Akzeptanztests verantwortlich. Ein lebenskritisches System verlangt nach zusätzlichen Teststufen und qualitätssichernden Maßnahmen.
- Zu wenige Tests bergen noch eine weitere Gefahr: Sie wiegen uns in falscher Sicherheit.

Es gilt daher, zwei Aspekte gegeneinander abzuwägen: Die ökonomische Seite (»Wie viel kostet mich welches Fehlerniveau?«) und die technische Seite (»Wie viele Tests bringen mir maximale Geschwindigkeit, flexibles Design und zufriedene Entwickler?«).

8.1   Die XP-Regel

Extreme Programming hat eine einfache Antwort auf unsere Frage nach der nötigen Testmenge:

> »Test everything that could possibly break.«[2]
> Teste all das, was möglicherweise zerbrechen kann.

Leider liest sich dieser Satz zunächst wie eine Weissagung des Orakels von Delphi. Wenn ich denn wüsste, was kaputt gehen kann, dann würde ich es natürlich testen bzw. genau hinsehen, damit ich *dabei* schon keine Fehler mache.

Interpretation   Der eigentliche Kern der Aussage ist wohl ein anderer: Jeder Entwickler, jedes Team macht unterschiedliche Fehler. Betrachtet man die

---

2.   [Jeffries00] widmet diesem Satz das ganze Kapitel 34.

eigenen Fehler über einige Zeit, so stellt man fest, dass sie sich häufig untereinander ähneln[3]. Entsprechendes gilt auch für ein Team – wenn es denn eines ist. Ja und dann lernen wir hoffentlich ständig hinzu; mit dem Ergebnis, dass wir nach einiger Zeit andere Fehler machen. Oft weniger als zuvor, aber weiterhin Fehler. Die optimale Testmenge umfasst daher nur all die Tests, welche unsere *tatsächlichen Fehler* finden bzw. verhindern.

In der Praxis bedeutet dies, dass jedes Team ein eigenes optimales Testniveau finden muss. Mehr noch: Iteratives Rantasten an das richtige Maß ist gefragt. Und: Dieses Maß kann sich mit der Zeit verändern.

Iterative Anpassung des Testniveaus

Stellen wir fest, dass viele Defekte erst nach dem Release gefunden werden, dann haben wir zu wenige oder die falschen Tests. Wir müssen uns daher die Bugs genau ansehen, Unit Tests für sie schreiben und bei wiederkehrenden Fehlerarten entsprechende Testfälle von vornherein in die Testsuite aufnehmen.

Manchmal bemerken wir hingegen, dass uns der große Testaufwand unangemessen bremst, ohne dass wir in Situationen des Refactorings oder dem Einbau neuer Anforderungen sichtbar davon profitieren. Dann überlegt man, welche Art von Tests überflüssig sind, weil nie Fehler in diese Richtung auftreten.

8.2   Klare Antworten auf klare Fragen

»Das ist mal wieder typisch«, sagen Sie. »Auf die wichtigsten Fragen geben die Autoren nur schwammige, unkonkrete Antworten. Ich möchte wissen, was ich testen soll und was nicht!«

Um Ihren Zorn ein wenig zu bezähmen, hier noch ein paar »konkrete« Antworten.

Tests pro Klasse

Sollte jede Klasse eine eigene Testklasse haben?

Ja. Jede nicht triviale Klasse sollte *mindestens eine* eigene Testklasse haben. Als trivial gelten beispielsweise Exception-Klassen, die nichts weiter tun, als die Standardkonstruktoren zu implementieren und die Parameter an super weiterzureichen. Die differenzierende Antwort lautet: Verfügt die Klasse über *eigene* Logik?

---

3.   Dieses Phänomen ist u.a. in [Weinberg98] beschrieben.

Getter und Setter

Soll man einfache Getter und Setter von Attributen testen?

Ron Jeffries sagt nein, weil man ja auf einen Blick sieht, dass sie korrekt sind. Die Autoren sagen ja, weil man (a) Schreibfehler – häufig durch Copy-Paste entstanden – doch leicht übersieht und (b) weil wir nicht ausschließen können, dass Änderungen und Refactoring auch Auswirkungen auf Code haben, der im Augenblick offensichtlich richtig ist. Zudem hat man mit dem Testen dieser trivialen Methoden häufig schon deswegen keine große Mühe, weil sie im Rahmen anderer Testfälle bereits mitgetestet werden. Ist dies jedoch nicht der Fall, dann richtet eine dedizierte Setter-Getter-Testmethode zumindest keinen Schaden an.

Nichtöffentliche Objekteigenschaften

Eine kurze Begriffsklärung: Als *öffentlich* bezeichnen wir hier all das, was von außerhalb unserer *Unit under Test* zugegriffen werden kann. Testen wir gerade eine einzelne Klasse, so sind auch protected und *package-scope*-Methoden als öffentlich zu betrachten. Testen wir hingegen ein Subsystem, dessen Klassen in einem Package liegen, so gelten nur Methoden und Konstanten mit der Zugriffsspezifikation public als öffentlich.

Zwei verwandte, aber doch unterschiedliche Fragen tauchen in diesem Zusammenhang immer wieder auf:

■ **Sollten nicht öffentliche Methoden getestet werden?**[4]
   Die Befürworter bringen als Argument, dass auch private Methoden so komplex sein können, dass etwas in ihnen schief gehen kann. Die Nachteile beim Testen privater Methoden überwiegen jedoch: Sie erschweren das Refactoring, erhöhen als sehr implementierungsabhängige Tests den Wartungsaufwand und man muss tricksen, um sie überhaupt aufrufen zu können (siehe unten).

   Beim Einsatz von Test-First ist das Verlangen nach Tests privater Methoden meist ein *Code Smell*. Entweder ist die fragliche Methode eigentlich Teil der öffentlichen Schnittstelle, für die der Clientcode noch nicht vorhanden ist – dann sollte man einfach private durch public ersetzen und alles ist in Butter. Oder es wartet ein neues Helferobjekt auf seine Geburt, in dem diese Methode dann öffentlich wäre.

---

4. Diese Frage gehört zu den am heftigsten diskutierten Themen im Bereich Unit Tests in XP (siehe [URL:WikiUTNPMF]).

Bei nachträglichem Testen sieht das Ganze jedoch anders aus. Hier existiert oft keine Alternative zum Biss in den sauren Apfel: Bevor man sich an das Aufräumen des geerbten unbekannten Codes machen kann, benötigt man funktionierende Tests als Fangnetz (siehe auch Kapitel 15.1 – »*Unit Testing bei existierender Software*«, S. 278). Zu hoffen ist in diesem Fall, dass sich diese Tests lediglich als ein Übergangsstadium erweisen.

Sollten Tests auf Innereien zugreifen?
»Innereien« meint hier nicht öffentliche Methoden und Attribute. Der Vorteil ist, dass sich dadurch viele Nachbedingungen mit weniger Aufwand testen lassen, als wenn man auf das öffentliche Interface angewiesen ist. Der Nachteil besteht wiederum in der hohen Implementierungsabhängigkeit solcher Testfälle.

Ron Jeffries beantwortet auch diese Frage pragmatisch: Wer glaubt, einen wichtigen Test nur durch Zugriff auf Implementierungsdetails verwirklichen zu können, der solle dies tun. Erweist sich die Implementierung als zu unbeständig, merkt man das sehr schnell. Bleibt die Implementierung jedoch stabil, dann ist das nicht öffentliche Feature eventuell ein unerkanntes öffentliches, das nur noch nach seinem Client sucht.[5]

Hat man sich für den Bruch der Objektprivatsphäre entschieden, bleibt noch zu klären, wie man technisch auf private Methoden und Attribute zugreift. Folgende Optionen existieren: Veränderung der Zugriffsbeschränkung für Testzwecke, Verwendung von Reflection (ab JDK 1.2) oder der Einsatz von Mock-Objekten, um das Problem zu entschärfen und eventuell ganz zu umgehen.

Fazit: Vermeiden Sie wenn möglich das Testen privater Methoden und den Zugriff auf Innereien einer Klasse in den Tests. Falls Sie sich dennoch nach ausgiebiger Gewissensprüfung anders entscheiden, dann geht die Welt in den meisten Fällen auch nicht unter.

Komplexe Interaktionstests

In Kapitel 4.6 wurde erläutert, warum Interaktionstests zwischen *zwei* Objekten manchmal notwendig sind, um eine adäquate Testsuite zu

---

5. Eng verwandt mit diesem Problem ist die Frage, ob Datenkapselung im Allgemeinen nicht überbewertet wird und daher nicht alle Methoden besser »public« wären. Als ein Argument wird angeführt, dass die Smalltalk-Welt wunderbar damit zurecht kommt, dass »private« nur eine Richtlinie darstellt und nicht von der Sprache erzwungen wird. Die Diskussion kann unter [URL:WikiMSBP] nachgelesen und bereichert werden.

erstellen. Betreibt man Unit-Testen jedoch ganz ohne Dummy- bzw. Mock-Objekte, so kommt man schnell an einen Punkt, an dem zur Erstellung einer Testfixture ein komplexes Objektgeflecht erzeugt werden muss und wo der Abstand zwischen OUT und den »niedrigsten« Objekten der Fixture groß wird. Solche Tests sind nicht nur schwer zu warten und zu verstehen, sie verletzen auch die Regeln der größtmöglichen Unabhängigkeit unserer Tests und der kleinstmöglichen Granularität.

Der Vorteil solcher *Mikro-Integrationstests* ist, dass sie durch die indirekte Verwendung zahlreicher anderer Objekte »zufällig« Fehler aufdecken können. Von solchen geplanten Zufällen lebt der erfolgreiche Tester. Wann also sollen wir diese Art komplexer Tests vermeiden? Hinweise können uns folgende Anzeichen liefern:

Kontraindikatoren für
Integrationstests

1. Die Tests laufen sehr lange, weil sie auf Datenbanken oder andere externe Ressourcen zugreifen.
2. Wir können die Tests bei Änderungen im Code oder bei neuen Anforderungen nicht mehr anpassen, weil es zu große Querabhängigkeiten gibt.
3. Die Tests schlagen häufig falschen Alarm, weil sich Dinge in entfernten Objekten geändert haben, die aber für den eigentlichen Testfall nicht relevant sind.
4. Die Tests überschneiden sich funktional mit den Akzeptanztests.
5. Die Tests benutzen echte Daten, z.B. vom Kunden bereitgestellte Abzüge der Produktionsdaten, die zu komplex sind, als dass wir Entwickler noch alle Details im Kopf behalten könnten.
6. Das Verstehen der Testszenarios erfordert mehr kundenspezifisches Fachwissen als es der normale Entwickler hat.

Die Punkte 1 bis 3 treten meist dann auf, wenn der zu testende Code nicht oder nur teilweise à la Test-First entwickelt wurde, da Test-First-Code in der Regel weniger Abhängigkeiten aufweist als *Design-First-Code*. Haben wir das Gefühl, wir können unser OUT gar nicht isoliert und ohne komplexe Fixture testen, dann ist das ein deutlicher Hinweise auf ein Designproblem, das früher oder später angegangen werden sollte.

Die Symptome 3 bis 6 sind Anzeichen dafür, dass wir unsere Kompetenz als Entwickler überschritten und den Weg Richtung Akzeptanztests angetreten haben. Dies mag dann notwendig sein, wenn uns der Kunde keine eigenen Akzeptanztests liefert. Aber auch in diesen Fällen sollten wir die »echten« Unit Tests von den *entwicklereigenen Akzeptanztests* organisatorisch trennen, z.B. durch separate Packages.

Tests für Tests

Eine Frage, die immer wieder gestellt wird, ist, ob man auch für die Tests selbst Tests schreiben soll. Die einfache Antwort lautet: nein, weil Testfälle keine Logik enthalten, die verifiziert werden müsste. Findet sich dennoch Logik, z.B. in Form von Verzweigungen, dann muss der Testfall vereinfacht werden (siehe dazu auch Kapitel 4.1). Ein trivialer Fehler im Testcode, z.B. ein falsches assertEquals(..), wird in 99,9 Prozent aller Fälle bei der ersten Testausführung entdeckt. So gesehen ist der Anwendungscode eine Art Test für den Testcode.   *Keine Tests für Tests*

Eine Ausnahme von der Regel »Keine Tests für Tests« stellen Testhilfsklassen mit eigener Logik, z.B. wiederverwendbare Dummy-Objekte, dar. Diese benötigen tatsächlich ihre eigene Testsuite.

8.3   Testabdeckung

Ein Schlüsselwort der Testliteratur und -diskussion ist *Test Coverage* (dt. *Testabdeckung*). Der Begriff beschreibt die Antwort auf die Frage: Wie viel von X wird durch meine Tests abgedeckt? Dabei steht X für unterschiedliche Coverage-Arten, die im Folgenden erläutert werden.   *Test Coverage*

Spezifikationsbasierte Abdeckung bezieht sich auf die Vollständigkeit der Berücksichtigung unserer Softwarespezifikation in den Testfällen. Ausgangspunkt sind beispielsweise Anforderungstabellen, Use-Case-Modelle und Status-Übergangs-Diagramme. Diese Art der Abdeckung wird meist durch manuelle Inspektionen ermittelt.   *Abdeckungsarten*

Codebasierte Abdeckung bezieht sich auf den *Kontrollfluss* des Programms. Zahlreiche Coverage-Metriken wurden bislang definiert, häufig tauchen u.a. folgende auf:

- **Zeilenabdeckung** (Line Coverage): Wie viel Prozent meiner Programmzeilen wurden während der Testausführung »berührt«. Dies ist die schwächste Metrik, da auch 100% Abdeckung noch zahlreiche Fehler zulässt.
- **Verzweigungsabdeckung** (Branch Coverage): Wie viele aller an Verzweigungen im Kontrollfluss möglichen Wege wurden während der Tests gegangen. Diese Maßzahl ist schon etwas stärker, aber auch hier bedeutet 100% keineswegs eine Garantie für Fehlerfreiheit.
- **Pfadabdeckung** (Path Coverage): Wie viel Prozent aller möglichen Pfade – Kombinationen aus Verzweigungen – wurden in den Tests

durchlaufen. Und auch hier können sich trotz einer 100%igen Abdeckung noch Fehler verbergen.

Was können Coverage-Tools? Kommerzielle Coverage-Tools für Java[6] können bislang nur die zeilenbasierte Abdeckung bestimmen. Akademische Tools versuchen, stärkere Metriken zu ermitteln. Allerdings steht diesem Ziel entgegen, dass die Bestimmung aller möglichen Verzweigungen des Kontrollflusses bei polymorphen Nachrichten schwierig bzw. beim Zulassen dynamischen Klassenladens sogar unmöglich ist.

Wäre nun unser einziges Ziel, den Wert eines bestimmten Abdeckungsmaßes zu erhöhen, beispielsweise 100% Line Coverage zu erreichen, dann würden wir Opfer eines Phänomens, das immer dann zu beobachten ist, wenn die Qualität menschlicher Leistung an abgeleiteten Zahlen beurteilt wird: »People tend to optimize the metric rather than the goal. Tools should complement not replace programmer judgement.«[7]

Sinnvolle Verwendung von Coverage-Metriken Es ergibt daher durchaus Sinn, ab und an ein entsprechendes Werkzeug zur Bestimmung der prozentualen Abdeckung und vor allem zum Identifizieren von innerhalb der Tests nicht ausgeführten Codeteilen zu benutzen. Es ist jedoch ein fragwürdiges Ziel, unter allen Umständen einen bestimmten Wert erreichen zu wollen, um sich anschließend zufrieden im Sessel zurückzulehnen. Die Ergebnisse der Coverage-Bestimmung können uns jedoch auf Schwachstellen unserer Tests hinweisen. Folgende Kategorien nicht abgedeckten Codes müssen wir dabei unterscheiden:

- Code, der nicht getestet wird, aber getestet werden sollte. Diese Entdeckung weist den größten Nutzen für uns auf.
- Toter Code, der entfernt werden sollte. Auch das ist sehr nützlich.
- Automatisch generierter Code, der in unserer Anwendung nicht aufgerufen wird.
- Code, der nur unter (zu) großem Aufwand in Tests zu erreichen wäre. Oft handelt es sich dabei um Error-Handling-Code, da Javas Konzept der *Checked Exceptions* das (zumindest übergangsweise) Einfügen leerer `try-catch`-Blöcke provoziert. Diese Art nicht abgedeckter Zeilen tritt in Programmen, die mit Test-First entwickelt wurden, allerdings seltener auf.[8]

---

6. Beispielsweise JProbe mit seinem Coverage-Modul [URL:JProbe].
7. Kent Beck in einer Yahoo-Diskussion zum Thema »Code Coverage«.
8. Ron Jeffries führt gar einen induktiven Beweis, dass Test-First-Entwicklung immer 100% Zeilenabdeckung erreichen kann ([URL:YahooXP], Message 26626).

In einem Paper zum Thema »How To Misuse Code Coverage«
[URL:TestingCoverage] bringt Brian Marick noch weitere Gründe,
warum Codeabdeckung nicht das Ziel, sondern nur eine Ergänzung
des gesunden Testerverstandes sein kann. Zusammenfassend schreibt
er in der bereits erwähnten Yahoo-Diskussion:

> »Coverage can't tell you that you're missing code, because
> coverage tools work on the code you have. How much assu-
> rance should you expect from a tool that is oblivious to so
> many bugs?«

Eine interessante Ergänzung zur herkömmlichen Coverage-Analyse   *Mutation Testing*
stellt *Mutation Testing* dar. Diese Art des Testens basiert auf gezielten
Änderungen des Applikationscodes und der nachfolgenden Überprüfung, ob diese Änderung von der ursprünglichen Testsuite auch als
Fehler erkannt wurden. Im Gegensatz zu herkömmlichen Abdeckungs-
metriken können mit dieser Methode Codeteile identifiziert werden,
die zwar im Zuge der Suite ausgeführt werden, aber deren Effekte
nicht in den Tests überprüft werden. Ein Vertreter dieses Tool-Genres
ist JesTer [URL:JesTer], das seinerseits JUnit für die Durchführung von
Mutationstests verwendet.

8.4   Zusammenfassung

Vollständiges Testen ist unmöglich. Die Frage, wie viel Testaufwand
optimal ist und worauf man die vorhandenen Ressourcen konzentrieren soll, lässt sich nicht allgemein beantworten. Jedes Projekt und jedes
Team muss die Antwort auf diese Frage für sich selbst herausfinden.
Schlimmer noch: Die richtige Antwort ändert sich von Tag zu Tag.
Dennoch gibt es einige Richtlinien und Argumente, die den Lernpro-
zess des Teams beschleunigen helfen. Die wichtigsten wurden in diesem Kapitel angesprochen. Darüber hinaus wurde die Frage diskutiert,
welche Rolle Code-Coverage-Metriken und Tools bei der Steuerung
der eigenen Testanstrengungen spielen können.

Teil II

Weiterführende Themen

9 Persistente Objekte

Die meisten objektorientierten Programme haben ein gemeinsames Problem: Sie möchten in bestimmten Augenblicken einen Teil ihres Zustandes, d.h. einen Teil ihrer Objekte, so abspeichern, dass sie das Ende des Programmlaufs überleben. Diesen Vorgang nennt man *Persistierung*. In einem anderen Augenblick, häufig auch in einem anderen Programmlauf, sollen die *persistenten Objekte* schließlich wieder für den Gebrauch aus ihrem Exil hervorgeholt werden.

Es existieren zahlreiche Möglichkeiten, Daten und Objekte in Java »dauerhaft« zu machen. Einige typische Varianten sind:

- Abspeichern der Objektattribute in einer Datei, z.B. als XML.

Persistenzmechanismen

- Serialisierung eines Objektgraphen in einen Stream.

- Abspeichern der Objekte in einer relationalen Datenbank (RDBMS) – mit oder ohne Verwendung eines *Mapping-Tools*[1].

- Verwendung einer objektorientierten Datenbank (OODBMS).

Die Vor- und Nachteile der unterschiedlichen Persistenzmechanismen sind nicht Thema dieses Buches. So findet man in [Meier00] ausführlich dargelegt, warum und wie man sich das Programmiererleben mit einem OODBMS leichter macht. Als Entwickler wünscht man sich schließlich, dass sich auch Persistenz nahtlos in die Prinzipien der Objektorientierung einreiht. Doch auch heute noch, mehr als 10 Jahre nach dem Erscheinen der ersten kommerziellen objektorientierten Datenbank, setzen die meisten Unternehmen bei der Entwicklung ihrer Software aus guten und schlechten Gründen auf deren relationale Gegenspieler. Daher konzentrieren wir uns in diesem Kapitel auf die

RDBMS sind am verbreitetsten

---

1. Ein Mapping-Tool unterstützt die Abbildung von Objekten auf relationale Tabellen. Das zurzeit wohl verbreitetste Werkzeug dieser Art ist TopLink [URL:TopLink].

RDBMS-Variante sowie *JDBC* (Java Database Connectivity) als standardisierte Programmierschnittstelle zum Zugriff auf Datenbanken. Folgende Probleme treten beim Testen relational gespeicherter Objekte auf:

Probleme beim Testen
persistenter Objekte
▨ Der Zugriff auf ein externes Persistenzmedium dauert deutlich länger als auf »normale« Objekte. Dies lässt die Laufzeiten einer Testsuite bereits bei wenigen Tests über die Grenze ansteigen, die wir gewillt sind, alle paar Minuten ohne Murren zu erdulden. Als Folge machen wir größere Schritte bei der testgetriebenen Entwicklung, um seltener die Tests starten zu müssen.

▨ Die Konsistenzbedingungen des Datenschemas erfordern häufig das Vorhandensein einer sehr großen Anzahl unterstützender Objekte, nur um überhaupt unser OUT in der Datenbank anlegen zu können. Das Anlegen dieser Hilfsobjekte kostet nicht nur zusätzliche Laufzeit – und verlangsamt damit die Testsuite noch weiter –, sondern kann bei komplexen Schemata zu einem Wartungsalbtraum werden: Ein neuer Constraint hier – schon scheitert eine Hand voll unserer Tests bereits beim Set-up; eine zusätzliche Relation da – wir müssen weitere Datensätze erzeugen, nur um ein konsistentes Objekt unserer CUT zu erhalten.

▨ Jeder Testfall muss dafür sorgen, dass vor seinem eigentlichen Beginn sowohl Anzahl als auch Zustand aller betrachteten Objekte genau seinen Erwartungen entspricht. Dies bedeutet, dass kein vorhergehender Testfall irgendwelchen »Müll« hinterlassen darf und dass auch kein anderes Programm (eines anderen Entwicklers) dem Test in die Quere kommen darf.

▨ Häufig müssen Entwickler auch für Testzwecke nicht lokale Datenbanken verwenden. Damit erzeugt das dazwischenliegende Netzwerk zusätzliche Laufzeitverzögerungen und erhöht die Wahrscheinlichkeit, dass vom Testfall unabhängige Probleme ihn zum Scheitern bringen.

Persistenter Testfrust
Andere Persistenzmechanismen bringen die gleichen oder ähnliche Schwierigkeiten mit sich. Diese Probleme tragen dazu bei, dass zahlreiche Entwickler, die den Test-First-Ansatz zunächst wohlwollend umsetzen, beim Einbinden des Persistenzmechanismus das Handtuch werfen oder zumindest diesen Teil der Applikation ohne oder mit sehr wenigen Tests ausstatten. Dieses Kapitel möchte zeigen, wie eine Kombination aus bestimmten Designprinzipien und Techniken, den Unit Tests für und mit persistenten Objekten den Schrecken nehmen kann.

9.1   Abstrakte Persistenzschnittstelle

Stellen wir uns eine kleine Applikation zur Pflege von Kundenbeziehungen – also ein winziges *CRM*-System (*Customer Relationship Management*) – vor, deren persistentes Objektmodell sich im Laufe der ersten Iterationen zu der in Abbildung 9–1 gezeigten Struktur stabilisiert hat. Im Zentrum steht der Kunde (`Customer`), der immer *genau einer* Kategorie (`CustomerCategory`) zugeordnet ist und mit dem beliebig viele Kundenkontakte (`CustomerContact`) stattgefunden haben.

Beispiel: CRM-System

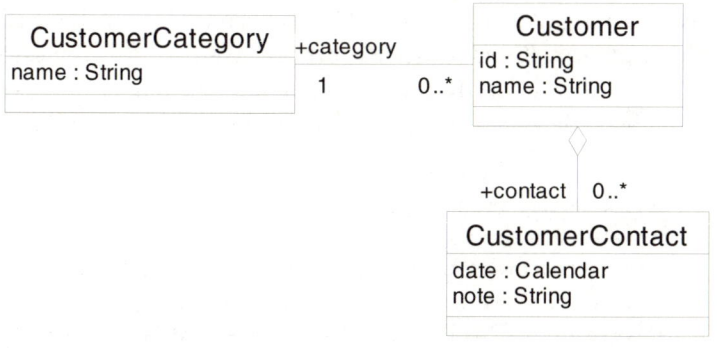

Abb. 9–1

Objektmodell der CRM-Applikation

Ein naiver Testansatz behandelt persistente Objekte wie alle anderen und verwendet eine Datenbank wie eine interne Ressource. Geht man diesen Weg, entsteht häufig eine Persistenzschnittstelle, die entweder statisch oder in einem Singleton beheimatet ist. Für die in Abbildung 9–1 dargestellten Objekte, ist folgende statische Datenbankklasse denkbar:

```
public class CRMDatabase {
    public static void initialize(String dbURL)
        throws CRMException {...}
    public static void shutdown() throws CRMException {...}
    public static CustomerCategory createCategory(String name)
        throws CRMException {...}
    public static void deleteCategory(CustomerCategory category)
        throws CRMException {...}
    public static Set allCategories() throws CRMException {...}
    public static Customer createCustomer(String name,
        CustomerCategory category) throws CRMException {...}
    public static void writeCustomer(Customer customer)
        throws CRMException {...}
    public static void deleteCustomer(Customer customer)
        throws CRMException {...}
```

```
public static Customer getCustomer(String id)
    throws CRMException {...}
public Set allCustomers(CustomerCategory category)
    throws CRMException;
}
```

Es existieren Methoden zur Initialisierung und zum Anhalten der Datenbank sowie zum Erzeugen, Schreiben, Löschen und Erfragen von CustomerCategory und Customer. CustomerContact-Instanzen sind von Kundenobjekten abhängig und werden über diese gespeichert, geschrieben und gelöscht.

Naive Testimplementierung

Eine wichtige Aufgabe von CRM-Systemen ist die Erstellung regelmäßiger *Reports*. Ein täglicher Report (DailyReport) beispielsweise ermittelt die Anzahl der Kundenkontakte mit bestimmten Kategorien von Kunden. Hierzu ein Ausschnitt aus der zugehörigen Testklasse:

```
public class DailyReportTest extends TestCase {
    private DailyReport report;
    private Calendar reportDate;
    private CustomerCategory catFortune100,catSmallCompany;
    private final String DB_URL = "jdbc:odbc:CRM";
    private List customersToDelete = new ArrayList();
    protected void setUp() throws Exception {
        reportDate = Calendar.getInstance();
        report = new DailyReport(reportDate);
        CRMDatabase.initialize(DB_URL);
        catFortune100 =
            CRMDatabase.createCategory("fortune 100");
        catSmallCompany =
            CRMDatabase.createCategory("small company");
    }
    protected void tearDown() throws Exception {
        Iterator i = customersToDelete.iterator();
        while (i.hasNext()) {
            Customer each = (Customer) i.next();
            CRMDatabase.deleteCustomer(each);
        }
        CRMDatabase.deleteCategory(catFortune100);
        CRMDatabase.deleteCategory(catSmallCompany);
        CRMDatabase.shutdown();
    }
    public void testAllContacts() throws Exception {
        Customer customer1 = CRMDatabase.createCustomer(
            "Customer 1", catFortune100);
        customersToDelete.add(customer1);
        Customer customer2 = ...
```

```
Customer customer3 = ...
Calendar dayBefore = (Calendar) reportDate.clone();
dayBefore.add(Calendar.DATE, -1);
customer1.addContact(dayBefore, "note 1");
customer1.addContact(reportDate, "note 2");
CRMDatabase.writeCustomer(customer1);
customer2.addContact(reportDate, "note 3");
CRMDatabase.writeCustomer(customer2);
customer3.addContact(dayBefore, "note 4");
CRMDatabase.writeCustomer(customer2);
List contacts =
    report.allContactsForCategory(catFortune100);
assertEquals(1, contacts.size());
// ...
    }
}
```

Folgende Probleme werden sichtbar:

▨ Obwohl die DailyReport-Klasse im Prinzip völlig unabhängig von unserer Datenbank sein sollte, erfordern die Unit Tests für diese Klasse, umfangreichen Code zur Datenbankinitialisierung und zur Erzeugung von Objekten in der Datenbank selbst. Dieser Code ist nicht nur fehleranfällig, sondern zeichnet sich auch durch lange Laufzeiten aus.

▨ Das vollständige Löschen aller erzeugten persistenten Objekte in tearDown() erfordert aktive Mitarbeit im Testcode durch Verwendung von customersToDelete.add(...) innerhalb der Testmethode. Vergessen wir das auch nur ein einziges Mal, befindet sich unsere Datenbank anschließend in einem unerwünschten Zustand.

▨ Zusätzlich machen wir uns von der Verfügbarkeit der Datenbank abhängig. Liegt eine Störung der Verbindung oder das Überschreiten datenbankspezifischer Ressourcen (z.B. Sessions) vor, schon verabschieden sich alle Folgetests mit seltsamen Exceptions und Fehlermeldungen.

Ein Entkommen aus dieser vertrackten Testsituation bringt auch hier die Umkehr der Abhängigkeiten (siehe *Dependency Inversion Principle* in Kapitel 6.3). In obigem Code hängt die DailyReport-Klasse direkt von der Datenbankschnittstelle ab. Damit wird die Regel verletzt, dass High-Level-Module nicht von niedriger angesiedelten Modulen abhängen sollen. Wir brechen diese Abhängigkeit, indem wir die Persistenz in einem abstrakten Interface kapseln:

Abstraktion der Persistenzschnittstelle

```
public interface CRMPersistence {
   void shutdown() throws CRMException;
   CustomerCategory createCategory(String name)
      throws CRMException;
   void deleteCategory(CustomerCategory category)
      throws CRMException;
   Set allCategories() throws CRMException;
   Customer createCustomer(String name,
      CustomerCategory category) throws CRMException;
   void writeCustomer(Customer customer) throws CRMException;
   void deleteCustomer(Customer customer) throws CRMException;
   Customer getCustomer(String id) throws CRMException;
   Set allCustomers(CustomerCategory category)
      throws CRMException;
}
```

Alle bislang statischen Methoden der Klasse CRMDatabase finden sich
nun in CRMPersistence wieder, mit einer Ausnahme: initia-
lize(String url) ist selbst ein Implementierungsdetail und hat daher
nichts im abstrakten Interface verloren.

9.2   Persistente Attrappe

Die Trennung von Persistenzschnittstelle und Datenbankanbindung
versetzt uns in die Lage, mehrere Implementierungen des Interfaces
anzubieten. Eine davon ist die *Dummy-Implementierung*, die wir in
den Tests der darauf aufbauenden Schichten an Stelle einer echten
Datenbank verwenden können. Der für unseren Beispieltest wichtige
Teil der Attrappe sieht so aus:

```
public class DummyCRMPersistence implements CRMPersistence {
   private int id = 0;
   private Set customers = new HashSet();
   private Set categories = new HashSet();
   public CustomerCategory createCategory(String name)
      throws CRMException {
      CustomerCategory category = new CustomerCategory(name);
      categories.add(category);
      return category;
   }
   public Set allCategories() throws CRMException {
      return categories;
   }
   public Customer createCustomer(String name,
      CustomerCategory category) throws CRMException {
```

```
        Customer customer = new Customer(name, category);
        customers.add(customer);
        return customer;
    }
    public Set allCustomers(CustomerCategory category)
        throws CRMException {
        return customers;
    }
    ...
}
```

Alle nicht gezeigten Methoden können für den vorliegenden Testfall leer bleiben. Man beachte, dass die Methode allCustomers(...) alle erzeugten Testfälle zurückgibt und keine Filterung nach Kategorie vornimmt, wie es die Funktionalität eigentlich erfordert. Dies entspricht unserem Prinzip, ein Dummy-Objekt so einfach wie möglich zu gestalten. Unser Wissen darüber, dass DailyReport-Instanzen die allCustomers-Methode benutzen, um nach Kategorien vorzufiltern, genügt. Natürlich darf der Test dann auch nur passende Customer-Objekte erzeugen: *So einfach wie möglich*

```
public class DailyReportTest extends TestCase {
    private DailyReport report;
    private CRMPersistence persistence;
    private Calendar reportDate;
    private CustomerCategory catFortune100;
    public DailyReportTest(String name) {...}
    protected void setUp() throws Exception {
        persistence = new DummyCRMPersistence();
        reportDate = Calendar.getInstance();
        report = new DailyReport(persistence, reportDate);
        catFortune100 = persistence.createCategory(
            "fortune 100");
    }
    public void testAllContacts() throws Exception {
        Customer customer1 = persistence.createCustomer(
            "Customer 1", catFortune100);
        Customer customer2 = persistence.createCustomer(
            "Customer 2", catFortune100);
        Calendar dayBefore = (Calendar) reportDate.clone();
        dayBefore.add(Calendar.DATE, -1);
        customer1.addContact(dayBefore, "note 1");
        customer1.addContact(reportDate, "note 2");
        customer2.addContact(dayBefore, "note 4");
        List contacts =
            report.allContactsForCategory(catFortune100);
```

```
            assertEquals(1, contacts.size());
            // ...
        }
    }
```

Die einzige bemerkenswerte Ergänzung im geänderten Test ist, dass der Konstruktor von `DailyReport` nun zusätzlich nach einem `CRMPersistence`-Objekt verlangt. Dieses Muster bei der Einführung von Dummy- und Mock-Objekten ist uns ja bereits bekannt. Im Übrigen wurde die Testklasse vor allem kürzer. Einiges an datenbankspezifischem Code sowie die komplette `tearDown()`-Methode werden nun nicht mehr benötigt.

Testen des Error-Handling   Die Dummy-Klasse erlaubt jetzt, das korrekte Verhalten der Fehlerbehandlung zu testen, indem wir – wie in Kapitel 6.6 beschrieben – das Dummy-Objekt so konfigurieren, dass es im richtigen Augenblick die entsprechende Exception wirft. So lassen sich alle gewünschten Fehler simulieren: vom Versagen des Netzwerkes bis hin zu einer Verletzung von Datenbank-Constraints.

Alternative: Mock-Objekt   Als Alternative zur `DummyCRMPersistence`-Klasse wäre auch eine entsprechende Mock-Klasse in Frage gekommen. Da diese aber lediglich den Aufruf von `allCustomers()` hätte verifizieren können, schien sie uns in diesem Fall keinen nennenswerten Vorteil zu bringen. Aber das ist sicherlich eine Frage, über die es sich streiten lässt.

Möchte man eine Dummy-Datenbank soweit ausbauen, dass sie zur »leichtgewichtigen« Datenbank für den Testbetrieb wird, erfordert dies in der Regel größeren Entwicklungsaufwand. Meist ist in diesen Fällen die Verwendung einer *In-Memory-Datenbank*, wie z.B. Cloudscape [URL:Cloudscape], ökonomischer.

9.3   Gestaltung einer Datenbankschnittstelle

Ein zentraler Punkt beim betrachteten Vorgehen ist die Gestaltung der Datenbankschnittstelle. Bei der Anwendung von Test-First entsteht diese schrittweise und kann ständig an die wirklichen Erfordernisse der darauf aufbauenden Schichten angepasst werden. Dennoch sollte man auch bei diesem evolutionären Vorgehen auf eine konsistente Namensgebung und durchgängig gleiche Semantik der angebotenen Interfacemethoden achten. Folgende Richtlinien lagen dem Entwurf von `CRMPersistence` zugrunde:

Grundannahmen   ■ Wir unterscheiden zwischen *selbstständigen* und *abhängigen* Objekten. Selbstständige Objekte – im Beispiel `Customer` und `CustomerCategory` – erhalten Methoden zum Anlegen (`createXXX`),

Überschreiben (`writeXXX`), Löschen (`deleteXXX`) im Persistenzinterface. Abhängige Objekte – hier nur `CustomerContact` – werden über ihre Mutterobjekte gespeichert, überschrieben und gelöscht. Man könnte `Customer` auch als abhängige Klasse behandeln, da ihre Instanzen von der Existenz des zugeordneten Kategorieobjekts abhängen. Wir haben uns jedoch dafür entschieden, dass man von der Kategorie nicht zum Kunden navigieren kann und dass kein automatisches Löschen aller einer Kategorie zugehörigen Kundenobjekte stattfindet.

- Das Interface wird nach Bedarf um *Query-* und *Retrieval-*Methoden ergänzt – im Beispiel `allCategories()`, `getCustomer(...)` und `allCustomers(...)`. Diese Methoden können sowohl selbstständige als auch abhängige Objekte zurückliefern.

- Das Erzeugen, Schreiben und Löschen eines Objekts führt automatisch zum Erzeugen, Schreiben und Löschen aller abhängigen Objekte. Bei der Implementierung dieses Merkmals muss insbesondere auf Rekursion geachtet werden.

- Alle im Interface definierten Methoden sind durch Transaktionen geschützt. Dies bedeutet, dass sowohl Getter- als auch Setter-Zugriffe auf persistente Objekte außerhalb von Transaktionen möglich sind und nur zum Zeitpunkt der Benutzung einer Interfacemethode die Konsistenz und Aktualität der Daten gewährleistet ist. Diese vereinfachte Annahme ist für viele Anwendungen ausreichend und erleichtert das Arbeiten mit einer Persistenzschnittstelle.

- Alle beim Speichern auftretenden *Checked Exceptions* (siehe Glossar, Seite 306) werden in einen speziellen Exceptiontyp – hier `CRMException` – umgewandelt. Insbesondere werden auf diese Weise Verletzungen von Konsistenzbedingungen unseres persistenten Domänenmodells signalisiert. So soll beispielsweise das Löschen eines `CustomerCategory`-Objekts fehlschlagen, wenn noch persistente `Customer`-Instanzen in dieser Kategorie existieren.

- Die Implementierung sorgt wenn nötig für den Erhalt der Identität eines Objekts. Im Beispiel bestehen wir nicht auf Identität (`==`), sondern begnügen uns mit Gleichheit (`equals(..)`).

Diese Grundannahmen müssen mit den Anforderungen unserer Applikation übereinstimmen. Manchmal wird der Entwurf – und die Implementierung – einer Persistenzschnittstelle durch besondere Anforderungen erschwert. Drei typische Schwierigkeiten betrachten wir näher: nach außen sichtbare Transaktionen, Ad-hoc-Queries und objektzentrierte Persistenz.

Transaktionen

Der Transaktionsbegriff spielt bei Datenbanken ein zentrale Rolle. Bislang sind wir davon ausgegangen, dass die Kapselung der einzelnen Persistenzaufrufe in Transaktionen ausreicht. Manchmal müssen jedoch Transaktionen von außen verfügbar sein, beispielsweise um mehrere persistente Aktionen transaktionsgeschützt ausführen zu können. Schnittstellentechnisch bietet sich in diesem Fall ein zusätzliches Transaktionsinterface an; im einfachsten Fall mit einer einzigen Methode:

```
public interface CRMTransaction {
   Object run() throws Exception;
}
```

Zusätzlich muss auch CRMPersistence um eine (oder mehrere) Methoden zur Ausführung der Transaktionen erweitert werden:

```
public interface CRMPersistence {
   ...
   Object executeTransaction(CRMTransaction transaction)
      throws CRMException;
}
```

Im Anwendungscode sieht ein Transaktionsaufruf dann so aus:

```
public Set allCustomersFirstCategory() throws CRMException {
   CRMTransaction t = new CRMTransaction() {
      public Object run() throws CRMException {
         Set categories = persistence.allCategories();
         CustomerCategory cat =
            (Customercategory) categories.get(0);
         return persistence.allCustomers(cat);
      }
   };
   return (Set) persistence.executeTransaction(t);
}
```

Die Schwierigkeiten bei der »echten« Implementierung gegen eine Datenbank oder ein anderes Persistenzframework kann je nach Verfügbarkeit von geschachtelten Transaktionen und diversen Transaktionsarten problemlos bis sehr schwierig sein. Die Implementierung in DummyCRMPersistence dagegen gestaltet sich sehr einfach:

```
public Object executeTransaction(CRMTransaction transaction)
   throws CRMException {
   try {
      return transaction.run();
```

```
    } catch (CRMException crmex) {
        throw crmex;
    } catch (Exception ex) {
        throw new CRMException(ex.getMessage());
    }
}
```

Obige Schnittstelle beinhaltet das Commit der Transaktion implizit. Man kann sich jedoch ebenso vorstellen, am Transaktionsobjekt – hier also `CRMTransaction` – ein `commit()`, ein `rollback()` oder gar die Erzeugung von Untertransaktionen anzubieten. Dies ermöglicht eine noch feinere Steuerung des transaktionellen Verhaltens.

Man sollte jedoch nicht vergessen, dass das Sichtbarmachen von Transaktionen den Programmcode des darauf aufbauenden Codes verkompliziert und aufbläht. Dies sollte daher nur geschehen, wenn wir ohne explizite Transaktionen nicht auskommen. Häufig genügt die Erweiterung der Persistenzschnittstelle um wenige Parameter oder Methoden, um diese zusätzliche Komplexität zu vermeiden.

Nachteile expliziter Transaktionen

Ad-hoc-Queries

Zahlreiche Applikationen zeichnen sich dadurch aus, dass SQL-Code, meist spezialisierte und optimierte Queries, über alle Teile des Programms verstreut sind. Motiviert ist diese »Dezentralisierung« häufig durch den Zwang zur Query-Optimierung. Aus Designsicht handelt man sich dadurch jedoch einige Nachteile ein: Zum einen wird so Code der Geschäftslogik von einer bestimmten Technologie (SQL-Datenbank), einer bestimmten Datenbank und einem festgelegten Schema abhängig. Zum anderen wird Code einer eigentlich sehr konkreten Ebene, der Herstellung von Persistenz, auf zahlreiche Klassen, Packages und Schichten verteilt, anstatt ihn an einer Stelle zu konzentrieren.

Die in diesem Kapitel vorgestellte Trennung von Persistenzschnittstelle und Implementierung verhindert zunächst einmal, dass SQL-Anfragen bis in die oberen Schichten gelangen. Dennoch kommt der Entwickler manchmal an einen Punkt, an dem er für jede neue Funktionalität das Persistenzinterface um eine neue Query-Methode erweitern muss. Dies ist der Grund dafür, dass die meisten Persistenzframeworks und auch objektorientierte Datenbanken eine Möglichkeit anbieten, Ad-hoc-Queries an die Datenbank anzubauen.

Notwendigkeit von Ad-hoc-Queries

Wir könnten diesem Druck nachgeben und unser Interface `CRMPersistence` um eine Methode

```
Set executeSqlQuery(String queryString) {}
```

erweitern. Doch damit handeln wir uns die oben genannten Nachteile ein und verbauen uns zudem die Möglichkeit, Clientcode dieser Methode auf einfache Weise zu testen: Im einfachsten Fall müssen wir abgesetzte SQL-Strings auf korrekte Syntax und Semantik überprüfen. Diese Erweiterung sollte daher nur die allerletzte Zuflucht darstellen.

Dedizierte »Query-Language«

Ein besserer und meist ausreichender Weg besteht im Aufbau einer sehr kleinen und auf unsere Anwendung spezialisierten Query-Language. Ein sehr einfaches Beispiel dafür ist die bereits vorhandene Methode `allCustomers(CustomerCategory category)`. Etwas komplexer ist beispielsweise die Übergabe eines Beispielobjekts, dessen gesetzte Attribute als Suchparameter und Wildcards dienen. Diese Anfragesprache können wir nach Bedarf ausbauen, bis hin zu eigenen Klassen für gesuchte Wertebereiche, Und-/Oder-Kombinationen und vieles mehr.

Der Vorteil einer solchen programmeigenen Query-Language besteht nicht nur in der Unabhängigkeit von Persistenzmechanismus und Datenschema, sondern auch in der Repräsentation der Anfragen mit den Mitteln der Programmiersprache. Im Vergleich zu Stringbasierten Sprachen wie SQL verbessert das die Testbarkeit und erlaubt dem Compiler, bereits im Vorfeld zahlreiche Fehler der Anfrageerstellung auszumerzen.

Optimierung aus Performanzgründen

Manchmal existiert die Anforderung, dass Queries aus Performanzgründen für eine bestimmte Datenbank, ein bestimmtes Schema und ein bestimmtes physisches Datenbanklayout optimiert werden. In 99% aller Fälle genügt es, die wenigen geschwindigkeitskritischen Queries in der Persistenzschnittstelle gesondert anzubieten, um sie dadurch getrennt behandeln und optimieren zu können. Die große Menge aller Ad-hoc-Queries wird jedoch weiterhin generisch aus der Anfragesprache erzeugt.

Objektzentrierte Persistenz

Im bisherigen Verlauf des Kapitels haben wir sämtliche Zugriffe auf das persistente Speichermedium über ein Interface (`CRMPersistence`) geleitet. Dieses Vorgehen hat auch Nachteile:

Nachteile einer zentralen Persistenzschnittstelle

■ Das implementierende Objekt muss an alle Objekte, die Persistenzmethoden aufrufen wollen, weitergereicht werden. Dies vergrößert die Anzahl der Methoden- oder Konstruktorparameter.

■ Haben wir es mit einem großen persistenten Domänenmodell zu tun, so übersteigt die Anzahl der im Interface verfügbaren Methoden bald den Grenzwert der Übersichtlichkeit.

Ein Ansatz zur Reduzierung dieser Nachteile ist die Verlagerung eines Teils der Persistenzmethoden zu den Objekten hin: `writeXXX()` und `deleteXXX()` werden zu `write()` und `delete()` in Klasse XXX. Wenn man nun noch `write()` die Fähigkeit mitgibt, neu erzeugte Objekte zu speichern, dann kann auch die `createXXX()`-Methode eingespart werden. Dennoch möchten wir nicht die Unabhängigkeit unserer persistenten Objekte von der Implementierung der Persistenzschnittstelle verlieren. Abbildung 9–2 zeigt eine mögliche Lösung des Problems.

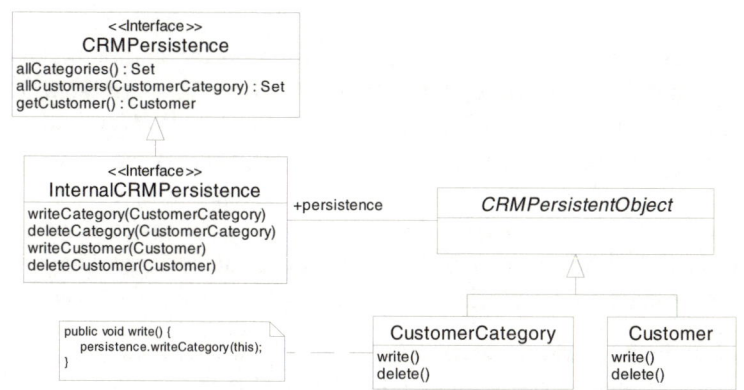

Abb. 9–2

Objektzentrierte Persistenzschnittstelle

Wesentlich für diesen Entwurf sind zwei Punkte:

- Das ursprüngliche interface `CRMPersistence` wird in zwei Interfaces aufgespalten: `CRMPersistence` für den Zugang von außen und `InternalCRMPersistence` für den Zugriff durch die persistenten Objekte selbst.
- Alle selbstständigen persistenten Objekt kennen ihre »interne« Persistenzimplementierung, an die sie die `write()`- und `delete()`-Aufrufe weiterleiten.

Skalierungsprobleme

Eine Einschränkung hat auch dieses Verfahren noch: Das interne Persistenzinterface zeigt manchmal die Tendenz, (zu) groß zu werden. Der nächste Skalierungsschritt besteht in diesem Fall in der Aufspaltung des internen Interfaces – meist ein Interface pro selbstständigem Objekt. Die Aufspaltung des Interfaces zieht sinnvollerweise auch die Aufspaltung der Implementierungsklasse nach sich und führt im Endeffekt zu einem deutlich komplexeren Design.

  Es gilt daher auch hier der Grundsatz, dass die einfachste Lösung, die beste ist. Ein evolutionärer Designer beginnt daher mit einem zentralisierten Persistenzinterface, schwenkt irgendwann auf objektzentrierte Persistenz um und nimmt erst in einem späteren Stadium die Auftrennung des internen Interfaces und der Implementierung vor.

9.4 Testen der »richtigen« Persistenz

Bislang haben wir gesehen, dass es erstrebenswert und möglich ist, die Persistenzschnittstelle von der Abhängigkeit zu einer bestimmten Persistenzimplementierung zu befreien. Damit können wir die Tests für den darauf aufbauenden Code deutlich vereinfachen und beschleunigen.

Nicht entbunden sind wir jedoch von der Verpflichtung, auch die eigentliche Implementierung der Persistenzschnittstelle zu testen. Und damit stoßen wir natürlich wieder auf die gleichen Probleme, welche uns schon die erste naive Version von DailyReportTest (vgl. Seite 162) beschert hat. Mit einem Unterschied: Es genügt nun, dass wir die erwartete Persistenzfunktionalität ein einziges Mal testen, und nicht für alle darüber liegenden Tests immer wieder die gleichen Dinge tun. Testen müssen wir u.a. folgende Dinge:

- Kann ich Objekte erzeugen, modifizieren und löschen?
- Liefern die Query-Methoden das richtige Ergebnis?
- Werden Verletzungen von Domänen-Constraints verhindert?
- Funktioniert das transaktionale Verhalten?

Betrachten wir ein paar Beispiele aus diesem Katalog. Zunächst ein Test für die Erzeugung persistenter Kundenobjekte inklusive des zugehörigen setUp()- und tearDown()-Codes:

Test der Objekterzeugung

```
public class CRMDatabaseTest extends TestCase {
    private CRMDatabase database;
    protected void setUp() throws Exception {
        database = new CRMDatabase("jdbc:odbc:CRM");
    }
    protected void tearDown() throws Exception {
        if (database.isConnected()) {
            Iterator i = database.allCategories().iterator();
            while (i.hasNext()) {
                CustomerCategory each =
                    (CustomerCategory) i.next();
                this.deleteCategoryAndDependentCustomers(each);
            }
            database.shutdown();
        }
    }
}
```

```
private void deleteCategoryAndDependentCustomers(
            CustomerCategory category) throws CRMException {
    Iterator i = database.allCustomers(category).iterator();
    while (i.hasNext()) {
        Customer each = (Customer) i.next();
        database.deleteCustomer(each);
    }
    database.deleteCategory(category);
}
public void testCustomerCreation() throws Exception {
    CustomerCategory cat = database.createCategory("cat");
    Customer customer1 =
        database.createCustomer("customer1", cat);
    Customer retrieved1 =
        database.getCustomer(customer1.getId());
    assertEquals(customer1, retrieved1);
    assertEquals(customer1.getName(), retrieved1.getName());
    assertEquals(customer1.getCategory(),
                retrieved1.getCategory());
    Customer customer2 =
        database.createCustomer("customer2", cat);
    Customer retrieved2 =
        database.getCustomer(customer2.getId());
    assertEquals(customer2, retrieved2);
    Set allCustomers = database.allCustomers(cat);
    assertEquals(2, allCustomers.size());
    assertTrue(allCustomers.contains(customer1));
    assertTrue(allCustomers.contains(customer2));
}
}
```

Voraussetzung für diese Art zu testen, ist eine leere Datenbank – hier eine ODBC-Datenbank. Leer in dem Sinne, dass keine Customer- und CustomerCategory-Objekte im sichtbaren Bereich existieren. Können wir das nicht garantieren, dann wird der Aufwand um einiges größer. Es fällt auf, dass dennoch der tearDown()-Code relativ kompliziert ist, um sicherzustellen, dass keine »Testleichen« zurückbleiben. Schlägt dieser Code auch nur ein einziges Mal fehl, so bedeutet dies häufig, dass manuelle Löschungen in der Datenbank nötig sind, um wieder einen kontrollierten Anfangszustand zu erreichen.

Die Testmethode testCustomerCreation() überrascht dagegen kaum. Sie erzeugt die nötigen Objekte, holt sie wieder aus der Datenbank und überprüft die Attribute. Die Tests zum Löschen und Überschreiben sehen sehr ähnlich aus. Ein weiterer Test – diesmal unter

Weglassung des Set-up und Tear-downs – zum Testen der allCusto-
mers(...)-Query-Methode:

Test einer Query-Methode

```java
public void testAllCustomers() throws Exception {
    CustomerCategory cat1 = database.createCategory("cat1");
    CustomerCategory cat2 = database.createCategory("cat2");
    Customer customer1 =
        database.createCustomer("customer1", cat1);
    Customer customer2 =
        database.createCustomer("customer2", cat2);
    Customer customer3 =
        database.createCustomer("customer3", cat1);
    Set cat1Customers = database.allCustomers(cat1);
    assertEquals(2, cat1Customers.size());
    assertTrue(cat1Customers.contains(customer1));
    assertTrue(cat1Customers.contains(customer3));
    Set cat2Customers = database.allCustomers(cat2);
    assertEquals(1, cat2Customers.size());
    assertTrue(cat2Customers.contains(customer2));
}
```

Nichts Neues, oder? Interessanter sind da schon die Unit Tests zum
Überprüfen korrekter Fehlersignalisierung, wie zum Beispiel beim Versuch, ein noch verwendetes CustomerCategory-Objekt zu löschen:

*Test von Constraint-
Verletzungen*

```java
public void testCategoryDeletionWithCustomerFailure()
    throws Exception {
    CustomerCategory cat = database.createCategory("Category 1");
    Customer cust = database.createCustomer("customer1", cat);
    try {
        database.deleteCategory(cat);
        fail("CRMException expected");
    } catch (CRMException expected) {}
    database.deleteCustomer(cust);
    database.deleteCategory(cat);
}
```

Auch dieser Testfall entspricht dem in Kapitel 4.5 vorgestellten Muster. Zu beachten ist, dass nach dem Auftreten der CRMException das
korrekte Weiterfunktionieren überprüft wird. Als letztes aufgeführtes
Beispiel sollen ein Rollback bei Verwendung von executeTransac-
tion() dienen:

*Test des
Transaktionsinterfaces*

```java
public void testExecuteTransactionRollback() throws Exception {
    CRMTransaction t = new CRMTransaction() {
        public Object run() throws CRMException {
            database.createCategory("cat1");
```

```
                // should fail and rollback:
                database.createCategory("cat1");
                return database.allCategories();
            }
        };
        try {
            database.executeTransaction(t);
            fail("CRMException should have been thrown");
        } catch (CRMException expected) {}
        assertTrue(database.allCategories().isEmpty());
    }
```

Alle gezeigten Tests sind – bis auf die Erzeugung der Datenbankinstanz   *Zusätzliche Tests*
– unabhängig von der Art der zugrunde liegenden Implementierung.
Vorstellbar sind außer einer direkten Anbindung eines RDBMS mittels
JDBC auch die Verwendung von *objektrelationalen Mapping-Tools*,
objektorientierten Datenbanken oder auf Serialisierung beruhenden
Persistenzmechanismen.

Je nach Implementierung sind noch zusätzliche Tests nötig, um
beispielsweise die korrekte Implementierung von *Caching*-Mechanis-
men zu überprüfen. Ebenfalls ist ein gleichzeitiger Zugriff auf die
Datenbank in mehreren Threads noch nicht berücksichtigt. Anregungen für derartige nebenläufige Tests finden sich in Kapitel 10. Eine
vollständige Testsuite für eine einfache und nicht nebenläufige JDBC-
Implementierung der Persistenzschnittstelle kann auf der Website zum
Buch abgerufen werden.

Ansätze für Testdatenkonsistenz

Der in diesem Unterkapitel gewählte Ansatz zur Bereitstellung einer
persistenten Testfixture war einfach: In setUp() bzw. in der jeweiligen
Testmethode wurden persistente Objekte erzeugt, die dann im Test
verändert, gelöscht, zurückgeholt usw. werden. In der tearDown()-
Methode wurde schließlich dafür gesorgt, dass alle erzeugten Objekte
auch wieder gelöscht werden. Dieser Ansatz funktioniert dann gut,
wenn die angesprochene (logische) Datenbank exklusiv für einen Unit
Test zur Verfügung steht. Ist der Ausgangszustand zudem immer eine
leere Datenbank, dann kann das Löschen der Objekte am Ende häufig
durch einige »drop table«- und anschließende »create table«-Auf-
rufe beschleunigt werden.

Anders sieht die Sache aus, wenn es sich um eine Datenbank han-   *Multiuser-Datenbank*
delt, auf die mehrere Entwickler zugreifen – unter Umständen sogar
gleichzeitig. Dann muss man dafür sorgen, dass nach dem Ausführen
eines Tests die Datenbank wieder im gleichen Zustand ist wie zuvor.

Denkbar ist die Erweiterung des gezeigten Ansatzes in diese Richtung, beispielsweise durch die Benutzung vorgegebener IDs für bestimmte Testarten oder das Markieren bestimmter Datensätze als Testdatensätze. All das führt in der Praxis zu unzähligen vernetzten Abhängigkeiten, Abstimmungsschwierigkeiten mit anderen Entwicklern, immer komplexer werdendem Tear-down-Code und ständig inkonsistenten Datenbanken, die von Hand repariert oder komplett neu aufgesetzt werden müssen.

Der 4-Datenbanken-Ansatz

In [URL:Dbunit] werden die dabei auftretenden Schwierigkeiten genauer untersucht und die Verwendung von vier verschiedenen Datenbanken für unterschiedliche Zwecke und Testarten vorgeschlagen:

1. Eine **Produktionsdatenbank**: die echte – keine Tests.
2. Eine **lokale Entwicklungsdatenbank**: lokale Unit Tests ohne vorkonfigurierte Daten.
3. Eine **Entwicklungsdatenbank mit realistischem Datenbestand**: allen Entwicklern gemeinsam zur Durchführung komplexer Testszenarien.
4. Eine **Deployment-Datenbank**: zur Durchführung der Systemtests vor der Auslieferung.

Aufwändig gestaltet sich die Synchronisation der Datenschemata. Für Unit Tests in unserem Sinne dient hier Datenbank Nummer 2; damit ist die Voraussetzung einer dedizierten Datenbank gegeben.

Beschleunigung der Testsuite

Manchmal brauchen die persistenten Testfälle trotz der Reduktion ihrer Zahl immer noch sehr lange. Eine Möglichkeit der Beschleunigung besteht darin, nicht auf einer leeren Datenbank aufzusetzen, sondern auf einem Datenbestand, der für alle persistenten Testfälle vorkonfigurierte Objekte bereithält. In diesem Fall scheitert aber der Versuch, beim `tearDown()` alle veränderten Daten in ihren Ausgangszustand zurückzusetzen, spätestens dann, wenn einzelne Attribute der vorkonfigurierten Datensätze geändert wurden. Zwei Varianten sind dennoch denkbar:

■ Wir umrahmen den Test mittels einer Transaktion, die in `setUp()` begonnen und in `tearDown()` zurückgerollt wird. Dies funktioniert jedoch nur dann,

- wenn unsere Datenbank verschachtelte Transaktionen unterstützt und wir keine Tests durchführen, die ein Commit der äußersten Transaktion erfordern,
- oder wenn wir Tests auf Methoden durchführen, die nicht durch Transaktionen geschützt werden.

Bei optimistischen Locking-Strategien tritt dabei auch das Problem auf, dass unter Umständen das abschließende Transaktions-Commit scheitern kann. Fehler dieser Art werden so nicht entdeckt.

▨ Manchmal kann es schneller sein, den Testanfangszustand aus einem Datenbank-Dump oder mit Hilfe eines SQL-Skripts zu laden als zu Beginn Objekt für Objekt der Fixture zu erzeugen. Aufwändig ist dann jedoch die Anpassung des Skripts bzw. die ständige Neugenerierung des Dumpfiles.

JDBC-Mocks

Was tun wir, wenn auch jetzt noch die persistente Testsuite zu langsam abläuft? »Zu langsam« ist sie dann, wenn wir sie der Warterei wegen seltener ausführen als eigentlich nötig – also nicht *mindestens* vor jeder Integration geänderter Sources ins Gesamtprojekt. Warum nicht auch in diesem Fall Mock-Objekte zu Hilfe rufen?

Mock-Objekte sind naturgemäß implementierungsspezifisch, d.h., wir müssen genau wissen, wie die Klasse CRMPersistence die Persistenz implementiert. Im Beispiel handelt es sich um »direkte« Persistenz: JDBC wird ohne Umweg über ein Persistenzframework angesprochen. Anknüpfungspunkt für den Mock-Ansatz kann daher das Anbieten eines zusätzlichen Konstruktors sein, der anstatt der Datenbank-URL eine Instanz vom Typ java.sql.Connection mitgegeben bekommt:

```
public class CRMDatabase implements CRMPersistence {
    public CRMDatabase(Connection connection)
        throws CRMException {
        ...
    }
    ...
}
```

Das Package java.sql besteht glücklicherweise zum Großteil aus Interfaces, die prinzipiell ohne Schwierigkeiten »gemockt« werden können.

JDBC-Datenbankzugriffe funktionieren nach folgendem Schema: Die Connection-Instanz erzeugt mittels createStatement() ein Statement-Objekt. Dieses wiederum hat einige Methoden, um SQL-Aufrufe abzusetzen, z.B. executeQuery(String sqlQuery), die als Rückgabewert ResultSet-Instanzen liefern. Über eine solche Ergebnismenge kann dann iteriert werden, um die Ergebniszeilen und die einzelnen Spaltenwerte zu ermitteln.

Komplexität des
Mock-Ansatzes

Ein einzelnes MockConnection-Objekt genügt daher für sinnvolles Testen nicht. Diese Connection-Attrappe muss ihrerseits MockStatement-Instanzen erzeugen und diese wiederum MockResultSets. Die Konfiguration einer Mock-Connection gestaltet sich daher alles andere als einfach: Wir müssen festlegen, welche Mock-Statements in welcher Reihenfolge geliefert werden, wann und wie oft ein commit() abgesetzt werden soll usw. Eine ähnliche Komplexität haben wir nochmals für unsere Mock-Statements und Mock-ResultSets. Zudem hat für eine korrekte Implementierung die objektübergreifende Aufrufreihenfolge eine entscheidende Bedeutung; beispielsweise darf eine ResultSet-Instanz nicht mehr verwendet werden, sobald das erzeugende Statement-Objekt mittels close() geschlossen wurde. Folgende Probleme ergeben sich:

■ Die tatsächliche Anzahl und Reihenfolge benötigter Statements, Queries, Commits usw. ändert sich bei einem Refactoring häufig. Der Anpassungsaufwand für Mock-basierte Tests kann aus diesem Grunde sehr hoch werden.

■ Die Funktionalität der notwendigen Mock-Objekte ist nicht mehr trivial und erfordert erheblichen Entwicklungsaufwand.

■ Das Vertrauen, dass wir mit den Mock-Tests die nötige Sicherheit für Refactoring-Schritte haben, ist wegen der komplexen zustandsbasierten Semantik der JDBC-Schnittstelle nur schwer zu erreichen.

■ Dynamisch generierte SQL-Kommandos bedürfen einer zusätzlichen Vailidierung direkt gegen die Datenbank.

Folgerung

Die Verwendung von Mock-Objekten birgt im gegebenen Fall daher zahlreiche Verwicklungsmöglichkeiten, welche den Sinn des Unterfangens stark in Frage stellen. Unser Ziel, die Unit Tests für die Persistenz zu beschleunigen, lässt sich meist auch durch die Verwendung einer In-Memory-Datenbank wie Cloudscape [URL:Cloudscape] erreichen.

Wer dennoch mit Mock-Objekten im JDBC-Umfeld experimentieren möchte, dem sei das Package com.mockobjects.eziba.sql aus [URL:MockObjects] empfohlen, das einem den Aufwand der Mock-Implementierung zu einem wesentlichen Teil abnimmt. Steve Freeman zeigt in [URL:MockJDBC] an einem Beispiel, wie die Mock-Klassen dieses Packages zur Test-First-Entwicklung eines JDBC-Programms verwendet werden können.

Evolution der Persistenztechnologie

Dem aufmerksamen Leser ist vermutlich aufgefallen, dass die Frage   *Muss es SQL sein?*
nach dem Sinn einer SQL-Datenbank bislang nicht gestellt wurde. Und
tatsächlich starten viele Projekte mit der expliziten Vorgabe, dass alle
persistenten Daten in Datenbank XYZ von Hersteller ZYX erfolgen
muss.

Sind wir jedoch selbst Herr über die Auswahl der Technologie, so
wird nur in den seltensten Fällen die Verwendung eines komplexen
kommerziellen Datenbanksystems von Beginn an die einfachste denkbare Lösung darstellen. Halten wir uns streng an die Prinzipien der
Test-First-Entwicklung, dann sieht die Historie des verwendeten Persistenzmechanismus häufig so – oder so ähnlich – aus:

- Die erste Anforderung an Persistenz besteht häufig in einfachen
  Konfigurationsdaten, die sich am leichtesten über Javas Properties-Klasse in eine Datei speichern lassen.
- Zu einem späteren Zeitpunkt stellen wir fest, dass wir den Zustand
  der Applikation als Objektgeflecht speichern wollen. Für diesen
  Zweck ist die Serialisierung in Java bestens geeignet.
- Irgendwann erfordert eine neue User Story (siehe Anhang C: *Glos-
  sar*, Seite 313) häufiges und gezieltes Speichern und Lesen
  bestimmter Objekte. Daher wählen wir eine frei verfügbare und
  administrationsarme SQL-Datenbank und schreiben die wenigen
  Klassen direkt mit JDBC hinein.
- Im weitern Verlauf kommen immer mehr Klassen hinzu, die nach
  Persistierung rufen. Da nun das Mappen der Objekte in Tabellen
  per Hand zu aufwändig wird, sehen wir uns nach einem objektrelationalen Mapping-Werkzeug um.
- Neue Anforderung verlangen nach komplexen Transaktionsverhalten, sehr hohen Durchsatzraten oder absolut sicheren Recovery-
  Fähigkeiten des Systems. Erst jetzt erscheint uns die Anschaffung
  eines teuren und wartungsintensiven Datenbanksystems unter
  Umständen gerechtfertigt.

Denkbar sind selbstverständlich auch Abweichungen von diesem Weg,
wie etwa die Verwendung nativer Java-Datenbanken oder die Wahl
eines kommerziellen OODBMS. Entscheidbar ist das nur in der konkreten Projektsituation. Wichtig ist, dass wir, als Verfechter des Test-
First-Ansatzes, uns nicht davon beirren lassen, dass »man die Verwendung eines RDBMS nunmal nicht in Frage stellt«.

9.5 Interaktion von Persistenzschicht und Client

Wie in den Kapiteln 4.6 und 7.2 dargelegt, genügt es – zumindest aus theoretischer Sicht – nicht, die korrekte Verwendung des Interfaces durch den Client einerseits und die richtige Implementierung des Interfaces andererseits zu testen. Auch das Zusammenspiel »benachbarter« Objekte muss zusätzlich unter die Lupe genommen werden.

Wie viele Interaktionstests sind notwendig?
Benachbart *zur Laufzeit* sind beispielsweise Objekte der Klassen DailyReport und CRMDatabase. Wollten wir jedoch die komplette Interaktion zwischen Report-Instanzen und Datenbank-Instanzen testen, dann wären wir so weit wie zu Beginn dieses Kapitels: Langlaufende Integrationstests mit erschlagender Komplexität bei Set-up und Teardown. Daher ist es sinnvoll, sich auf wenige Interaktionstestfälle zu beschränken, die das prinzipielle Zusammenspiel verifizieren. Meist beschränken wir uns dabei auf lesende Datenbankzugriffe. Hier ein Ausschnitt aus der Interaktions-Testsuite:

```java
public class CRMInteractionTest extends TestCase {
    private static CRMDatabase database = null;
    private static CustomerCategory category;
    private static Customer customer;
    private static Calendar today;
    ...
    private static void createScenario()
        throws CRMException {...}
    private static void deleteScenario()
        throws CRMException {...}
    public void testDailyReport() throws Exception {
        DailyReport report = new DailyReport(database, today);
        List contacts = report.allContactsForCategory(category);
        assertEquals(1, contacts.size());
    }
    public static Test suite() {
        Test test = new junit.extensions.TestSetup(
            new TestSuite(CRMInteractionTest.class)) {
                protected void setUp() throws Exception {
                    System.out.println("test setup: setUp()");
                    createScenario();
                }
                protected void tearDown() throws Exception {
                    System.out.println("test setup: tearDown()");
                    deleteScenario();
                }
            };
        return test;
```

```
        }
    }
```

Die Testklasse zeigt noch eine weitere Möglichkeit, wie manchmal
Tests beschleunigt werden können: In der suite()-Methode wird
unsere eigentliche Testsuite mit einem junit.extensions.TestSetup-
Decorator verpackt. Dieser Decorator ist dafür da, Set-up- und Tear-
down-Funktionalität aufzunehmen, die nur einmal pro Testsuite benötigt wird. In unserem Fall können wir, da wir uns auf lesende Zugriffe
in den Interaktionstests beschränken wollen, das Testszenario vor
Beginn aller Interaktionstests aufbauen und nach Abschluss aller Testfälle ein einziges Mal »niederreißen«.

TestSetup-Decorator

Noch eine wichtige Anmerkung zur Erinnerung: Immer wenn wir
in Testklassen die suite()-Methode implementieren, müssen wir in
der zusammenfassenden Testsuite darauf achten, dass wir sie auch
benutzen – und nicht versehentlich die Default-Implementierung:

Einbindung der Testsuite

```
public class AllTests {
    public static Test suite() {
        TestSuite suite = new TestSuite("All CRM tests");
        ...
        suite.addTest(CRMInteractionTest.suite());
        // statt: suite.addTestSuite(CRMInteractionTest.class);
        return suite;
    }
}
```

9.6   Zusammenfassung

Persistenz spielt bei den meisten Programmen in der einen oder anderen Form eine Rolle. Die Erstellung von Unit Tests für Persistenzmechanismen wird häufig von großen Schwierigkeiten begleitet, da
sowohl Ausführungsgeschwindigkeit als auch die große Anzahl von
Abhängigkeiten den naiven Testansatz schwerverdaulich machen.

Das Verbergen der Persistenzschicht hinter einem abstrakten Interface ermöglicht es, die Tests der darauf aufbauenden Schichten von
einer konkreten Implementierung und damit auch von einer Datenbank zu trennen. Dies vereinfacht die Testfälle spürbar und beschleunigt deren Ausführung meist um Größenordnungen. Die Verwendung
der richtigen Implementierung beschränkt sich auf die Verifikation der
möglichst klein gehaltenen Persistenzschnittstelle. Zudem sollte man
sich auch immer die Frage nach der einfachsten möglichen Persistenztechnologie im konkreten Projektkontext stellen.

Das Testen einer auf JDBC aufbauenden Implementierung mit Mock-Objekten ist möglich, aber im Normalfall zu aufwändig. Einige wenige Interaktionstests zwischen Persistenzmechanismus und darüber liegenden Objekten sind sinnvoll, um eine grundsätzlich funktionierende Kommunikation sicherzustellen.

10 Nebenläufige Programme

Noch vor wenigen Jahren konnte sich die große Mehrheit der Softwareentwickler auf die Probleme konzentrieren, die auftreten, wenn
ein Programm aus der Ausführung eines einzigen sequenziellen
Befehlsstromes besteht. Heutzutage läuft kaum eine Anwendung mehr
rein sequenziell ab; das Schlagwort heißt *nebenläufig* (engl. *concurrent*).

Das Prinzip der Nebenläufigkeit beruht auf der Vorstellung von
gleichzeitig geschehenden Dingen. Diese Gleichzeitigkeit kann rein vir-
tuell sein, wie bei der Ausführung eines Programms auf einem Computer mit einem einzigen Prozessor. Sie kann aber auch tatsächlich vorhanden sein, wenn mehrere Prozessoren oder gar mehrere Computer
beteiligt sind.

Nebenläufigkeit

Man unterscheidet zwischen *Prozessen* und *Threads* (dt. Fäden).
Prozesse sind in den meisten Betriebssystemen völlig voneinander
abgeschottet und müssen über explizite Kommunikationswege (z.B.
Pipes) miteinander kommunizieren. Threads hingegen sind »leichter«:
Sie teilen sich einen Prozess und damit einen Adressraum, haben
jedoch einen eigenen *Programmzähler* (program counter) und einen
eigenen Stack. Damit stellen sie die kleinste Einheit für die Zuteilung
von Rechenzeit (*scheduling*) dar. Dieses Kapitel konzentriert sich auf
Threads, da diese in Java den Standardmechanismus für Nebenläufigkeit darstellen.

Prozess und Thread

Java macht dem Entwickler das Erzeugen und Starten von Threads
leicht. Diese Funktionalität wird in der Klasse `java.util.Thread` zur
Verfügung gestellt. Hinzu kommen die Möglichkeiten, die Java für die
Synchronisation zwischen Threads mit dem Schlüsselwort `synchroni-
zed` und den bei `Object` aufgehängten Methoden `wait()` und `notify()`
bietet. Dieses Kapitel setzt die grundlegende Kenntnis dieser Java-Fea-
tures voraus. Die Basiskonzepte werden in jeder Java-Einführung
behandelt; Detailwissen findet sich beispielsweise in [Hyde99].

Threads in Java

10.1 Probleme bei der Verwendung von Threads

Solange zwei Threads einfach nur nebeneinander herlaufen, bereiten sie uns keinerlei Schwierigkeiten; zumindest nicht mehr als gewöhnliche sequenzielle Programme. Probleme treten genau dann auf, wenn sich mehrere Fäden synchronisieren wollen – um etwa Informationen auszutauschen – oder synchronisieren müssen, weil mehrere von ihnen auf die gleichen Daten, d.h. die gleichen Objekte, zugreifen möchten.

Versteckte Threads
Der (potenziell) gleichzeitige Zugriff durch mehrere Threads ist vielen Entwicklern nicht bewusst. So findet beispielsweise die komplette Eventbearbeitung des AWT in einem eigenen Thread statt. Und auch Servlet-Instanzen müssen mit dem gleichzeitigen Aufruf ihrer service()-Methode durch mehrere Fäden rechnen. Ähnlich leicht wird die Gefahr bei Singletons übersehen, die ursprünglich nicht für einen parallelen Zugriff gedacht waren, dann aber in eine Multithread-Umgebung verpflanzt werde.

Entwurfsziele
Folgende Ziele sind beim Entwurf von Multithread-Anwendungen im Auge zu behalten:

- **Sicherheit** (safety): Der Aufruf einer Methode eines Objekts, das auch in anderen Threads sichtbar ist, behält auch bei (quasi) gleichzeitigem Zugriff durch andere Threads seine Semantik bei und die Konsistenz des Objekts wird dadurch nicht zerstört. Zur Wahrung der Sicherheit ist es nötig, Teile des Codes vor gleichzeitiger Ausführung durch mehrere Threads zu schützen. In Java dient dazu das Schlüsselwort »synchronized«.

- **Lebendigkeit** (liveness): Jeder Thread bekommt ausreichend oft die Gelegenheit, weiterzulaufen. Zwei typische Situationen gefährden die Lebendigkeit von Threads:
  - Im Fall einer **Verklemmung** (deadlock) warten zwei oder mehr Threads gegenseitig auf Ressourcen, die einer der anderen Threads besitzt. Dadurch bleiben alle Fäden stehen.
  - **Starvation** bedeutet, dass ein Thread nicht mehr an die Reihe kommt, um weiterzulaufen. Dies geschieht meist durch fehlerhafte oder falsch angewandte Priorisierungsmechanismen.

Leider gibt es keine universellen Regeln, wie diese Ziele für alle nebenläufigen Programme optimal erreicht werden können. Zahlreiche Fallstricke und Muster zu ihrer Vermeidung finden sich in Doug Leas Standardwerk zur nebenläufigen Programmierung mit Java [Lea00]. Dennoch wünschen wir uns natürlich, die Wahrscheinlichkeit der genannten Probleme durch geeignete Unit Tests minimieren zu können. Neben der »normalen« Funktionalität, sollen daher bei der Thread-Programmierung folgende Dinge zusätzlich getestet werden:

- Ein Thread wird wie erwartet gestartet und beendet.
- Die Synchronisation zweier oder mehrerer Threads findet wie gewünscht statt.
- Die Synchronisation führt nicht zu Verklemmungen.
- Objekte, die in mehreren Threads verwendet werden, sind *Thread-sicher.*

Zusätzliche Testziele

Nichtdeterminismus

Erschwert wird das Testen von Programmen mit mehreren Threads dadurch, dass es in der Praxis unmöglich ist, den exakt gleichen Programmdurchlauf ein zweites Mal durchzuführen. Wann ein bestimmter Thread Prozessorzeit zugeteilt bekommt und wann er wieder angehalten wird, bestimmt der *Scheduler* (dt. Einplaner) des Betriebssystems und die konkrete Thread-Implementierung der verwendeten JVM. Bestimmte Fehlersituationen treten daher nur unter ganz bestimmten – manchmal äußerst seltenen – Umständen auf. Dies bedeutet, dass wir nie sicher sein können, dass ein Fehlverhalten, nur weil es in den letzten Testläufen nicht aufgetreten ist, auch wirklich beseitigt wurde.

Diesem nicht deterministischen Verhalten versucht man beim Testen durch zweierlei Herr zu werden:

Nicht deterministische Teststrategien

- Man lässt bestimmte Testfälle sehr häufig laufen.
- Man versucht durch gezieltes Timing und zusätzliche Synchronisation das Thread-Verhalten *ausreichend deterministisch* zu gestalten.

Beide Techniken werden später noch zum Einsatz kommen.

Zielobjekte

Wie immer konzentrieren wir uns in Unit Tests auf möglichst kleine Einheiten. Dennoch sind die Möglichkeiten, wie Threads mit Objekten umgehen und wie Objekte versuchen, Thread-sicher zu sein, unerschöpflich. In der großen Komplexität finden sich zwei Arten von Objekten immer wieder, auf die wir unsere Testanstrengungen konzentrieren wollen:

- Objekte, die einen *asynchronen Dienst* anbieten. Dies bedeutet, dass ihr eigentliches Verhalten in einem eigenen Thread läuft, während von anderen Threads aus der Dienst angestoßen und abgefragt werden kann (siehe Kapitel 10.2).

▪ Objekte, die selbst eine Synchronisationsfunktion wahrnehmen, um beispielsweise Daten zwischen Threads zu transportieren (siehe Kapitel 10.3).

Natürlich existieren auch Zwitterobjekte, die sowohl asynchrone Dienste anbieten als auch den Anstoß dieser Dienste auf die eine oder andere Weise synchronisieren.

10.2 Testen asynchroner Dienste

Asynchrone Serviceobjekte kommen in zahlreichen Varianten daher: Die einen starten bei ihrer Erzeugung einen einzigen »Arbeitsfaden« (worker thread), der alle Aufträge nacheinander abarbeitet. Die anderen erzeugen für jeden Auftrag einen eigenen Faden. Wieder andere haben einen festen Pool an Threads, die sie abwechselnd zur Lösung der eingehenden Anfragen einsetzen. Ein wichtiges Unterscheidungsmerkmal besteht darin, ob der auslösende Thread sich irgendwann einmal für das Ergebnis des asynchronen Dienstauftrages interessiert oder nicht.

Dienst ohne Ergebnis

Betrachten wir die Test-First-Entwicklung eines Dienstobjektes an einem Beispiel. Am Anfang steht meist ein ganz normaler synchroner Aufruf, wie er von folgendem Test gefordert wird:

```
public class MyServiceTest extends TestCase {
    public void testServiceInvocation() {
        MyService service = new MyService();
        assertTrue(!service.hasFinished());
        service.execute();
        assertTrue(service.hasFinished());
    }
}
```

Motivation für asynchronen Dienst

Im weiteren Verlauf der Implementierung wird die Ausführungszeit der execute()-Methode plötzlich länger, als es manchem Aufrufer lieb ist. Diese Feststellung und das Wissen darüber, dass wir auf kein Ergebnis der Serviceausführung angewiesen sind, lässt die Implementierung und damit auch unsere Tests in Richtung asynchroner Aufruf marschieren. Hier der erste Versuch:

```
public void testServiceInvocation() {
   MyService service = new MyService();
   assertTrue("Not yet started", ! service.hasStarted());
   service.invokeAsynchronously();
   assertTrue("Started", service.hasStarted());
}
```

Mit diesem Test wird nicht wirklich erzwungen, dass der Service asynchron, d.h. in einem anderen Thread, abläuft. Denkbar wäre beispielsweise, auf eine schnelle Rückkehr der invokeAsynchronously()-Methode zu testen. Doch wie schnell genau, wäre schnell genug? Wir sind – mangels stärkerer Sanktionsmöglichkeiten – pragmatisch und betrachten den Namen der Methode als Verpflichtung. Unter dieser Annahme sieht die Implementierung der invokeAsynchronously()-Methode im einfachsten Fall so aus:

```
public class MyService {
   private volatile boolean started = false;
   ...
   public void execute() {
      //service execution
   }
   public void invokeAsynchronously() {
      new Thread() {
         public void run() {
            started = true;
            execute();
         }
      }.start();
   }
   public boolean hasStarted() {
      return started;
   }
}
```

Auf den ersten Blick erscheint alles richtig – der Test läuft fehlerfrei. Lassen wir ihn jedoch sehr oft laufen, färbt sich der Balken des Test-Runners sporadisch rot[1]. Dies liegt an der fälschlichen Annahme, dass unser Service-Thread nach Aufruf von invokeAsynchronously() munter und ohne Verzögerung losmarschiert. In Wirklichkeit ist es nicht vorherzusagen, wann der in invokeAsynchronously() neu erzeugte Thread tatsächlich losläuft, und ob die Zeile

Nicht deterministische Testfailure

---

1. Wie das Verhalten genau ist, hängt vom Betriebssystem, der verwendeten JVM und manchmal auch der Lust und Laune des Compilers ab.

```
started = true;
```

erreicht wird, bevor der Hauptfaden

```
assertTrue("Started", service.hasStarted());
```

ausführt. Um die Wahrscheinlichkeit, dass ein einzelner Test zufällig
funktioniert, zu verringern, manipulieren wir die Testsuite so, dass sie
nicht nur einmal, sondern immer zehnmal abläuft – ein Zugeständnis
an den Nicht-Determinismus:

```
public class MyServiceTest extends TestCase {
    ...
    public static Test suite() {
        TestSuite suite = new TestSuite(MyServiceTest.class);
        return new junit.extensions.RepeatedTest(suite, 10);
    }
}
```

*Wiederholte
Testausführung*
Die Klasse junit.extensions.RepeatedTest ist ein Test-Decorator, der
um jede beliebige Suite und jeden beliebigen Einzeltest herumgebaut
werden kann.

Ein erster Versuch, den Ablauf vorhersagbarer zu gestalten,
besteht im Einfügen einer kurzen Schlafphase im Test-Thread, die
dann der Service-Thread zur Arbeit nutzen kann:

```
public void testServiceInvocation() throws Exception {
    MyService service = new MyService();
    assertTrue("Not yet started", ! service.hasStarted());
    service.invokeAsynchronously();
    Thread.sleep(100);
    assertTrue("Started", service.hasStarted());
}
```

Pseudodeterminismus
Für den vorliegenden Fall ist dieser Weg ausreichend, um eine Art
»Pseudodeterminismus« zu erzeugen. Die Chance, dass die 100 Millisekunden Wartezeit nicht genutzt werden, um den anderen Thread auf
den Weg zu bringen, ist gering.

Wir sollten noch testen, dass ein zweiter Versuch, den Service
nochmals zu starten, fehlschlägt – schließlich sind MyService-Instanzen
nur für einmaligen Gebrauch bestimmt:

```
public void testDoubleInvocation() {
    MyService service = new MyService();
    service.invokeAsynchronously();
    try {
        service.invokeAsynchronously();
        fail("RuntimeException expected");
```

```
        } catch (RuntimeException expected) {}
    }
```

Wieder ein erster Implementierungsversuch, der nicht funktioniert:

```
public void invokeAsynchronously() {
    if (started) {
        throw new RuntimeException("MyService already started");
    }
    new Thread() {
        public void run() {
            started = true;
            execute();
        }
    }.start();
}
```

Auch hier spielt das nicht vorhersehbare Timing der Threads eine Rolle. Der Test zeigt, dass der Service-Thread beim zweiten Aufruf von invokeAsynchronously() noch nicht dazu gekommen ist, started auf true zu setzen. Wir müssen daher eine zusätzliche Variable einführen:

```
public class MyService {
    private boolean invoked = false;
    public void invokeAsynchronously() {
        if (invoked) {
            throw new RuntimeException(
                "MyService already started");
        }
        invoked = true;
        new Thread() {
            public void run() {
                started = true;
                execute();
            }
        }.start();
    }
}
```

An dieser Stelle sollten wir die alten Tugenden nicht vergessen und die allen Testmethoden gemeinsame Fixture nach setUp() auslagern.

Dienst mit Ergebnis

Solange wir mit der Feststellung, dass der Dienst gestartet wurde zufrieden sind, ist unsere Hauptaufgabe erledigt. Häufig jedoch wird der Service zunächst asynchron auf den Weg gebracht, um *zu einem*

Verspätete Antwort

späteren Zeitpunkt das Ergebnis einer langwierigen Berechnung oder eine über langsame Internetleitungen beschaffte Information verwenden zu wollen.

Es gibt zahlreiche Variationen, wie der Service-Thread den anfragenden Thread über das Vorliegen des Ergebnisses unterrichten kann. Doug Lea widmet diesem Thema ein ganzes Kapitel seines Buches[2]. Das Interessante aus unserer Sicht ist, dass der Test eine Zeit lang verharren muss, bevor er mit dem Vorliegen eines Ergebnisses rechnen und dieses auf Richtigkeit überprüfen kann.

Betrachten wir einen asynchronen Summierungsdienst (SumUpService), dessen Ergebnis als String über die Methode get-StringResult() abgefragt werden kann. Solange noch kein Ergebnis vorliegt, liefert diese Methode null zurück. Hier der Test:

```
public void testInvocationWithResult() throws Exception {
    int[] numbers = new int[] {1, 2, 3};
    SumUpService service = new SumUpService(numbers);
    service.invoke();
    Thread.sleep(1000);
    assertEquals("6", service.getStringResult());
}
```

Wieder haben wir ein sleep(...) benutzt, um dem Worker-Thread Gelegenheit zu geben, die Summierung durchzuführen. Dabei stoßen wir jedoch auf das Problem, dass uns nicht bekannt ist, wie lange die Berechnung denn wirklich dauern wird. Wir können zwar (meistens) eine obere Schranke bestimmen, innerhalb derer wir die Beendigung des Dienstes erwarten. Häufig liegt dieser Maximalwert jedoch um einiges über dem Durchschnittswert, was dazu führen kann, dass der Test unter Umständen viel länger läuft, als er eigentlich müsste.

Assert mit Timeout   Die Hilfsklasse RetriedAssert hilft uns aus diesem Dilemma[3]. Sie ermöglicht die wiederholte Überprüfung einer Assert-Bedingung bis zu einer maximalen Wartezeit. Damit verändert sich der Test folgendermaßen:

```
public void testInvocationWithResult() throws Exception {
    int[] numbers = new int[] { 1, 2, 3 };
    final SumUpService service = new SumUpService(numbers);
    service.invoke();
    new utmj.threaded.RetriedAssert(2000, 100) {
        public void run() throws Exception {
```

---

2. [Lea00], Kapitel 4, S. 281 ff.
3. Diese und alle weiteren Hilfsklassen des Kapitels finden sich im Package utmj.threaded, das auf der Website zum Buch verfügbar ist.

```
        assertEquals("6", service.getStringResult());
      }
    }.start();
}
```

Beim Erzeugen der anonymen inneren Instanz wird die maximale Wartezeit – hier 2000 ms – sowie das Abfrageintervall – hier 100 ms – bestimmt. Damit wissen wir, dass unser Test maximal 2 Sekunden auf das Ergebnis wartet, jedoch spätestens 100 ms nach Ende der Berechnung fortfährt. Diese Assert-Methode funktioniert auch für die meisten anderen Verfahren, die ein asynchroner Service zum Melden seines Ergebnisses benutzen kann. Überflüssig ist die RetriedAssert-Klasse, wenn der Dienst selbst eine Möglichkeit anbietet, auf das Ergebnis unter Angabe einer maximalen Timeout-Zeit zu warten.

Erwartete Exceptions in abgespaltenen Threads

Ein weiterer Test soll das Auftreten einer Exception während der Serviceausführung überprüfen. So ist es bekannt, dass die Implementierung von SumUpService nicht mit Zahlen > 1000 zurechtkommt und in diesen Fällen eine IllegalArgumentException *während der Serviceausführung* wirft. Folgender Test soll das überprüfen:

```
public void testInvocationWithIllegalNumber() throws Exception
{
   int[] numbers = new int[] { 1, 1000, 3 };
   final SumUpService service = new SumUpService(numbers);
   try {
      service.invoke();
      fail("IllegalArgumentException expected");
   } catch (IllegalArgumentException expected) {}
}
```

Der Test läuft schief, obwohl die Implementierung von SumUpService etwas anderes vermuten lässt[4] – zumindest auf den allerersten Blick:

```
public class SumUpService {
   ...
   private void sumUp() throws InterruptedException {
      int sum = 0;
      for (int i = 0; i < numbers.length; i++) {
         int each = numbers[i];
         if (each > 1000) {
```

---

4. Die if-Bedingung in sumUp() ist natürlich nur für Demonstrationszwecke eingebaut.

```
        throw new IllegalArgumentException(
            each + " too big");
      }
      sum = sum + each;
    }
    result = Integer.toString(sum);
  }
  public void invoke() {
    new Thread() {
      public void run() {
        try {
          sumUp();
        } catch (InterruptedException ignore) {}
      }
    }.start();
  }
}
```

Exceptions in Unter-
Threads gehen verloren
Bei nochmaligem Nachdenken wird das Problem klar: Die invoke()-
Methode startet lediglich den Dienstfaden; in ihm auftretende Exceptions werden nicht in den ursprünglichen Thread weitergeleitet.

Auch für dieses Problem existiert eine Helferklasse:
utmj.threaded.ExceptionAssert. Diese erlaubt die Überprüfung nicht
abgefangener Runtime-Exceptions – alle anderen müssen schließlich
abgefangen werden – in abgespaltenen Threads. Das Verwendungsmuster der Klasse ist ähnlich wie bei RetriedAssert:

```
public void testInvocationWithIllegalNumber() throws Exception
{
  int[] numbers = new int[] { 1, 1001, 3 };
  final SumUpService service = new SumUpService(numbers);
  new utmj.threaded.ExceptionAssert(
    IllegalArgumentException.class, 2000) {
    public void run() {
      service.invoke();
    }
  }.start();
}
```

Als Konstruktorparameter übergibt man den erwarteten Exception-
Typ und die maximale Wartezeit. Wird diese überschritten, ohne dass
irgendwo die entsprechende Exception aufgetreten ist, schlägt der Test
fehl.

Unerwartete Exceptions

Im vorangegangenen Abschnitt haben wir gelernt, wie erwartete Exceptions in abgespaltenen Threads überprüft werden können. Doch was geschieht mit Runtime-Exceptions, mit denen wir nicht rechnen?

Im »normalen« Betrieb führt jede nicht abgefangene Exception zu einem Test-Error. Meist wünschen wir uns dieses Verhalten auch für Programme mit mehreren Threads. Und auch dafür bietet das utmj.threaded-Package einen entsprechenden Test-Decorator, Multi-ThreadedTest, mit dem wir die entsprechende Testsuite dekorieren können:

```
public class SumUpServiceTest extends TestCase {
    ...
    public static Test suite() {
        TestSuite suite = new TestSuite(SumUpServiceTest.class);
        return new utmj.threaded.MultiThreadedTest(suite);
    }
}
```

Hinter den Kulissen verwenden sowohl ExceptionAssert als auch MultiThreadedTest den gleichen Kniff: Sie erzeugen eine Unterklasse von java.util.ThreadGroup, welche das Handling nicht abgefangener Runtime-Exceptions durch Überschreiben der Methode uncaughtException(Thread t, Throwable e) übernimmt.

10.3   Testen der Synchronisation

Das besondere an den in Kapitel 10.2 getesteten Objekten war, dass sie ihre eigenen Threads erzeugt haben, um bestimmte Dienste im Hintergrund zu erledigen. Anders verhält es sich mit Objekten, die zwar nicht von sich aus Threads erzeugen, deren Methoden aber von unterschiedlichen Threads aus aufgerufen werden können. Solche Objekte müssen *Thread-sicher* gestaltet werden. Vereinfacht ausgedrückt bedeutet Thread-Sicherheit, dass Synchronisationsmechanismen existieren, die verhindern, dass Threads einander in die Quere geraten. Zudem muss sichergestellt werden, dass die Synchronisation nicht zu Verklemmungen oder »verhungernden« Threads (engl. Thread Starvation) führt. Eine weitere Aufgabe der Synchronisation kann darin bestehen, einen Thread so lange warten zu lassen, bis eine bestimmte Bedingung eingetreten ist.

Betrachten wir ein einfaches Beispiel: einen BoundedCounter, also eine Zähler mit Schranken. Der Zähler soll das Hochzählen, Runterzählen und Abfragen einer Zahl vom Typ long erlauben. Zusätzlich

Beispiel BoundedCounter

existieren obere und untere Schranken für das Zählen; ist der Zähler bereits an einer solchen Schranke, dann soll der Thread, der mit seinem Aufruf die Schranke überschreiten würde, solange angehalten werden, bis ein anderer Thread zunächst die gegenläufige Zähloperation durchgeführt hat.[5]

Einfache Testfälle

Versuchen wir uns an einer Test-First-Implementierung dieser Klasse. Zunächst einige »single-threaded« Testfälle:

```
public class SingleThreadBoundedCounterTest extends TestCase {
    private BoundedCounter counter;
    public SingleThreadBoundedCounterTest(String name) {...}
    protected void setUp() {
        counter = new BoundedCounter(0, 3);
    }
    public void testCreation() {
        BoundedCounter counter = new BoundedCounter(0, 3);
        assertEquals(0, counter.getMin());
        assertEquals(3, counter.getMax());
        assertEquals(0, counter.count());
        counter = new BoundedCounter(1, 4);
        assertEquals(1, counter.getMin());
        assertEquals(4, counter.getMax());
        assertEquals(1, counter.count());
    }
    public void testCountUpToMax() {
        counter.increment();
        assertEquals(1, counter.count());
        counter.increment();
        assertEquals(2, counter.count());
        counter.increment();
        assertEquals(3, counter.count());
    }
    public void testCountDownToMin() {
        counter.increment();
        counter.increment();
        counter.increment();
        assertEquals(3, counter.count());
        counter.decrement();
        assertEquals(2, counter.count());
        counter.decrement();
```

---

5. Dieses Beispiel wird auch in [Lea00] häufig verwendet. Eine komplexere Variante davon, die Klasse BoundedBuffer, findet sich im Sourcecode zum Buch.

```
        assertEquals(1, counter.count());
        counter.decrement();
        assertEquals(0, counter.count());
    }
}
```

Zu beachten ist, dass die Testfälle dieser Suite nur bis an die Grenze des Zählbereichs gehen. Jedes weitere Zählen würde schließlich spezifikationsgemäß den zählenden Thread – und damit unseren Test – zum Warten bis in alle Ewigkeit verdammen.

Nebenläufige Testfälle

Die folgenden Testfälle erfordern das Starten und die Koordination mehrerer Threads. Im Gegensatz zu den Serviceobjekten im vorangegangenen Unterkapitel, hat man hier jedoch den Vorteil, dass kein Thread im Hintergrund erzeugt wird. Wir haben alle Fäden selbst in der Hand und damit mehr Kontrolle über unseren Testablauf.

Überlegen wir uns den ersten Testfall: Dieser soll überprüfen, dass ein Thread, der versucht, den Counter über seinen Maximalwert hinaus zu inkrementieren, anhält. Im Prinzip benötigt der Test drei Fäden: Zwei Threads bearbeiten die BoundedCounter-Instanz und ein weiterer überprüft bestimmte Bedingungen und sorgt für die richtige Reihenfolge der Aktionen.

Eine Möglichkeit, um die Reihenfolge von Aktionen in mehreren Threads miteinander zu synchronisieren, ist die Verwendung von entsprechenden Schlafzeiten – Thread.sleep(..) – in diesen Threads. Dieses Verfahren hat jedoch den Nachteil, dass die Berechnung der Schlafzeiten für komplexere Szenarien aufwändig und fehleranfällig wird. Zudem muss man wegen der Unwägbarkeiten des Schedulers und der unbekannten Ausführungszeiten einzelner Kommandofolgen, die Zeiten deutlich länger wählen als eigentlich nötig. *sleep() als Synchronisationsmittel*

Eine elegantere Möglichkeit stellt auch hier die Verwendung »richtiger« Synchronisationsmechanismen dar. Für den Zweck des Testens ist ein einfacher Mechanismus zur Steuerung mehrerer Threads in der Klasse utmj.threaded.ConcurrentTestCase vorhanden. Zur Verdeutlichung betrachten wir den oben formulierten Testfall als Quellcode: *Die Klasse ConcurrentTestCase*

```
import utmj.threaded.*;
public class ConcurrentBoundedCounterTest extends
ConcurrentTestCase {
    public ConcurrentBoundedCounterTest(String name) {...}
    public void testCountBeyondMax() {
        final BoundedCounter counter = new BoundedCounter(0, 2);
```

```
                  Runnable runnable1 = new Runnable() {
                     public void run() {
                        try {
                           counter.increment();
                           counter.increment();
                           checkpoint("before increment");
                           counter.increment(); // should wait
                           checkpoint("after increment");
                        } catch (InterruptedException ignore) {}
                     }
                  };
                  this.addThread("thread1", runnable1);
                  this.startAndJoinThreads(200);
                  assertEquals(2, counter.count());
                  assertTrue("before checkpoint",
                           this.checkpointReached("before increment"));
                  assertTrue("after checkpoint",
                           !this.checkpointReached("after increment"));
                  assertTrue("deadlock", this.deadlockDetected());
               }
            }
```

Wenn man seine Testfälle von ConcurrentTestCase ableitet, hat man die Möglichkeit Test-Threads – unter Vergabe eines Namens und der Implementierung eines Runnable-Objekts – hinzuzufügen. Zum Starten aller Threads existieren diverse Methoden; die hier verwendete Variante startAndJoinThreads(long timeout) wartet maximal timeout Millisekunden auf das Ende aller Threads. Schließlich kann man noch »Checkpoints« passieren – checkpoint(String name) –, testen, dass sie passiert wurden – checkpointReached(String name) –, und überprüfen, ob in einem der Threads ein Deadlock aufgetreten ist, d.h., dass er nicht beendet wurde – deadlockDetected().

Einen Überblick über die in ConcurrentTestCase verfügbaren Methoden gibt die folgende Tabelle:

Methode	Beschreibung
Methoden zur Benutzung im Haupt-Thread:	
protected void addThread(String name, final Runnable runnable)	Füge einen Thread dem Testfall hinzu.
protected void startThreads()	Starte alle Threads des Testfalls.
protected void joinAllThreads(long millisecondsToWait)	Warte (maximal millisecondsToWait) auf das Ende aller Threads.

Methode	Beschreibung
protected void startAndJoinThreads(**long millisecondsToDeadlock)**	Starte alle Threads und warte auf ihr Ende.
public boolean deadlockDetected()	Ermittle, ob mindestens ein Thread nicht innerhalb der Wartezeit eines Joins beendet wurde.
Methoden zur Benutzung in beliebigem Thread:	
public void synchronized checkpoint(**String checkpointName)**	Passiere einen Checkpoint.
public boolean checkpointReached(**String checkpointName)**	Ermittle, ob Checkpoint schon passiert wurde.
public synchronized void waitForCheckpoint(**String checkpointName)**	Warte bis ein Checkpoint in einem anderen Thread passiert wird.
public boolean hasThreadStarted(**String threadName)**	Ermittle, ob ein bestimmter Thread schon gestartet wurde.
public boolean hasThreadFinished(**String threadName)**	Ermittle, ob ein bestimmter Thread schon regulär geendet hat.
public synchronized void waitUntilFinished(**String threadName)**	Warte auf das reguläre Ende eines bestimmten Threads.
public void sleep(long milliseconds)	Schlafe und werfe *keine* `InterruptedException`.

Der zweite Testfall soll verifizieren, dass ein wegen Erreichen des Maximalwertes wartender Thread nach einem decrement() in einem anderen Faden wieder hochzählen kann:

```
public void testThreeUpOneDown() {
    final BoundedCounter counter = new BoundedCounter(0, 2);
    Runnable runnable1 = new Runnable() {
        public void run() {
            try {
                counter.increment();
                counter.increment();
                checkpoint("before increment");
                counter.increment(); // should wait
                checkpoint("after increment");
            } catch (InterruptedException ignore) {}
        }
    };
    Runnable runnable2 = new Runnable() {
        public void run() {
            try {
```

```
            waitForCheckpoint("before increment");
            sleep(50); // (1)
            counter.decrement();
        } catch (InterruptedException ignore) {}
    }
};
this.addThread("thread1", runnable1);
this.addThread("thread2", runnable2);
this.startAndJoinThreads(200);
assertEquals(2, counter.count());
assertTrue("after checkpoint",
                this.checkpointReached("after increment"));
assertTrue("no deadlock", !this.deadlockDetected());
}
```

Im runnable2-Objekt treffen wir auf eine weitere Möglichkeit der Synchronisation: waitForCheckpoint(String name) wartet bis ein anderer Thread einen bestimmten Checkpoint passiert hat. Und dennoch kommen wir um ein sleep(..) auch hier nicht herum. An Stelle (1) in thread2 wissen wir zwar, dass thread1 den Checkpoint hinter sich gelassen hat, wir wollen aber zusätzlich sicher sein, dass er bereits die dritte increment()-Nachricht verschickt hat. Ohne Manipulation der BoundedCounter-Klasse hilft hier nur Pseudodeterminismus mit Hilfe eingefügter sleep-Aufrufe weiter.

Nach dem Hinzufügen zweier entsprechender Testfälle für den Minimalwert sieht die Implementierung von BoundedCounter so aus:

```
public class BoundedCounter {
    ...
    public BoundedCounter(long min, long max) {...}
    public long getMin() {...}
    public long getMax() {...}
    public long count() {return count;}
    public synchronized void increment()
        throws InterruptedException {
        while (count == max) {
            this.wait();
        }
        count++;
        this.notify();
    }
    public synchronized void decrement()
        throws InterruptedException {
        while (count == min) {
            this.wait();
```

```
      }
      count--;
      this.notify();
    }
  }
}
```

Die Klasse scheint funktionsfähig und tatsächlich ist es uns gelungen, mittels Test-First Synchronisations- und Thread-Mechanismen in das Programm einzuschleusen. Doch Vorsicht, einige Fallen lauern noch.

Nicht deterministische Testfälle

Ein geübter Thread-Programmierer erkennt die Schwächen der obigen Implementierung recht schnell: Zum einen kann das notify() in decrement() und increment() Probleme bereiten, wenn mehr als zwei Threads am Werke sind, und sollte in beiden Fällen durch notifyAll() ersetzt werden. Zum anderen sollte die Methode count() synchronisiert werden, da der Zugriff auf eine Variable vom Typ long unter Umständen nicht atomar erfolgt. Ist es nun möglich, Testfälle zu finden, die diese beiden problembehafteten Implementierungen identifizieren?

Stürzen wir uns zunächst auf die notify-Problematik. Damit das Problem sichtbar wird, muss mindestens ein Thread darauf warten, den Zähler erhöhen zu dürfen, und ein anderer darauf, den Zähler erniedrigen zu dürfen. Folgender Test versucht mit zehn gegen einen, diese Situation herbeizuführen:

```
public class NonDeterministicBoundedCounterTest
                        extends ConcurrentTestCase {
  ...
  public void test10Inc1Dec() {
    final BoundedCounter counter = new BoundedCounter(0, 1);
    Runnable incRunnable = new Runnable() {
      public void run() {
        try {
          counter.increment();
        } catch (InterruptedException ignore) {}
      }
    };
    Runnable decRunnable = new Runnable() {
      public void run() {
        try {
          for (int i = 0; i < 10; i++) {
            counter.decrement();
          }
```

```
            } catch (InterruptedException ignore) {}
        }
    };
    this.addThread("dec", decRunnable);
    for (int i = 0; i < 10; i++) {
        this.addThread("inc-" + i, incRunnable);
    }
    this.startThreads();
    this.joinAllThreads(1000);
    assertTrue("deadlock", !this.deadlockDetected());
    assertEquals(0, counter.count());
    }
}
```

Die Ausführung des Testfalls belässt den Balken zunächst grün; erst das wiederholte Klicken auf »Run« führt gelegentlich zu einer Failure: »junit.framework.AssertionFailedError: deadlock«. Was ist geschehen?

Da notify() nur einen einzelnen Thread zum Leben erweckt, kann – je nach Glück und Zustand des Schedulers – ein Thread aufgeweckt werden, für den die Bedingung zum Fortfahren noch nicht erfüllt ist. Der Ausgang des Tests im Einzelfall ist jedoch nicht vorhersagbar. Um mit einer hohen Wahrscheinlichkeit eine Failure hervorzurufen, muss die Testsuite mehrfach ausgeführt werden – in diesem Fall genügen 10 Wiederholungen[6]:

```
public class NonDeterministicBoundedCounterTest
                            extends ConcurrentTestCase {
    ...
    public static Test suite() {
        TestSuite suite = new TestSuite(
                NonDeterministicBoundedCounterTest.class);
        return new junit.extensions.RepeatedTest(suite, 10);
    }
}
```

Nun zwingt uns die konstant fehlerhafte Testsuite zu einer Korrektur der Klasse BoundedCounter:

```
public class BoundedCounter {
    ...
    public synchronized void increment()
        throws InterruptedException {
        while (count == max) {
            this.wait();
```

---

6. Die Zahl kann je nach JVM und Rechnerausstattung stark variieren.

```
        }
        count++;
        this.notifyAll();
    }
    public synchronized void decrement()
        throws InterruptedException {
        while (count == min) {
            this.wait();
        }
        count--;
        this.notifyAll();
    }
}
```

Ein ähnlicher Versuch, die Synchronisation der count()-Methode über einen wiederholt ausgeführten nicht deterministischen Test zu erzwingen, scheitert[7]. Die Gründe dafür können vielfältig sein: Der Zugriff auf eine long-Variable muss laut Java-Spezifikation nicht atomar sein, kann es aber. Vorstellbar ist auch, dass das Problem, je nach Rechnerarchitektur und Betriebssystem, nur bei der Verwendung mehrerer Prozessoren auftritt. Festzuhalten bleibt, dass es den Autoren nicht gelungen ist, einen Test zu schreiben, der auch bei zigtausendfacher Wiederholung zu einem Fehlverhalten der Methode count() geführt hätte[8]. Dennoch würden wohl die meisten Entwickler die folgende Änderung vornehmen:

```
public class BoundedCounter {
    public synchronized long count() {return count;}
}
```

10.4   Zusammenfassung

Dieses Kapitel hat gezeigt, wie der Test-First-Ansatz auch bei der Entwicklung von Programmen mit mehreren Threads zum Einsatz kommen kann. Das normale Verhalten von asynchronen Diensten und Synchronisationsobjekten kann getestet werden, wenn die Entwickler die nötigen Muster kennen. Erleichtert wird diese Testarbeit durch spezialisierte Klassen, wie sie beispielsweise im Package utmj.threaded zu finden sind.

---

7. Der Quellcode der Testmethode testCount() findet sich auf der Website.
8. Vielleicht schafft es ja eine Leserin oder ein Leser?

Das Testen auf nur sporadisch auftretende Probleme – z.B. Verklemmungen und mangelnde Synchronisation – ist hingegen wegen der inhärenten Nicht-Determiniertheit schwierig. Im Einzelfall haben wir es geschafft, einen Testfall zu erstellen, der zur Beseitigung eines fehlerhaften notify-Aufrufs beitrug. Dennoch drängt sich der Verdacht auf, dass dies nur möglich war, weil wir das Problem *zuvor* als Standardfehler identifiziert hatten.

Das Problem dieser Tests ist jedoch nicht, dass sie nicht alle Nebenläufigkeitsfehler aufdecken – welche Tests sind schon unfehlbar? –, sondern, dass sie auf zahlreichen Annahmen beruhen (müssen) und uns unter Umständen eine falsche Sicherheit vorgaukeln, die dann durch eine konkrete JVM-Implementierungsvariante ad absurdum geführt wird.

So bitter es auch für Vollblut-Tester sein mag: Zur Vermeidung von Nebenläufigkeitsfehlern tragen die folgenden Dinge meist mehr bei als aufwändige nicht deterministische Testsuites:

- Das Studium der Literatur zum Thema Nebenläufigkeit und Thread-Programmierung in Java – z.B. [Lea00] und [Hyde99].

- Die Wahl des einfachsten Thread-Modells, das im konkreten Fall genügt. Häufig stellt sich bei näheren Überlegungen heraus, dass Nebenläufigkeit vermieden werden kann.

- Isolation der Nebenläufigkeit und Synchronisation in wenigen Klassen und Methoden sowie intensive Reviews dieser Klassen.

- Die Verwendung von Multithread-Utility-Klassen, z.B. das in [Lea00] vorgestellte Package util.concurrent [URL:UtilConcurrent].

Je nach Anwendung können Synchronisationsprobleme auch in intensiven Lasttests oder mit Thread-Analysewerkzeugen aufgedeckt werden. Einige hierauf spezialisierte Testwerkzeuge werden in [Klein01] beschrieben.

11 Verteilte Anwendungen

Verteilte Systeme gehen noch einen Schritt weiter als nebenläufige Anwendungen: Die einzelnen Komponenten einer Applikation laufen nicht nur gleichzeitig ab, sondern befinden sich an unterschiedlichen Orten. Boger definiert Verteilung folgendermaßen[1]:

> »**Verteilung** ist die logische oder physikalische räumliche Entfernung von Objekten zueinander. Zwei Objekte, die zur gemeinsamen Kommunikation nicht den gewöhnlichen Methodenaufruf verwenden können, sondern Mechanismen der entfernten Kommunikation nutzen müssen, sind zueinander verteilt. Dies ist der Fall, wenn sie sich auf unterschiedlichen Rechnern befinden, [...] doch auch, wenn sie auf demselben Rechner aber in unterschiedlichen Adreßräumen [...] liegen.«

Was ist Verteilung?

Zusätzlich zu den Problemen der Nebenläufigkeit (siehe Kapitel 10) bringen verteilte Systeme weitere Anforderungen und Schwierigkeiten mit sich. Aus Testersicht sind die wichtigsten:

Probleme der Verteilung

- *Auffinden anderer Objekte* im Netzwerk, z.B. durch einen »Naming Service«, der die Registrierung von Objekten unter einem eindeutigen Namen erlaubt. Für das Testen bedeutet dies, dass auch das Verhalten eines Clients bei nicht auffindbarem Serverobjekt berücksichtigt werden muss.
- *Unsicherheit der Kommunikation*: Der Sender einer Nachricht muss damit rechnen, dass beim Senden oder Empfangen einer Nachricht bzw. ihrer Antwort etwas schiefgeht. Konsequenterweise sollte ausgeschlossen werden, dass das sendende Objekt dadurch in einen undefinierten Zustand gerät oder gar eine Verklemmung hervorgerufen wird.

---

1. [Boger99], S. 11

Transparenz der
Verteilung

Theoretisches Ziel ist es, die Verteilung von Objekten möglichst transparent zu gestalten: Tatsächlicher Ort und Aufrufmechanismus des entfernten Objekts sollen für den Aufrufer verborgen bleiben. In der Praxis erfordert Verteilung jedoch die explizite Behandlung potenzieller Kommunikationsprobleme; auch andere Eigenschaften lokaler Systeme (z.B. automatische *Garbage Collection*) stoßen dabei an Grenzen. Echte Transparenz ist daher nur zu erreichen, wenn man auch lokale Objekte wie entfernte Objekte behandelt. Dieser deutliche Mehraufwand wird jedoch in den meisten Fällen als zu großer Ballast empfunden.

Verteilungsmechanismen in Java

Als junge Programmiersprache, die von Beginn an für die Verwendung in vernetzten Umgebungen gedacht war, bietet Java mehrere Möglichkeiten zur Realisierung verteilter Anwendungen. Letztendlich bedeutet Verteilung, dass Bits und Bytes über ein Netzwerk von einem Prozess zu einem anderen geschoben werden. Diese Kommunikation lässt sich jedoch auf unterschiedlichen Abstraktionsebenen durchführen:

- Aus Java-Sicht wird die unterste Eben von **Sockets** (dt. Steckdose) repräsentiert. Diese erlauben die Übertragung von uninterpretierten Datenströmen von einem Rechner zum anderen. Auf diesem Mechanismus bauen alle weiteren auf. Java bietet die nötige Infrastruktur zur direkten Verwendung von Sockets im Package `java.net`.

- Aus Sicht des Programmierers ist eine andere Abstraktion geeigneter: Das Verschicken von Nachrichten an entfernte Objekte. Dieser Mechanismus steht in Java unter dem Namen **RMI** (Remote Method Invocation) im Package `java.rmi` bereit. RMI ist jedoch auf Java beschränkt[2] und erfordert die Kenntnis über den Ort des entfernten Objekts bzw. den Ort der Registry.

- **CORBA** (Common Object Request Broker Architecture) erlaubt die Abstraktion von Objektort und Implementierungssprache. CORBA bietet standardisierte Anbindungen für viele Programmiersprachen und stellt darüber hinaus noch zahlreiche Dienste für Objektverwaltung, Suche, Authentifizierung usw. zur Verfügung.

- In der Java-Welt hat CORBA jedoch deutlich an Bedeutung verloren, seitdem Sun den Java-proprietären Standard **EJB** (Enterprise JavaBean) veröffentlicht hat. Zusätzlich zur bloßen Verteilung

---

2. Zumindest beinahe, da eine RMI-Anbindung für IBMs Visual Age for Smalltalk existiert.

beinhaltet die EJB-Spezifikation auch ein eigenes Komponentenmodell und berücksichtigt noch weitere Aspekte wie Persistenz,
Transaktionen, Sicherheit und Skalierbarkeit.

■ Die **Java Intelligent Networking Infrastructure** (Jini) stellt eine
Infrastruktur zum Anbieten, Registrieren und Auffinden verteilter
Dienste anhand ihrer Spezifikation zur Verfügung [URL:Jini].
Bestandteil von Jini ist **JavaSpaces**, ein Mechanismus, der die Ver-
teilung, Persistierung und Migration von Objekten in einem Netz-
werk ermöglicht (siehe [Boger99]).

RMI und EJBs sind wegen ihrer hohen Abstraktionsstufe und ihrer
Spezialisierung auf Java die interessantesten Vertreter ihrer Zunft.
Daher beleuchten wir im Folgenden näher, wie Unit Testing im RMI-
und EJB-Umfeld aussehen kann.

11.1 RMI

RMI besteht im Grunde genommen nur aus zwei Teilen: Einem Interface, mit dem ein entferntes Objekt angesprochen werden soll, und
einer Implementierung dieses Interfaces. Zum Deployment dieser Implementierung stellt das JDK zusätzlich noch ein paar Hilfsklassen, ein
Tool zum Erzeugen der lokalen *Stub-Objekte* (rmic) sowie einen
Name-Service zum Registrieren der Objekte (rmiregistry) zur Verfügung. Grundlegende Kenntnisse von RMI werden vorausgesetzt und
können beispielsweise in [Darwin01] nachgelesen werden.

Im Folgenden soll die Test-First-Entwicklung eines einfachen RMI-
Servers und des dazugehörenden Clients gezeigt werden.

Der Server

Das Interface unseres Beispielservers ist denkbar einfach:

```
public interface MyRemoteServer {
    String callService();
}
```

Zunächst läuft alles noch lokal ab und wir schreiben den ersten Test
daher noch ohne Antizipation eines entfernten Aufrufs:

```
public class MyRemoteServerTest extends TestCase {
    public MyRemoteServerTest(String name) {...}
    public void testCallService() {
        MyRemoteServer server = new MyRemoteServerImpl();
        assertEquals("OK", server.callService());
```

```
    }
}
```

Interface statt statischer Methoden

Die nächsten Schritte versuchen, einen sanften Übergang zum verteilten System voranzutreiben. Zunächst nehmen wir uns einer der Testbarkeitsschwächen von RMI, der statischen Naming-Schnittstelle, an. Wir lagern den für uns interessanten Teil der Schnittstelle von java.rmi.Naming in ein Interface aus:

```
import java.rmi.*;
import java.net.*;
public interface MyNaming {
    void rebind(String name, Remote obj)
        throws RemoteException, MalformedURLException;
    void unbind(String name) throws RemoteException,
        NotBoundException, MalformedURLException;
}
```

und bieten dafür zunächst eine Mock-Implementierung an[3]:

```
import java.rmi.*;
public class MockNaming implements MyNaming {
    public void rebind(String name, Remote obj) {...}
    public void unbind(String name) {...}
    public void expectRebind(String name, Class remoteType) {...}
    public void expectUnbind(String name) {...}
    public void verify() {...}
}
```

Zurück zum Server. Um den Server auch aus der Entfernung ansprechen zu können, müssen wir zunächst seine Schnittstelle den RMI-Gepflogenheiten entsprechend anpassen und einen Namen für das RMI-Binding festlegen:

```
import java.rmi.*;
public interface MyRemoteServer extends Remote {
    String LOOKUP_NAME = "MyRemoteServer";
    String callService() throws RemoteException;
}
```

Nun kann auch die Testmethode – unter Berücksichtigung des neuen Interfaces MyNaming – umgebaut werden. Dabei müssen wir auch bedenken, dass wir zum Starten des Servers eine statische Methode bemühen sollten; hier nennen wir sie createServer():

---

3. Die ausgeführte Implementierung ist wie gewohnt auf der Buch-Website verfügbar.

```
public void testCallService() throws Exception {
   MockNaming mockNaming = new MockNaming();
   MyRemoteServer server =
      MyRemoteServerImpl.createServer(mockNaming);
   assertEquals("OK", server.callService());
   mockNaming.verify();
}
```

Bisher wird das Naming-Objekt lediglich als Parameter übergeben, aber noch nicht verwendet. Ergänzen wir daher den Test:

```
public void testCallService() throws Exception {
   MockNaming mockNaming = new MockNaming();
   mockNaming.expectRebind(
      MyRemoteServer.LOOKUP_NAME, MyRemoteServerImpl.class);
   MyRemoteServer server =
      MyRemoteServerImpl.createServer(mockNaming);
   assertEquals("OK", server.callService());
   mockNaming.verify();
}
```

Fügen wir nun einen Test hinzu, der das korrekte Freigeben des Servers testet, und führen dabei auch gleich ein Refactoring durch:

```
public class MyRemoteServerTest extends TestCase {
   private MyRemoteServer server;
   private MockNaming mockNaming;
   public MyRemoteServerTest(String name) {...}
   protected void setUp() throws Exception {
      mockNaming = new MockNaming();
   }
   public void testCallService() throws Exception {
      mockNaming.expectRebind(
         MyRemoteServer.LOOKUP_NAME, MyRemoteServerImpl.class);
      server = MyRemoteServerImpl.createServer(mockNaming);
      assertEquals("OK", server.callService());
      mockNaming.verify();
   }
   public void testReleaseService() throws Exception {
      mockNaming.expectRebind(
         MyRemoteServer.LOOKUP_NAME, MyRemoteServerImpl.class);
      mockNaming.expectUnbind(MyRemoteServer.LOOKUP_NAME);
      server = MyRemoteServerImpl.createServer(mockNaming);
      ((MyRemoteServerImpl) server).release();
      mockNaming.verify();
   }
}
```

Was nun noch fehlt, ist ein Test mit echtem RMI. Dazu benötigen wir zunächst die MyNaming-Implementierung unter Verwendung von java.rmi.Naming:

```java
import java.rmi.*;
import java.net.*;
public class RMINaming implements MyNaming {
   public void rebind(String name, Remote obj)
      throws RemoteException, MalformedURLException {
      Naming.rebind(name, obj);
   }
   public void unbind(String name) throws RemoteException,
      NotBoundException, MalformedURLException {
      Naming.unbind(name);
   }
}
```

Und nun der Testfall für die Verwendung von RMI:

```java
public void testRealService() throws Exception {
   RMINaming naming = new RMINaming();
   server = MyRemoteServerImpl.createServer(naming);
   MyRemoteServer client =
    (MyRemoteServer) Naming.lookup(MyRemoteServer.LOOKUP_NAME);
   assertEquals("OK", client.callService());
   ((MyRemoteServerImpl) server).release();
}
```

Aus den drei implementierten Testfällen ist jetzt folgende Implementierung entstanden:

```java
import java.net.*;
import java.rmi.*;
import java.rmi.server.*;
public class MyRemoteServerImpl extends UnicastRemoteObject
implements MyRemoteServer {
   private MyNaming naming;
   private MyRemoteServerImpl(MyNaming naming)
      throws RemoteException {
      super();
      this.naming = naming;
   }
   public String callService() {
      return "OK";
   }
   public static MyRemoteServer createServer(MyNaming naming)
      throws RemoteException, MalformedURLException {
```

```
        MyRemoteServer server = new MyRemoteServerImpl(naming);
        naming.rebind(LOOKUP_NAME, server);
        return server;
    }
    public void release() throws RemoteException,
        NotBoundException, MalformedURLException {
        naming.unbind(LOOKUP_NAME);
    }
}
```

Um der Testsuite eine Chance zu geben, muss sowohl der entsprechende Stub für MyRemoteServerImpl erzeugt worden sein (z.B. mit Hilfe von rmic) als auch die RMI-Registry laufen – z.B. durch einen Kommandozeilenstart mit »rmiregistry«. Für den bis hierher gekommenen Leser ist es auch leicht vorstellbar, wie MockNaming erweitert werden kann, um das erwartete Verhalten der createServer()-Methode im Fehlerfalle zu überprüfen.

RMI-Deployment

Der Client

Beim Testen des »entfernten Klienten« fallen zwei Teilaufgaben an:

▪ Wir testen, dass der Client den Naming-Dienst zum Auffinden der entfernten Serverinstanz korrekt verwendet.

▪ Testen der korrekten Verwendung des entfernten Serverobjekts. Dies unterscheidet sich nicht vom Vorgehen bei lokalen Objekten.

Für die erste Aufgabe erweitern wir die oben eingeführte Schnittstelle MyNaming um eine lookup()-Methode:

```
import java.rmi.*;
import java.net.*;
public interface MyNaming {
    ...
    Remote lookup(String name) throws NotBoundException,
        MalformedURLException, RemoteException;
}
```

Entsprechend wird auch MockNaming ergänzt:

```
import java.rmi.*;
public class MockNaming implements MyNaming {
    ...
    public void expectLookup(String name, Remote lookup) {...}
    public Remote lookup(String name) {...}
}
```

Mit dieser erweiterten Ausrüstung kann nun der erste Test für den Client angegangen werden:

```
public class MyRemoteClientTest extends TestCase {
    public MyRemoteClientTest(String name) {...}
    public void testLookup() throws Exception {
        MyRemoteServer remote = new MyRemoteServer() {
            public String callService() {
                return "";
            }
        };
        MockNaming namingClient = new MockNaming();
        namingClient.expectLookup(
            MyRemoteServer.LOOKUP_NAME, remote);
        MyRemoteClient client = new MyRemoteClient(namingClient);
        namingClient.verify();
    }
}
```

Als stellvertretendes Stub-Objekt benutzt der Test eine anonyme Instanz des MyRemoteServer-Interfaces. Diese Technik kann auch beim Testen des eigentlichen Klientenverhaltens benutzt werden. Hier als Beispiel der Test einer einfachen callTwice()-Methode inklusive Refactoring der Testklasse:

```
public class MyRemoteClientTest extends TestCase {
    private MockNaming naming;
    public MyRemoteClientTest(String name) {...}
    protected void setUp() {
        naming = new MockNaming();
    }
    public void testLookup() throws Exception {...}
    public void testCallTwice() throws Exception {
        MyRemoteServer remote1 = this.createRemoteServer("Test");
        naming.expectLookup(MyRemoteServer.LOOKUP_NAME, remote1);
        MyRemoteClient client1 = new MyRemoteClient(naming);
        assertEquals("TestTest", client1.callTwice());
        MyRemoteServer remote2 = this.createRemoteServer("Xyz");
        naming.expectLookup(MyRemoteServer.LOOKUP_NAME, remote2);
        MyRemoteClient client2 = new MyRemoteClient(naming);
        assertEquals("XyzXyz", client2.callTwice());
    }
    private MyRemoteServer createRemoteServer(
                            final String returnString) {
        return new MyRemoteServer() {
            public String callService() {
```

```
        return returnString;
      }
    };
  }
}
```

Die Verwendung zweier unterschiedlicher Server erfolgt, um eine Trivialimplementierung der Clientklasse zu verhindern. Als Alternative zu den anonymen inneren Instanzen kommt natürlich auch eine Mock-Implementierung für MyRemoteServer in Frage. Eine solche Mock-Klasse kann ihre Stärken besonders erfolgreich ausspielen, wenn wir auch das Error-Handling testen bzw. das Interface erweitern wollen.

Weitere Tests müssen sich mit dem Verhalten des Clients bei Verteilungsproblemen beschäftigen. Ein Beispiel sei hier aufgeführt, nämlich die Reaktion des Clients, falls das Serverobjekt nicht registriert ist: *Test des Error-Handlings*

```
public void testFailingLookup() throws Exception {
  naming.expectLookupThrowException(
  MyRemoteServer.LOOKUP_NAME, new NotBoundException("test"));
  try {
    MyRemoteClient client = new MyRemoteClient(naming);
    fail("NotBoundException expected");
  } catch (NotBoundException expected) {}
}
```

Angenommen wurde hier das einfachst mögliche Error-Handling: Die NotBoundException wird an den Aufrufer durchgereicht. Für diesen Testfall musste die Klasse MockNaming um die Methode expectLookupThrowException(...) erweitert werden. Auf ähnliche Weise kann auch das Verhalten des Clients bei einer Verbindungsunterbrechung überprüft werden. Dazu muss die Server-Attrappe bei Aufruf von callService() eine RemoteException werfen.

Zu guter Letzt wollen wir den Client in seinem Zusammenspiel mit einem richtigen Serverobjekt überprüfen: *Test mit echtem Server*

```
public void testWithRealServer() throws Exception {
  MyNaming naming = new RMINaming();
  MyRemoteServer server =
    MyRemoteServerImpl.createServer(naming);
  MyRemoteClient client = new MyRemoteClient(naming);
  assertEquals("OKOK", client.callTwice());
  ((MyRemoteServerImpl) server).release();
}
```

Wie auch bei der Server-Testsuite erfordert dieser Testfall, dass sowohl die Stubs für `MyRemoteServer` erzeugt wurden als auch dass eine gestartete RMI-Registry zur Verfügung steht.

Zusammenfassung

Wir sollten uns nochmals klar machen, was wir mit den obigen Testfällen tatsächlich sicherstellen konnten. Folgende Aspekte werden überprüft:

▨ die Implementierung der `callService()`-Methode in `MyRemoteServerImpl`

▨ die Implementierung von `callTwice()` in `MyRemoteClient`

▨ die korrekte Registrierung und Freigabe von `MyRemoteServerImpl`-Instanzen an der RMI-Registry

▨ die korrekte Verwendung von `lookup()` in `MyRemoteClient`

▨ die prinzipielle Fähigkeit der `MyRemoteServerImpl`-Klasse, über RMI angesprochen zu werden

▨ die prinzipielle Fähigkeit von `MyRemoteClient`-Instanzen, mit RMI-Stubs zusammenzuarbeiten

Probleme beim Deployment

Die Tests decken jedoch *nicht die Probleme beim Deployment* im Netz ab: Verfügbarkeit der Registry, Vermeidung von Namenskonflikten, Setzen des richtigen Security-Managers, Veröffentlichung der Stub-Klassen im Web und und und. Diese Dinge sollten im Rahmen der Akzeptanztests bzw. spezialisierter Deployment-Tests überprüft werden. Für Unit Tests genügt der RMI-Aufruf innerhalb derselben JVM.

Nebenläufigkeitsprobleme

Das Beispiel berücksichtigt auch keine Testfälle, die sich mit der potenziellen Nebenläufigkeit entfernter Methodenaufrufe beschäftigen. Dieser Aspekt entspricht jedoch im Wesentlichen der Nebenläufigkeit lokaler Multithread-Applikationen (siehe Kapitel 10). Das resultiert daher, dass sich die konkrete Synchronisation zwischen Client und Server-Stub bzw. zwischen Client-Skeleton und Serverimplementierung abspielt, die sich jeweils im selben Adressraum befinden.

11.2   Enterprise JavaBeans

EJBs sind Java-Komponenten, die in einem *EJB-Container* ablaufen. Dieser Container ist verantwortlich für den Lebenszyklus der Komponenten, das Transaktionsverhalten, die Persistenz, Lastverteilung und Security. Eine Einführung in die Programmierung mit EJBs bietet beispielsweise [Monson00].

Test-First-Entwicklung in Mikro-Iterationen funktioniert am besten, wenn die Unit Tests isoliert und schnell ablaufen. Wie jedoch soll man alle zehn Minuten die Testsuite ausführen, wenn allein das Deployment einer EJB-Komponente mehrere Minuten dauert? Und wie soll man den Test einer Komponente isolieren, wenn das Verhalten dieser Komponente von spezifischen Konfigurationen im *Deployment-Deskriptor* abhängt? Die Problematik des EJB-Testens ist ähnlich der beim Testen persistenter Objekte (vgl. Kapitel 9) – nur noch um eine Größenordnung schlimmer. Wir finden sowohl stark zustandsabhängiges Verhalten als auch unentwirrbare Abhängigkeiten von der Konfiguration des verwendeten Applikationsservers und (zu) lange Zeiten für das Deployment der Komponenten.

Problematik des Testens von EJBs

Wenn man all dies berücksichtigt, überrascht es nicht, dass der Versuch, einen EJB-Container – bzw. seine Schnittstellen – für das Unit Testing durch Dummy- oder Mock-Objekte zu ersetzen, zum Scheitern verurteilt ist[4]. Das Verhalten eines Containers hat auf so viele Aspekte Auswirkungen, dass der Aufwand für die Entwicklung geeigneter Attrappen der Entwicklung eines echten Containers sehr nahe kommt. Zudem hat der Deployment-Deskriptor einer EJB einen wesentlichen Einfluss auf ihr Verhalten. Man müsste daher auch das Deployment simulieren.

Mock-Ansatz für EJBs?

Es drängt sich daher die Erkenntnis auf, dass EJBs sinnvollerweise nur im Kontext eines EJB-Containers, d.h. eines Applikationsservers, getestet werden können. Wer in diesem Kapitel die einfache Lösung für schnelle und isolierte EJB-Unit-Tests erhofft hat, muss daher enttäuscht werden.

Alles nur Fassade

Noch ist nicht alles verloren. Man kann zumindest die Anzahl der notwendigen Containertests auf ein Minimum reduzieren, indem man die eigentliche Applikationslogik nicht direkt in EJBs implementiert, sondern in einer darunter liegenden Schicht. Die Beans dienen dann nur als *Facade* – gemeint ist das Entwurfsmuster aus [Gamma95] – zur eigentlichen Geschäftslogik.

Gestaltet man die Enterprise-Beans als ein direktes Abbild der Geschäftsobjekte – was nicht immer möglich ist –, dann existiert die Option, EJBs aus den Geschäftsobjekten generieren zu lassen. In diesem Fall muss »nur« der Generator getestet werden, die Beans selbst

Generierte EJBs

---

4. Von fehlgeschlagenen Versuchen wird in [URL:YahooJUnit] immer wieder berichtet.

jedoch nicht. Ob die Programmierung des Generators die einfachste Lösung darstellt, hängt von der Anzahl der zu erzeugenden EJBs ab.

The Box Metaphor   In [Peeters01] wird dieser Ansatz genauer vorgestellt. »The Box Metaphor« beschreibt eine Menge von Regeln, wie EJBs als reine Technologierepräsentanten vom Kern der Applikation getrennt werden können. Dabei besteht jede Box aus einem vertikalen Querschnitt durch die eigentliche Geschäftslogik. Nach außen zeigt sich die Box nur durch die Schnittstelle einer Facade. Diese Schnittstelle muss von der verwendeten Technologie – in unserem Fall der EJB-Container – vollständig abstrahieren. Die EJBs selbst stellen die Implementierung der Facade dar und sind sehr einfach, da sie in der Regel ausschließlich weiterdelegieren. Falls Abhängigkeiten zu Entity-Beans bestehen, können diese für die Tests meist mit wenig Aufwand durch Dummy-Implementierungen ersetzt werden, da es sich um bloße Datenhalter handelt[5].

Bipolare EJBs   Eine Erweiterung des Ansatzes besteht in der Implementierung *bipolarer* Enterprise JavaBeans [Peeters01]. Ein bipolares EJB ist ein EJB, das als normales EJB oder als lokales Objekt instanziert werden kann. »Klienten« der Facade müssen nicht wissen, ob eine Instanz lokal oder im Container lebt. Erreicht wird dies, indem man das *Remote Interface* des EJB als Erweiterung des Facade-Interfaces definiert. Zur Laufzeit entscheidet ein Factory-Objekt, welche EJB-Ausprägung – lokal oder remote – produziert wird. Auch hier kann ein Generator den Aufwand für die Programmierung der beiden EJB-Ausprägungen eventuell deutlich reduzieren. In eine ähnliche Richtung gehen auch die *Local Interfaces*, wie sie in der EJB-2.0-Spezifikation [URL:EJB] definiert sind[6].

Testen im Container

In [Nygard00] beschreiben Nygard und Karsjens, wie EJBs im Container getestet werden können. Sie empfehlen die Erzeugung des `Initial-Context`-Objekts und der verwendeten Home-Instanzen in der `setUp()`-Methode. Die Instanzierung der Beans findet nicht mehr im Test selbst, sondern in eigenen Factory-Methoden statt. Schematisch kann eine EJB-Testklasse daher so aussehen:

---

5.   Falls man sich an SUNs J2EE-Anwendungsregeln hält.
6.   Zum Zeitpunkt der Entstehung dieses Kapitels ist die EJB-2.0-Spezifikation erst kurzzeitig als »Final Release« verfügbar und noch in keinem Applikationsserver und Entwicklungstool vollständig implementiert.

```
public class MyEjbTest extends Testcase {
    private MyEjbHome home;
    protected void setUp() throws Exception {
        Context initial = new Initialcontext();
        Object homeRef = initial.lookup("MyEjb");
        home = (MyEjbHome) PortableRemoteObject.narrow(
            homeRef, MyEjbHome.class);
    }
    private MyEjb createMyEjb(String par) throws RemoteException{
        return home.create(par);
    }
    public void testXXXX() throws Exception {
        MyEjb ejb = this.createMyEjb("test");
        // testing code
    }
}
```

Manchmal benötigen Testfälle die Umgebung des Applikationsservers. In diesen Fällen kann das Testen nicht von einem entfernten Client aus durchgeführt werden, sondern muss innerhalb des Servers geschehen. In [Nygard00] wird dazu ein Test-Runner-Servlet vorgestellt, das seinerseits auf dem Applikationsserver läuft und die Ausführung beliebiger Testsuiten im Server anstoßen kann[7]. Eine Alternative dazu ist die Verwendung von Cactus [URL:Cactus], das gleichfalls die Ausführung von Unit Tests auf einem Applikationsserver ermöglicht. Cactus werden wir im Kontext von Web-Applikationen in Kapitel 12 näher kennen lernen.

Testen im Serverkontext

Da die oben besprochenen Probleme die Ausführung von EJB-Tests zu einem zeitraubenden Unterfangen machen, bietet es sich an, diese Tests überwiegend zur Build-Zeit eines Projektes durchzuführen. Zudem wäre es dann auch wünschenswert, das Deployment der EJBs nicht nur auf einem einzelnen Applikationsserver durchzuführen, sondern das Zusammenspiel der EJBs mit allen Zielservern zu überprüfen. In [Schmid01] wird gezeigt, wie diese Aufgabe mit einer Kombination aus JUnit und Ant – ein in Java geschriebenes Make-Tool [URL:Ant] – gelöst werden kann.

EJB-Testen während des Build-Prozesses

EJBs und einfaches Design

EJBs sind »hip«. Nicht ungewöhnlich für heutige Softwareprojekte ist es, wenn die einzige konkrete Vorstellung eines Auftraggebers von der zu schaffenden Software ist, dass unbedingt EJBs verwendet werden

---

7. Dies entspricht auch dem von JUnitEE gewählten Vorgehen [URL:JUnitEE].

müssen. Fällt dieser strategische Grund jedoch weg, dann lohnt es sich, die Notwendigkeit einer so schweren Technologie wie Enterprise Java-Beans zu überdenken.

EJBs und »So einfach wie möglich«

Aus Sicht einer evolutionären Entwicklungs- und Designstrategie ist die Festlegung auf EJBs bei Beginn eines Projektes nur selten zu rechtfertigen. Vera Peeters [Peeters01] schreibt:

> »Using EJB is definitely not the simplest thing to do. So how do EJBs fit with [...] the "Do The Simplest Thing That Could Possibly Work" principle? Well, to be honest, I think they don't. If you start developing a new system, chances aren't very high that you have a good reason to start using EJBs.«

Nach einigen Iterationszyklen ist es durchaus möglich, dass einige der komplexen Eigenschaften, die EJBs mitbringen, benötigt werden[8]. Bis das jedoch feststeht, sollte sich das Entwicklungsteam die Strapazen des Deployments, die zusätzliche Komplexität und die unvermeidlichen Testkomplikationen ersparen. Entwurfsprinzipien wie die oben vorgestellte »Box Metaphor« erleichtern es zudem, die konkrete Technologie auch nachträglich als eigene Schicht einzubauen. Dieses Vorgehen empfehlen die Autoren auch für die Einführung aller anderen Technologien und Frameworks, deren konkreter Nutzen nicht von Projektbeginn an gegeben ist.

Eine weitere Möglichkeit, wie EJBs in eine Test-First-Entwicklung geraten können, ist die Verwendung bereits existierenden Codes. Doch auch hier ermöglicht das Herauslösen der Technologie unter Umständen eine Migration weg von EJB und hin zu einfacheren Mitteln.

11.3 Zusammenfassung

Das vorliegende Kapitel befasste sich mit dem Einsatz von Unit Tests bei der Entwicklung verteilter Systeme. Die Problematik verteilter Systeme liegt aus Testerperspektive zum wesentlichen Teil beim Auffinden der entfernten Objekte sowie beim richtigen Umgang mit Verbindungsfehlern. RMI und EJB wurden als die zurzeit gängigsten Java-Verteilungsmechanismen näher betrachtet.

Im Fall von RMI ist eine durchgängige Test-First-Entwicklung unter Einsatz von Mock-Objekten möglich. Dabei sind jedoch die Probleme des Deployments in lokalen Unit Tests kaum abzudecken und müssen in zusätzlichen Deployment-Tests behandelt werden.

---

8. In [Maier01] wird eine Abwägung der einzelnen EJB-Features gegen tatsächliche Projektanforderungen durchgeführt.

Die Verwendung von EJB erzwingt das Testen der eigentlichen Beans im EJB-Container. Dieses Vorgehen verlangsamt durch den zwischengeschalteten Deployment-Vorgang den Testzyklus jedoch deutlich. Reduzieren lässt sich das Problem durch Auslagerung der Geschäftslogik in eine eigene Schicht. Darüber hinaus sollte die Einführung der Technologie erst dann erfolgen, wenn der unmittelbare Bedarf im konkreten Fall gegeben ist.

12 Web-Applikationen

Das World Wide Web kann als die größte verteilte Anwendung der Welt betrachtet werden. Jedoch ist der Zugriff auf die zahllosen Komponenten – sprich: Websites – meist nur über nicht normierte und unflexible HTML-Schnittstellen möglich. Diese Schnittstellen sind für einen menschlichen Anwender zwar relativ leicht zu bedienen, für den Zusammenbau komplexerer Anwendungen jedoch denkbar ungeeignet. Einer der derzeitigen Trends sind daher so genannte *Web-Services*. Ziel ist es, eine einheitliche Infrastruktur für die Beschreibung und Registrierung von webbasierten Diensten sowie den Zugriff auf diese Komponenten zu etablieren.

Bislang jedoch ist die Herausforderung bei der Entwicklung einer Web-Applikation noch der Bau und die Integration lokaler Komponenten – »lokal« hier im Sinne von »zu einem Web-Anbieter gehörend«. Es existieren mittlerweile zahlreiche Frameworks und Bibliotheken, die dem Java-Programmierer die Entwicklung von Web-Applikationen erleichtern sollen. Beispielsweise versammeln sich im Apache-Großprojekt Jakarta [URL:Jakarta] mehrere kleine Projekte, welche die verschiedensten Aspekte der Web-Programmierung berücksichtigen. Die technische Basis aller unterschiedlichen Anstrengungen stellen jedoch stets *Servlets* und meist auch *Java Server Pages* (JSP) dar. Eine Einführung in diese Technologien findet der Leser z.B. in [Hunter01] und [Turau00]. *(Web-Applikationen mit Java)*

Die Tatsache, dass auch Servlets – ähnlich wie EJBs – den Kontext eines Servers benötigen, macht das Testen auf Unit-Ebene aufwändig. Glücklicherweise ist die Servlet-API jedoch um einiges transparenter und besser isolierbar. Wir werden uns in diesem Kapitel dem Testen diesmal »von hinten« nähern: Zunächst betrachten wir funktionale Tests, um im nächsten Schritt auf Interaktionstests einzugehen und schließlich feingranulares Test-First-Vorgehen zu versuchen. *(Aufbau des Kapitels)*

12.1 Funktionale Tests

Die intuitivste Art, Web-Applikationen zu testen, besteht darin, einen
Web-Browser zu öffnen, die entsprechende URL einzugeben und dann
loszuklicken. Mit Automatisierung hat das noch nichts zu tun, aber
immerhin. Der nächste Schritt ist die Verwendung eines spezialisierten
Capture&Replay-Werkzeuges, das sich die Mausbewegungen, Klicks
und Tastatureingaben beim ersten Durchlauf merkt und danach automatisch wieder ausführen kann. Es gibt eine breite Auswahl solcher
Tools auf dem Markt.

HttpUnit   Ähnliche Möglichkeiten – jedoch direkt in Java – bietet uns *Http-*
Unit. Obwohl es der Name vermuten lässt, hat HttpUnit zunächst einmal nichts mit Unit Testing zu tun, sondern stellt einen in Java pro-
grammierbaren Web-Client zur Verfügung. Die Schnittstelle dieses Client ist eine Abstraktion der Dinge, die wir gewöhnlich mit einem Web-
Browser erledigen. Diese Funktionalität können wir zur »Fernsteue-
rung« beliebiger Web-Applikationen verwenden, aber auch zum Testen dieser Anwendungen. HttpUnit ist Open-Source-Software und
kann von [URL:HttpUnit] inklusive ausführlicher Dokumentation
heruntergeladen werden.

Betrachten wir die Verwendung von HttpUnit zum Testen an
einem einfachen Beispiel. Typischerweise erfolgen funktionale Tests
retrospektiv (und nicht Test-First); wir starten daher mit folgendem
einfachen Servlet, das nachträglich getestet werden soll:

```java
import java.io.*;
import javax.servlet.http.*;
public class MyServlet extends HttpServlet {
  public void doGet(HttpServletRequest request,
                    HttpServletResponse response) {
    doPost(request, response);
  }
  public void doPost(HttpServletRequest request,
                     HttpServletResponse response) {
    try {
      String name = (String) request.getParameter("name");
      PrintWriter writer = response.getWriter();
      writer.println("<html><head><title>My Servlet" +
              "</title></head>" +
              "<body>Hello, " + name +
              "!</body></html>");
      writer.close();
    } catch (Throwable ex) {
      ex.printStackTrace();
```

```
            }
        }
    }
```

Das Servlet tut nichts anderes, als den übergebenen Parameter name in eine Antwortseite »Hello, <name>!« einzubauen. Getestet werden soll der einfache Zugriff auf das Servlet mit einer Http-GET-Anfrage, z.B. entsprechend der URL

»http://servername/servlet/MyServlet?name=Johannes«:

```
import com.meterware.httpunit.*;
public class MyServletTest extends TestCase {
    private final String SERVLET_URL =
        "http://myserver/servlet/MyServlet";
    public MyServletTest(String name) {...}
    public void testGetRequest() throws Exception {
        WebConversation con = new WebConversation();
        WebRequest request = new GetMethodWebRequest(SERVLET_URL);
        request.setParameter("name", "Johannes");
        WebResponse response = con.getResponse(request);
        assertEquals("text/html", response.getContentType());
    }
}
```

Die Ausgangsbasis des Geschehens ist eine Instanz von WebConversation – vergleichbar mit einer Browser-Session. Diese Instanz liefert bei Aufruf von getRequest(...) Antworten (WebResponse) auf Anfragen (WebRequest). In unserem Fall erzeugen wir einen Http-GET-Request (GetMethodWebRequest) und geben ihm einen Parameter mit auf den Weg (setParameter(...)). Das Response-Objekt kann schließlich zur Testverifikation befragt werden; im ersten Schritt wurde nur der Content Type der zurückgelieferten Seite getestet. Fügen wir nun noch folgende Überprüfungen hinzu:

Vorgehen

```
public void testGetRequest() throws Exception {
    WebConversation con = new WebConversation();
    WebRequest request = new GetMethodWebRequest(SERVLET_URL);
    request.setParameter("name", "Johannes");
    WebResponse response = con.getResponse(request);
    assertEquals("text/html", response.getContentType());
    assertEquals("My Servlet", response.getTitle());
    assertTrue(
        response.getText().indexOf("Hello, Johannes!") != -1);
}
```

Wir sehen, dass die Klasse WebResponse sowohl den Zugriff auf einzelne Strukturelemente – z.B. getTitle() – als auch auf den kompletten HTML-Text – getText() – der Antwortseite erlaubt.

Strukturelle Tests   Während eine Überprüfung des HTML-Codes recht schnell unhandlich wird, ermöglicht der gezielte Zugriff auf Tabellen, Formulare und Links eine Überprüfung genau der Elemente einer Html-Seite, welche für die richtige Funktion der Applikation wesentlich sind. Mit HttpUnit kann man Web-Formulare ausfüllen, Links verfolgen sowie Frames, Cookies und SSL verwenden. Nicht unterstützt werden jedoch Browser-Skriptsprachen, wie etwa JavaScript[1].

Zur Verdeutlichung erweitern wir das Servlet um ein Formular, mit dem man den Parameter name verändern und den Request neu abschicken kann:

```
public class MyServlet extends HttpServlet {
    ...
    private final String SERVLET_URI = "MyServlet";
    public void doPost(HttpServletRequest request,
                       HttpServletResponse response) {
        try {
            String name = (String) request.getParameter("name");
            PrintWriter writer = response.getWriter();
            writer.println("<html><head><title>My Servlet" +
                        "</title></head>" +
                        "<body>Hello, " + name + "!");
            writer.println("<form name=\"form1\" action=\"" +
                        SERVLET_URI + "\">");
            writer.println("<input type=text name=\"name\"" +
                        value=\"" + name + "\">");
            writer.println("<input type=submit name=\"button\" +
                        value=\"Change Name\">");
            writer.println("</form></body></html>");
            writer.close();
        } catch (Throwable theException) {
            theException.printStackTrace();
        }
    }
}
```

Der folgende Test greift gezielt auf das Form-Element und dessen Kinder zu:

---

1. Dafür gibt es jedoch ein eigenes Testframework: JsUnit [URL:JsUnit].

```
public void testGetRequest() throws Exception {
    WebConversation con = new WebConversation();
    WebRequest request = new GetMethodWebRequest(SERVLET_URL);
    request.setParameter("name", "Johannes");
    WebResponse response = con.getResponse(request);
    ...
    WebForm form = response.getFormWithName("form1");
    assertEquals("Johannes", form.getParameterValue("name"));
    assertEquals("Change Name",
                form.getSubmitButton("button").getValue());
}
```

Im Browser sieht die Seite nun so aus:

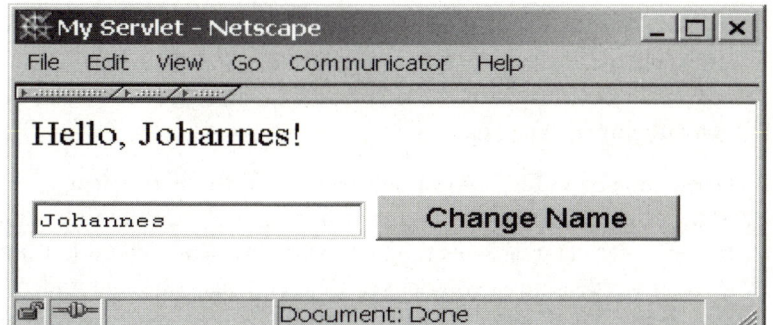

Abb. 12–1
MyServlet im Browser

In einem weiteren Test wird überprüft, ob das Eintragen eines neuen Namens und das Klicken auf den Change-Name-Button wie gewünscht funktioniert:

```
public void testChangeName() throws Exception {
    WebConversation con = new WebConversation();
    WebRequest request = new GetMethodWebRequest(SERVLET_URL);
    request.setParameter("name", "Johannes");
    WebResponse response = con.getResponse(request);
    WebForm form = response.getFormWithName("form1");
    request = form.getRequest("button");
    request.setParameter("name", "Frank");
    response = con.getResponse(request);
    assertTrue(
        response.getText().indexOf("Hello, Frank!") != -1);
}
```

Theoretisch erlaubt HttpUnit auch die exakte Verifikation des Seitenlayouts, da man mit der Methode response.getDOM() eine DOM-konforme Baumrepräsentation einer Seite erhält[2]. In der Praxis sind solch detaillierte Tests jedoch viel zu zerbrechlich, als dass sich die Automatisierung lohnen würde.

Funktionale Tests   Um das Testen in der gezeigten Form durchführen zu können, muss die vollständige Web-Applikation auf dem Server installiert werden. Dies und die Tatsache, dass wir nur auf der obersten funktionalen Ebene herumtesten, macht deutlich, dass es sich bei diesen Testfällen nicht um Unit Tests, sondern um funktionale Tests handelt. Im weiteren Verlauf werden wir noch sehen, wie HttpUnit auch bei »echten« Unit Tests von Nutzen sein kann.

Der Nachteil bei der Verwendung von HttpUnit als funktionales Testwerkzeug ist, dass für seine Benutzung Programmierkenntnisse nötig sind. Als mögliche Alternative bietet sich entweder die Verwen-
Projektspezifisches   dung eines Capture&Replay-Werkzeugs an oder die Entwicklung
Testframework   eines projektspezifischen Frameworks, das die Spezifikation funktionaler Tests in Textform (z.B. XML) erlaubt[3]. Dadurch lassen sich zwei Fliegen auf einmal erschlagen:

▨ Der Kunde bzw. Tester kann selbstständig Testfälle erstellen.
▨ Man kann den Detaillierungsgrad der Testfallspezifikation völlig frei festlegen. Damit ist es möglich, alles das, was sich ändert und getestet werden muss, von dem zu trennen, was sich nicht ändert – und daher auch nicht in jedem Testfall neu angegeben werden sollte.

12.2   Testen auf dem Server

Um unsere Tests gezielter auf einzelne Units – beispielsweise die Servlet-Klasse selbst – loslassen zu können, benötigen wir Mechanismen, um an die dort verwendeten Parameterobjekte heranzukommen. Die wichtigsten sind: der Request (`HttpServletRequest`), die Response (`HttpServletResponse`) und die Konfiguration (`ServletConfig`).

Cactus   Genau dieser Aufgabe hat sich *Cactus* gewidmet. Cactus ist Teil von Apaches Jakarta und erweitert JUnit um die Fähigkeit, sich in Servlet- und JSP-Anfragen eines Webservers einklinken zu können. Damit ist es möglich, das Request-Objekt vor einer Anfrage zu manipulieren und das Response-Objekt nach Bearbeitung des Requests zu untersuchen. Cactus steht mit umfangreicher Dokumentation und Installationsanleitung auf [URL:Cactus] zum Download bereit.

---

2. DOM steht für *Document Object Model* (siehe Glossar Seite 307).
3. Ein ANT-basiertes Framework dieser Art findet man unter [URL:Webtest].

Betrachten wir das prinzipielle Vorgehen am Beispiel des oben entwickelten Servlets. Dazu muss man wissen, dass Cactus-Testfälle sowohl auf dem Client als auch auf dem Server laufen. Diese besondere Art der Persönlichkeitsspaltung ist in Abbildung 12–2 schematisch dargestellt und funktioniert so:

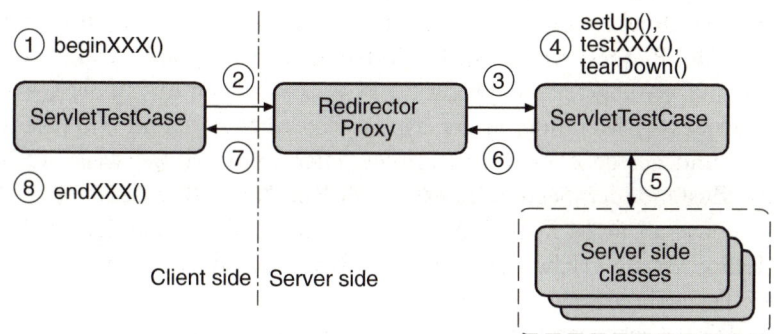

Abb. 12–2

Testfallausführung in Cactus

▨ Ein Teil des Testfalls läuft auf der Serverseite und befindet sich wie gewohnt in der testXXX()-Methode.

▨ Ein anderer Teil des Tests läuft auf dem Client ab und wird in den Methoden beginXXX(WebRequest theRequest) bzw. endXXX(WebResponse theResponse) spezifiziert.

▨ Die Kommunikation zwischen Client- und Serverseite findet über ein Proxy-Servlet bzw. eine Proxy-JSP statt, die die Aufrufe abfängt und die Ausführung des Testfalls anstößt.

Eine Übersetzung des obigen testGetRequest()-Testfalls für Cactus (in der Version 2.3) sieht so aus:

```
import org.apache.cactus.*;
public class MyServletCactusTest extends ServletTestCase {
    public MyServletCactusTest(String name) {...}
    public void beginGetRequest(WebRequest theRequest) {
        theRequest.addParameter("name", "Johannes");
    }
    public void testGetRequest() throws Exception {
        MyServlet servlet = new MyServlet();
        servlet.init(config);
        servlet.doGet(request, response);
    }
    public void endGetRequest(WebResponse response) {
        java.net.HttpURLConnection connection =
                            theResponse.getConnection();
        assertEquals("text/html", connection.getContentType());
```

```
        assertTrue(
            response.getText().indexOf("Hello, Johannes!") != -1);
    }
}
```

Prinzip eines Cactus-
Testfalls

Das Prinzip ist folgendermaßen: Zunächst wird auf dem Client die Methode beginGetRequest() ausgeführt. In dieser Methode kann das Request-Objekt vorbereitet werden, z.B. indem man einen Parameter setzt. Der Request wird anschließend an den Server geschickt und von einem Proxy abgefangen. Dieser Proxy veranlasst den Aufruf der test-GetRequest()-Methode, in der das Servlet instanziert und initialisiert wird und der doGet()-Aufruf erfolgt. Hier kann beispielsweise auch der Zustand der Session getestet werden. Nach Rücksendung der Response an den Client findet dort ein Aufruf der endGetRequest()-Methode statt, welche Zugriff auf das Response-Objekt sowie die HttpURLConnection hat.

Die WebResponse-Klasse von Cactus bietet nicht den gleichen Komfort wie die WebResponse-Klasse von HttpUnit, um die zurückgegebene Seite auf ihre richtige Struktur hin zu überprüfen. Man hat jedoch die Möglichkeit, das verfügbare HttpURLConnection-Objekt zur Instanzierung einer HttpUnit-WebResponse zu benutzen und dadurch Cactus und HttpUnit rudimentär zu integrieren:

```
public void endGetRequest(WebResponse response)
    throws Exception {
    java.net.HttpURLConnection connection =
                    response.getConnection();
    com.meterware.httpunit.WebResponse httpUnitResponse =
      com.meterware.httpunit.WebResponse.newResponse(connection);
    assertEquals("text/html",httpUnitResponse.getContentType());
    assertEquals("My Servlet", httpUnitResponse.getTitle());
    assertTrue(httpUnitResponse.getText().indexOf(
                                "Hello, Johannes!") != -1);
    com.meterware.httpunit.WebForm form =
                    httpUnitResponse.getFormWithName("form1");
    assertEquals("Johannes", form.getParameterValue("name"));
    assertEquals("Change Name",
                    form.getSubmitButton("button").getValue());
}
```

Cactus kann mehr

Das Beispiel zeigt keineswegs den vollen Funktionsumfang von Cactus. So hat man Zugriff auf alle Methoden eines Servlets, auf das Session-Objekt, auf Cookies und vieles mehr. Darüber hinaus werden auch Java Server Pages und das Testen von JSP-Tag-Libraries unter-

stützt. Das Paket enthält eine umfangreiche Dokumentation und auch
zahlreiche Beispiele.

Das Testen von Web-Applikationen mit Cactus hat zwei Haupt- *Nachteile*
nachteile: Zum einen muss die zu testende Applikation zunächst auf
einem Applikationsserver installiert (deployed) werden. Dies ist zeit-
aufwändig und verlangsamt den Test-Kodier-Test-Zyklus spürbar –
ähnlich wie bei EJBs. Zum anderen ist die Testgranularität nicht so
fein, wie wir es uns für die Test-First-Entwicklung wünschen, da
immer ein Servlet (oder eine JSP) als Einstiegspunkt dient.

Der Cactus-Ansatz hat hingegen den Vorteil, dass das Funktionie- *Vorteil*
ren der Web-Komponente auf einem richtigen Applikationsserver
überprüft wird. Wir bewegen uns daher mit Cactus nicht mehr – wie
bei HttpUnit – auf der Ebene der funktionalen Black-Box-Tests, sondern führen White-Box-Integrationstests durch.

12.3 Testen mit Attrappen

Beide bislang in diesem Kapitel behandelten Testansätze sind für eine
Test-First-Entwicklung nicht sonderlich gut geeignet. Die Abhängigkeit von Servlets zu anderen relativ komplexen Interfaces erschwert
massiv das »einfache Loslegen« wie bei der Entwicklung anderer
Objekte. Auf oberster Ebene sind es die Interfaces `HttpServletRe-`
`quest`, `HttpServletResponse` und `ServletConfig`. Diese wiederum ver-
weisen auf andere Interfaces, nämlich `HttpSession`, `ServletContext`
und `RequestDispatcher`[4]. Mit ein bisschen Mühe sollte es uns gelingen,
diese Hand voll Schnittstellen durch Attrappen, sprich Dummy-
Objekte, zu ersetzen.

Stürzen wir uns in ein neues Beispiel. Ein Log-in-Servlet soll folgender Spezifikation genügen:

▨ Wird es über einen GET-Request aufgerufen, dann liefert es die
Login-Seite als HTML zurück.
▨ Das Klicken des Log-in-Buttons der Log-in-Seite führt zum Aufruf
des gleichen Servlets unter Verwendung der Http-POST-Methode.
Nun soll Name und Passwort gegen eine Nutzerdatenbank überprüft werden. Bei Erfolg wird auf eine andere URL weitergeleitet,
bei Misserfolg erscheint wieder die Log-in-Seite.

Nehmen wir uns zunächst des GET-Requests an. Ein erster Test soll *Testen der GET-Methode*
nur überprüfen, dass die Seite korrektes HTML liefert mit der Auffor-
derng zur Passworteingabe:

---

4.   Bezugspunkt ist hier die Servlet-API in Version 2.2.

```
import utmj.servlet.*;
public class LoginServletTest extends TestCase {
    public LoginServletTest(String name) {
        super(name);
    }
    public void testGet() throws Exception {
        LoginServlet servlet = new LoginServlet();
        DummyServletConfig config = new DummyServletConfig();
        servlet.init(config);
        DummyHttpServletRequest request =
            new DummyHttpServletRequest();
        DummyHttpServletResponse response =
            new DummyHttpServletResponse();
        servlet.doGet(request, response);
        DummyWebResponse webResponse = response.getWebResponse();
        assertTrue(webResponse.getText().indexOf(
                "Enter name and password to log in.") != -1);
        servlet.destroy();
    }
}
```

utmj.servlet   Zur Simulation der Servlet-Umgebung verwenden wir einfache
Dummy-Objekte aus dem Package `utmj.servlet`, das auf der Website
zum Buch heruntergeladen werden kann. Die Entscheidung gegen
Mock-Objekte entstammt der Gewohnheit der Autoren und ist eine
Frage des Geschmacks[5]. Wie man sieht, wird das Verhalten einer Servlet-Engine dahingehend simuliert, dass zunächst das Servlet instanziert, dann initialisiert und am Ende des Tests wieder zerstört wird. Die
Klasse `DummyWebResponse` ist eine konkrete Unterklasse von HttpUnits
abstrakter `WebResponse`-Klasse. Dies ist nötig, da HttpUnit seine konkreten Unterklassen nicht öffentlich macht.

Vervollständigen wir den Test und führen dabei auch gleich ein
Refactoring durch:

```
import com.meterware.httpunit.*;
import utmj.servlet.*;
public class LoginServletTest extends TestCase {
    private LoginServlet servlet;
    private DummyHttpServletRequest request;
    private DummyHttpServletResponse response;
    public LoginServletTest(String name) {...}
    private String getAction(WebForm form) {...}
```

---

5. Entsprechende Servlet-Mock-Objekte finden sich im Mock-Objects-Paket
    [URL:MockObjects].

```
   private String getMethod(WebForm form) {...}
   protected void setUp() throws Exception {
       servlet = new LoginServlet();
       servlet.init(new DummyServletConfig());
       request = new DummyHttpServletRequest();
       response = new DummyHttpServletResponse();
   }
   protected void tearDown() throws Exception {
       servlet.destroy();
   }
   public void testGet() throws Exception {
       servlet.doGet(request, response);
       DummyWebResponse webResponse = response.getWebResponse();
       assertTrue(webResponse.getText().indexOf(
               "Enter name and password to log in.") != -1);
       WebForm form = webResponse.getFormWithName("loginForm");
       assertEquals("action",
               LoginServlet.SERVLET_URI, this.getAction(form));
       assertEquals("method", "post", this.getMethod(form));
       assertEquals("name input field",
               1, form.getParameterValues("name").length);
       assertEquals("password input field",
               1, form.getParameterValues("password").length);
       assertEquals("password input type",
               "password", this.getInputType(form, "password"));
       assertNotNull("login button",
               form.getSubmitButton("loginButton"));
   }
}
```

Zum Testen der Attribute action und method sowie des Input-Type der
Parameter mussten Hilfsmethoden geschrieben werden, deren Vorhandensein man eigentlich in HttpUnits WebForm-Klasse erwarten würde[6].

Und nun weiter zum Testen des POST-Request-Verhaltens. Der   *Testen der POST-Methode*
Zugriff auf die Nutzerdatenbank zur Verifikation von Namen und
Passwort geschieht über ein Interface:

```
public interface UserDatabase {
   boolean verify(String name, String password);
}
```

---

6. Vielleicht hat ja der eine oder andere Leser Lust, bei der Weiterentwicklung
    von HttpUnit mitzuwirken?

Mindestens zwei Testfälle sind nun nötig: (a) mit einer gültigen und (b) mit einer ungültigen Name-Passwort-Kombination. Zunächst die gültige:

```
public void testPostValidUser() throws Exception {
    UserDatabase mockDb = new UserDatabase() {
        public boolean verify(String name, String password) {
            assertEquals("myname", name);
            assertEquals("mypassword", password);
            return true;
        }
    };
    servlet.getServletContext().
        setAttribute("userDatabase", mockDb);
    request.addParameter("name", "myname");
    request.addParameter("password", "mypassword");
    servlet.doPost(request, response);
    DummyRequestDispatcher dispatcher =
            ((DummyServletContext) servlet.getServletContext()).
                getRequestDispatcher();
    assertEquals("Forward path",
            LoginServlet.FORWARD_URI, dispatcher.getPath());
    assertTrue("Forward called", dispatcher.forwardCalled());
    assertNotNull("Session created", request.getSession(false));
}
```

Mehrere Dinge geschehen hier. Am Anfang des Tests bauen wir ein Mock-Objekt des Typs UserDatabase – sozusagen »on the fly«. Danach fügen wir diese Datenbank als Attribut in das ServletContext-Objekt ein. Die Verifikation am Ende besteht aus drei Teilen: Überprüfen des RequestDispatcher-Pfades, des Aufrufs der forward-Methode und der Erzeugung einer HttpSession-Instanz.

Sämmtliche Dummy-Funktionalität ist bereits im Package utmj.servlet enthalten. Aber auch der Aufbau eigener Mock-Objekte ist sicherlich vertretbar, da zumindest deren Grundfunktionalität für alle Servlets gleich bleibt und wiederverwendet werden kann.

Der zweite Testfall mit ungültigem Passwort ist dem ersten sehr ähnlich, daher auch hier wieder ein Refactoring zum Entfernen duplizierter Codeteile:

```
import utmj.servlet.*;
public class LoginServletTest extends TestCase {
    ...
    private void assertRequestDispatcher(String expectedPath) {
        DummyRequestDispatcher dispatcher =
```

```
      ((DummyServletContext) servlet.getServletContext()).
         getRequestDispatcher();
   assertEquals("Forward path",
      expectedPath, dispatcher.getPath());
   assertTrue("Forward called", dispatcher.forwardCalled());
}
private UserDatabase createMockDatabase(
   final String expectedName,
   final String expectedPassword,
   final boolean verify) {
   return new UserDatabase() {
      public boolean verify(String name, String password) {
         assertEquals(expectedName, name);
         assertEquals(expectedPassword, password);
         return verify;
      }
   };
}
private void setMockDatabase(String expectedName,
         String expectedPassword, boolean verify) {
   UserDatabase mockDb = this.createMockDatabase(
         expectedName, expectedPassword, verify);
   servlet.getServletContext().
         setAttribute("userDatabase", mockDb);
}
public void testPostUnvalidUser() throws Exception {
   this.setMockDatabase(
         "wrongname", "wrongpassword", false);
   request.addParameter("name", "wrongname");
   request.addParameter("password", "wrongpassword");
   servlet.doPost(request, response);
   assertRequestDispatcher(LoginServlet.SERVLET_URI);
   assertNull("No session created",
            request.getSession(false));
}
public void testPostValidUser() throws Exception {
   this.setMockDatabase(
         "myname", "mypassword", true);
   request.addParameter("name", "myname");
   request.addParameter("password", "mypassword");
   servlet.doPost(request, response);
   assertRequestDispatcher(LoginServlet.FORWARD_URI);
   assertNotNull("Session created",
            request.getSession(false));
}
}
```

Im Testfall testPostUnvalidUser() wird am Ende überprüft, dass ein Forward zum Servlet selbst stattfindet und dass keine Session-Instanz erzeugt wurde. Die Redundanz in den beiden Testmethoden wurde nicht vollständig entfernt, um die Testlogik – nach Meinung der Autoren – deutlicher zu machen.

Die Servlet-Implementierung sieht folgendermaßen aus:

```
public class LoginServlet extends HttpServlet {
    public final static String SERVLET_URI = "LoginServlet";
    public final static String FORWARD_URI = "something.jsp";
    private void forwardTo(HttpServletRequest request,
        HttpServletResponse response, String path)
            throws IOException, ServletException {
        RequestDispatcher dispatcher = this.getServletContext().
            getRequestDispatcher(path);
        dispatcher.forward(request, response);
    }
    private UserDatabase getUserDatabase() {
        return (UserDatabase) this.getServletContext().
            getAttribute("userDatabase");
    }
    private boolean verifyPassword(HttpServletRequest request)
        throws ServletException, IOException {
        UserDatabase database = this.getUserDatabase();
        String name = request.getParameter("name");
        String password = request.getParameter("password");
        return database.verify(name, password);
    }
    protected void doGet(HttpServletRequest request,
                         HttpServletResponse response)
        throws ServletException, IOException {
        response.setContentType("text/html");
        PrintWriter writer = response.getWriter();
        // write HTML login page...
        writer.close();
    }
    protected void doPost(HttpServletRequest request,
                         HttpServletResponse response)
        throws ServletException, IOException {
        if (this.verifyPassword(request)) {
            request.getSession();
            this.forwardTo(request, response, FORWARD_URI);
        } else {
            this.forwardTo(request, response, SERVLET_URI);
        }
    }
}
```

Entscheidend ist, dass dieses Servlet – wegen der fehlenden »echten« *Vorteil*
Implementierung von UserDatabase – noch nicht in einem Browser laufen kann. Damit scheidet auch das Testen mittels HttpUnit aus. Wir
haben erreicht, dass auch hier ein Test-First-Vorgehen möglich ist;
wenn auch unter Verwendung relativ komplexer Attrappen.

12.4   Trennung von Servlet-API und Servlet-Logik

Die obigen Tests der doPost-Methode bedurften einer verhältnismäßig
aufwändigen Vorbereitung, da wir sowohl eine Mock-UserDatabase
erzeugt und in den Servlet-Kontext gepackt als auch bestimmte Parameter im Request-Objekt gesetzt haben. Darüber hinaus bedienten
sich die Validierungsschritte des Umweges Servlet – DummyServletCon-
text – DummyRequestDispatcher und DummyHttpServletRequest – Dum-
myHttpSession.

  Je größer die Anzahl der nötigen Parameter und Hilfsobjekte, *Komplexität von*
desto schwieriger ist die Entwicklung und Anpassung der Testfälle. *Testkonfiguration und*
Stellt man fest, dass man über die Testfallkonfiguration und / oder die *Validierung*
Validierung den Überblick verliert, dann ist dies ein Hinweis darauf,
dass das Design übermäßige Abhängigkeiten aufweist. Im gegebenen
Fall ist zunächst einmal der Aufbau der Servlet-API daran Schuld, da
sie das Servlet selbst an Request, Response, Config, Context und über
Umwege auch noch an den Dispatcher koppelt. Das soll uns jedoch
nicht als Ausrede dafür dienen, die Entwurfsschwächen des APIs taten-
los zu erdulden.

  Eine Möglichkeit, die Abhängigkeit unserer Servlet-Logik von der *Auslagerung der*
Servlet-API zu minimieren und dadurch das Servlet testbarer zu *Servlet-API*
machen, ist die Auslagerung aller API-Funktionen, die das Servlet zur
Ausübung seiner internen Logik benötigt, in ein eigenes Interface. Für
das Login-Servlet sähe diese Schnittstelle beispielsweise so aus:

```
import javax.servlet.http.*;
public interface ServletInvocation {
   String getName();
   String getPassword();
   UserDatabase getUserDatabase();
   HttpSession createSession();
   void forwardTo(String uri);
}
```

Der Name ServletInvocation deutet an, dass für jeden Aufruf (engl.
invocation) des Servlets eine neue Instanz erzeugt wird. Mit diesem
Vorgehen vermeidet man die Nebenläufigkeitsproblematik der Servlet-

Objekte[7]. Das Interface ist in der gezeigten Form auf das LoginServlet spezialisiert. Die Erfahrung zeigt jedoch, dass sich meist recht schnell eine Menge an Methoden herauskristallisiert, die in allen Servlets oder zumindest einer Gruppe von Servlets benötigt werden.

Damit wir die ServletInvocation-Schnittstelle in den Tests durch ihr Mock-Pendant ersetzen können, bedarf es auch noch einer entsprechenden »Fabrik«:

```
import javax.servlet.*;
import javax.servlet.http.*;
public interface ServletInvocationFactory {
    ServletInvocation createInvocation(
        HttpServletRequest request,
        HttpServletResponse response,
        ServletContext context);
}
```

Inklusive der zugehörigen Implementierungen sieht das sich nun entwickelnde Schnittstellen- und Klassengeflecht aus wie in Abbildung 12–3. Steckt man die Fabrik nun in den ServletContext, dann beginnt

Abb. 12–3

ServletInvocation

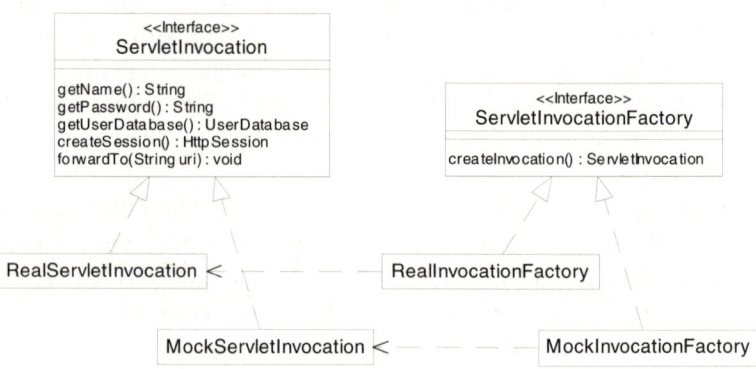

jeder doPost()-Aufruf zunächst mit der Erzeugung des Invocation-Objekts und fährt anschließend mit der normalen Servlet-Logik fort. Die Testfälle für das Servlet selbst werden durch Verwendung der Mock-Factory und Mock-Invocation um einiges klarer. Zusätzlich bedarf es dafür noch einiger Tests für die echte ServletInvocation-Implementierung. Die praktische Umsetzung dieses Konzeptes ist – wie die Autoren meinen – eine ideale Übung für alle Leser.

---

7. Einer der häufigsten Fehler bei der Servlet-Programmierung ist die Verwendung von veränderlichen Instanzvariablen innerhalb der Servlet-Klasse.

Die Auslagerung von Funktionen der Servlet-API in ein eigenes Objekt ist nur eine Variante der Idee: Wie mache ich die Controller-Logik des Servlets unabhängig von der Servlet-API und damit leichter testbar? Zahlreiche Beispiele werden in der Literatur beschrieben (z.B. in [Wirdemann01]); und auch in Servlet-Frameworks wie z.B. Apaches Turbine ist dieses Prinzip generisch implementiert [URL:Turbine].

Alternative Ansätze

12.5 Testen der HTML-Generierung

Auch die doGet-Methode des Login-Servlets könnte an Testbarkeit gewinnen, wenn wir dort – statt der direkten Erzeugung des HTML-Codes – das Entwurfsmuster *Builder*[8] (dt. Erbauer) verwendeten. Bedeuten würde dies die Einführung eines Interface PageBuilder und einer entsprechenden Factory. Die Erbauer-Schnittstelle sähe etwa so aus:

Entwurfsmuster »Builder«

```
public Interface PageBuilder {
    void addTitle(String title);
    void addText(String text);
    void startForm(String name, String method, String action);
    void addInput(String type, String name, String value);
    void endForm();
    void createHtml(OutputStream stream);
}
```

Auf die bekannte Weise lässt sich der Builder für Testzwecke durch einen MockPageBuilder ersetzen. Zusätzlich zur verbesserten Testbarkeit ist dadurch eine völlige Unabhängigkeit vom Layout der erzeugten Seite gegeben – genau wie wir es uns für Unit Tests wünschen.

Dieser testfreundliche Ansatz ist jedoch in der Realität nur von geringer Bedeutung, da heutzutage nur selten das Servlet selbst zur Erzeugung von HTML herhalten muss. Denn auch in Web-Applikationen hat der aus der GUI-Entwicklung bekannte *Model-View-Controller*-Ansatz (MVC) Eingang gefunden. Ziel dieses Musters ist es, die eigentlichen Applikationsobjekte (Model) von ihrer Darstellung (View) und von der Zugriffslogik (Controller) unabhängig zu machen. Beschreibungen des Musters finden sich in zahlreichen Veröffentlichungen, beispielsweise in [Lewis95].

Model-View-Controller

---

8. Verständlicher als im Standardwerk [Gamma95] wird dieses Muster – und auch andere – in [Alpert98] beschrieben.

In Web-Applikationen werden Views häufig als Java Server Pages (JSPs), Controller als Servlets und Models als normale Java-Klassen bzw. spezialisierte Wrapper-Beans programmiert [Wirdemann01]. Diese Aufteilung wird auch deswegen gewählt, weil somit potenziell das Layout einer Webseite – repräsentiert in den JSPs – auch von Nicht-Entwicklern vorgegeben und verändert werden kann.

Java Server Pages

Java-Code in JSPs JSPs sind nichts anderes als HTML-Seiten, die über spezielle Tags Java-Code einbinden bzw. auf die Attribute von Java-Beans zugreifen [Turau00]. Folgt man der MVC-Trennung konsequent, so findet sich in einer JSP kaum Java-Code, der getestet werden müsste. Die Logik zur Ablaufsteuerung verweilt in den Servlets, während die Fachlogik in den Models beheimatet ist und dort getestet werden kann.

Was in den JSPs verbleibt ist Code zum Zugriff auf Bean-Attribute, zum Durchlaufen einer Schleife und zum Ein-/Ausblenden von Seiten-teilen. Das Wenige, was dabei schiefgehen kann, testet man gewöhn-lich nicht in Unit Tests, sondern in funktionalen Tests. Dort kommt dann HttpUnit oder ein anderes Werkzeug zur Validierung von HTML-Seiten zum Einsatz.

Glaubt man, ohne Unit Tests für eine JSP nicht auszukommen, muss man den Umweg über einen Webserver – und eventuell auch über Cactus – gehen. Ein interessanter Versuch wäre die Einbindung eines JSP-Compilers, z.B. des in Apaches Servlet-Engine Tomcat integrierten Jasper [URL:Tomcat], in ein dediziertes JSP-Testframework. Den Autoren ist jedoch keine Umsetzung dieser Idee bekannt.

JSP Custom Tags

Die geringe Menge notwendigen Java-Codes in JSPs lässt sich noch weiter reduzieren, wenn man von der Möglichkeit Gebrauch macht, so genannte *JSP Custom Tags* zu implementieren. Diese benutzerdefinier-ten Tags erlauben die Einbindung beliebiger Funktionalität in eine JSP unter Beibehaltung der von HTML bzw. XML bekannten Syntax und ohne die geringsten Java-Kenntnisse.

Benutzerdefinierte Tags werden dem Applikationsserver als Tag-Library zur Verfügung gestellt. Der Aufbau einer solchen Bibliothek ist eine reine Programmieraufgabe. Benötigte Klassen und Interfaces fin-det der Entwickler im Package javax.servlet.jsp.tagext. Die Erstel-lung von Unit Tests für eigene Tags erfordert die »Mockisierung« eini-ger weniger Interfaces und Klassen. Eine ausführliche Beschreibung würde jedoch den Rahmen dieses Kapitels sprengen und kann z.B. in [URL:YahooXP], Message 29405, nachgelesen werden.

12.6 Zusammenfassung

In diesem Kapitel wurde das Testen von Servlet-basierten Web-Applikationen auf drei unterschiedlichen Ebenen unter die Lupe genommen:

- Funktionale Tests – mit HttpUnit – betrachten nur die über HTTP erreichbaren Seiten der Web-Applikation.
- White-Box-Integrationstests auf dem Server – mit Cactus – schalten sich in die Ausführung von Servlets und JSPs ein und erlauben den Zugriff auf die internen Objekte der Servlet-API.
- Serverunabhängige Tests unter Zuhilfenahme von Dummy- und Mock-Objekten ermöglichen die Test-First-Entwicklung von Servlets.

Funktionale Tests einer Web-Oberfläche sind in jedem Fall notwendig, die Wahl kann jedoch durchaus auch auf eine andere Testtechnologie fallen. Mit der Erstellung von aufwändigen Integrationstest, wie sie Cactus ermöglicht, lohnt es sich zu warten, bis man tatsächlich auf wiederkehrende Deployment- und Integrationsprobleme trifft. Voraussetzung für dieses optimistische Warten ist jedoch, dass für die einzelnen Servlets eine beruhigende Testsuite existiert.

Darüber hinaus wurde ein Ansatz vorgestellt, wie die Logik eines Servlets von der Servlet-API getrennt werden kann und damit leichter zu testen ist. Zu guter Letzt nahm sich das Kapitel der unterschiedlichen Arten an, HTML zu generieren bzw. diese Generierung zu testen.

Wir haben gesehen, dass Test-First-Entwicklung auch für Web-Applikationen weitestgehend möglich ist. Auch hier hat sich gezeigt, dass die Verwendung von Mock-Objekten einen Beitrag zur Entkopplung von Klassen und damit zur Verbesserung des Designs leisten kann.

13 Grafische Benutzeroberflächen

Dem bis hierher vorgedrungenen Leser ist vermutlich aufgefallen, dass auch die im zweiten Teil des Buches aufgeführten »Spezialfälle« nichts weiter sind als das gleiche Thema in immer wiederkehrenden Variationen: Ein vorgegebenes Framework, Werkzeug oder API behindert durch Struktur oder Interfacegestaltung das Testen der eigentlichen Funktionalität.

Auch grafische Benutzeroberflächen stellen in dieser Beziehung keine Ausnahme dar, denn ihre Realisierung ist auf die Verwendung von AWT bzw. Swing sowie zusätzlichen Komponenten, z.B. Java2D, angewiesen. Hinzu kommt ein Aspekt, der bereits bei Web-Applikationen von Bedeutung war: Eine »gute« Benutzeroberfläche muss nicht nur eindeutig zu überprüfende Eigenschaften aufweisen, sondern ist gleichzeitig unscharfen Bewertungskriterien unterworfen wie Ergonomie, intuitive Benutzung und Ästhetik – kurz: *Usability* [Puscher01]. Diese Kriterien entziehen sich einer Vorabspezifikation, wie es der Test-First-Ansatz eigentlich fordert. Es überrascht daher nicht, dass die Test-First-Entwicklung eines GUI (Graphical User Interface) nicht alle wünschenswerten Aspekte abdecken kann.

Unscharfe Testkriterien

Dennoch stehen wir auch bei diesem Thema als Test-First-Vertreter nicht mit leeren Händen da, wie dieses Kapitel zeigen wird.

13.1 Der direkte Weg

Die erste Idee, die ein eingefleischter Test-First-Enthusiast verfolgt, ist selbstverständlich der direkte Weg: Warum nicht ein GUI genauso entwickeln wie alle anderen Klassen auch – nämlich in kleinen Schritten und mit entsprechenden Testfällen vor der Programmierung des Anwendungscodes.[1]

---

1. Das im Weiteren ausgeführte Vorgehen ist angelehnt an einen Artikel von William Wake [URL:WakeGUI].

Als Beispiel dient uns die Entwicklung einer einfachen Suchober-
fläche für ein Deutsch-Englisch-Wörterbuch wie es bereits in Kapitel 3
vorkommt. Dieses Wörterbuch hat jedoch still und leise seine Außen-
ansicht geändert; folgende Schnittstelle steht nun für die Suche nach
Übersetzungen zur Verfügung:

```java
import java.util.*;
public interface WordSearcher {
    Map search(String prefixGerman);
}
```

Das WordSearcher-Interface ist sehr schlank gehalten und erlaubt die
Suche nach allen Wörtern, die mit dem String prefixGerman beginnen.
Als Ergebnis wird ein Objekt vom Typ Map zurückgeliefert, in der die
gefundenen Einträge mit dem deutschen Wort als key und der englischen Übersetzung als value enthalten sind.

Trennung von Logik und
Oberfläche
Die Kapselung der gesamten fachlichen Funktionalität in einem
Interface stellt bereits eine wichtige Heuristik dar: Die GUI-Klassen
sollten so wenig Logik wie möglich enthalten. Damit bleibt als einzige
zu testende Funktionalität die korrekte Kopplung zwischen Benutzeroberfläche und Fachlogik übrig. Darüber hinaus vergrößert die Kapselung der Logik in Interfaces statt in Klassen die Unabhängigkeit und
erleichtert damit das Testen. Die verbesserte Testbarkeit stellt damit
ein zusätzliches Argument für die Anwendung des MVC-Musters dar
(vgl. auch Kapitel 12.5).

In Abbildung 13–1 sehen wir den Entwurf der grafischen Benut-
zeroberfläche zum Suchen und Anzeigen von Übersetzungen. Unser
Ziel ist die Erstellung eines Such-Panels (WordSearchPanel); dabei soll
Folgendes sichergestellt werden:

Testziele
▨ Alle wichtigen Elemente der Oberfläche sind vorhanden und kor-
rekt initialisiert worden.
▨ Das Eintragen eines Suchbegriffes mit anschließendem Klick auf
den GO-Button führt dazu, dass die search(..)-Methode des
WordSearcher-Objekts mit dem korrekten Parameter aufgerufen
wird.
▨ Alle vom WordSearcher zurückgegebenen Wortpaare werden in der
Tabelle korrekt dargestellt.
▨ WordSearchPanel-Instanzen können auf dem Bildschirm angezeigt
werden.

Was nicht getestet werden soll, ist die pixelgenaue Darstellung der
Oberfläche. Obwohl auch dies möglich ist, zeigt die Erfahrung, dass
das Layout einer Oberfläche stetigen Änderungen unterworfen ist. Die

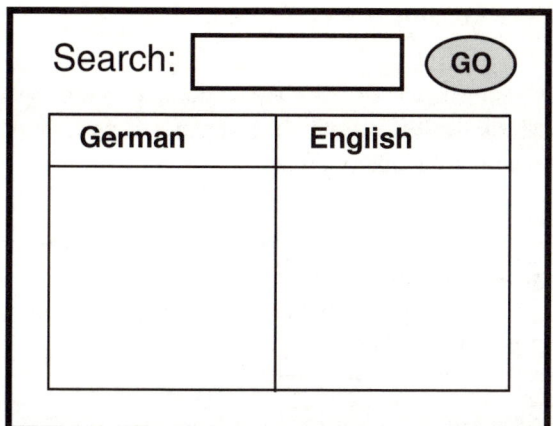

Abb. 13–1
WordSearchPanel-Layout

auf Details zielenden Testfälle müssten daher zu häufig geändert werden, als dass sich ihre Automatisierung lohnen würde. Eine visuelle Inspektion der Oberfläche im Rahmen der Akzeptanztests ist für diese Aufgabenstellung besser geeignet.

Doch nun an die Arbeit. Im ersten Schritt wollen wir den Anfangszustand der wesentlichen Oberflächenelemente (engl. *Widgets*) testen:

Creation-Test

```
public class WordSearchPanelTest extends TestCase {
    public WordSearchPanelTest(String name) {...}
    public void testCreation() {
        WordSearchPanel panel = new WordSearchPanel();
        assertNotNull("search label", panel.searchLabel);
        assertEquals("Search:", panel.searchLabel.getText());
        assertNotNull("search string", panel.searchString);
        assertEquals("", panel.searchString.getText());
        assertNotNull("GO button", panel.goButton);
        assertEquals("GO", panel.goButton.getText());
        assertNotNull("result table", panel.resultTable);
        assertEquals(0, panel.resultTable.getRowCount());
    }
}
```

Um auf die für uns interessanten Widgets zugreifen zu können, müssen die jeweiligen Instanzvariablen außerhalb der Klasse sichtbar sein; auf diese Unschönheit werden wir noch zu sprechen kommen. Eine erste Implementierung der Panel-Klasse sieht so aus:

```
public class WordSearchPanel {
    JLabel searchLabel = new JLabel("Search:");
    JTextField searchString = new JTextField("");
    JButton goButton = new JButton("GO");
```

```
        JTable resultTable = new JTable();
    }
```

Verbindungstest Als Nächstes nehmen wir uns die Verbindung zum WordSearcher vor, für den die Methode setSearcher(..) angeboten wird. Wir erweitern daher die Testsuite folgendermaßen:

```
import java.util.*;
public class WordSearchPanelTest extends TestCase {
    private WordSearchPanel panel;
    public WordSearchPanelTest(String name) {...}
    protected void setUp() {
        panel = new WordSearchPanel();
    }
    public void testCreation() {
        ...
    }
    public void testWordSearcher() {
        assertNull(panel.getSearcher());
        WordSearcher searcher = new MockWordSearcher();
        panel.setSearcher(searcher);
        assertSame(searcher, panel.getSearcher());
    }
}
```

Button-Klick-Test Der MockWordSearcher muss im Augenblick nichts weiter tun, als das WordSearcher-Interface zu implementieren. Da die nötigen Änderungen in WordSearchPanel trivial sind, widmen wir uns direkt dem nächsten Testfall. Dieser verifiziert, dass das Klicken des GO-Buttons zum korrekten search(..)-Aufruf führt:

```
public void testClickGOButton() {
    MockWordSearcher searcher = new MockWordSearcher();
    searcher.expectSearchPrefix("test");
    panel.setSearcher(searcher);
    panel.searchString.setText("test");
    panel.goButton.doClick();
    searcher.verify();
    searcher.expectSearchPrefix("test2");
    panel.searchString.setText("test2");
    panel.goButton.doClick();
    searcher.verify();
}
```

Dieser Test erfordert implementierungsseitig das Einhängen des entsprechenden ActionListener:

```
import java.awt.event.*;
public class WordSearchPanel implements ActionListener {
   ...
   public WordSearchPanel() {
      goButton.addActionListener(this);
   }
   public void actionPerformed(ActionEvent e) {
      searcher.search(searchString.getText());
   }
}
```

Es gelingt auch hier, die Implementierung in kleinen Schritten aufzubauen, auch wenn wir wissen, dass es sich sicher nicht um den endgül-
tigen Code handelt.

Konzentrieren wir uns im nächsten Schritt auf die Ergebnistabelle.   *Anzeigetest*
Bislang haben wir lediglich die Anzahl der Zeilen zu Beginn überprüft.
Ergänzt werden muss noch die Überprüfung der Spaltennamen. Dazu
erweitern wir den testCreation-Testfall:

```
public class WordSearchPanelTest extends TestCase {
   ...
   public void testCreation() {
      assertNotNull("search label", panel.searchLabel);
      assertEquals("Search:", panel.searchLabel.getText());
      assertNotNull("search string", panel.searchString);
      assertEquals("", panel.searchString.getText());
      assertNotNull("GO button", panel.goButton);
      assertEquals("GO", panel.goButton.getText());
      assertEmptyTable();
   }
   private void assertEmptyTable() {
      JTable table = panel.resultTable;
      assertEquals("German", table.getColumnName(0));
      assertEquals("English", table.getColumnName(1));
      assertEquals(0, table.getRowCount());
   }
}
```

Die Implementierung der hier geforderten Eigenschaften lautet:

```
public class WordSearchPanel implements ActionListener {
   ...
   private final static String columnNames[] =
      {"German", "English"};
   public WordSearchPanel() {
      goButton.addActionListener(this);
      resultTable.setModel(
```

```
                      new DefaultTableModel(new Object[0][0], columnNames));
        }
    }
```

Nun kann auch der erste Testfall zur Überprüfung der korrekten Darstellung eines leeren Ergebnisses angegangen werden:

```
public void testEmptyResult() {
    MockWordSearcher searcher = new MockWordSearcher();
    searcher.expectSearchPrefix("test");
    searcher.setupResultMap(new HashMap());
    panel.setSearcher(searcher);
    panel.searchString.setText("test");
    panel.goButton.doClick();
    assertEmptyTable();
    searcher.verify();
}
```

Dieser Test läuft ohne Modifikation der Implementierung. Wir hängen daher umgehend den Test für ein einzeiliges Ergebnis an:

```
import javax.swing.table.*;
public class WordSearchPanelTest extends TestCase {
    ...
    private MockWordSearcher searcher;
    protected void setUp() {
        panel = new WordSearchPanel();
        searcher = new MockWordSearcher();
    }
    public void testResultWithOneRow() {
        searcher.expectSearchPrefix("Buch");
        Map result = new HashMap();
        result.put("Buch", "book");
        searcher.setupResultMap(result);
        panel.setSearcher(searcher);
        panel.searchString.setText("Buch");
        panel.goButton.doClick();
        assertEquals(1, panel.resultTable.getRowCount());
        assertRow(0, "Buch", "book");
        searcher.verify();
    }
    private void assertRow(int row,
                              String german, String english) {
        TableModel model = panel.resultTable.getModel();
        assertEquals(german, model.getValueAt(row, 0));
        assertEquals(english, model.getValueAt(row, 1));
    }
}
```

Zur Erfüllung des Testfalls muss eine Modifikation der actionPerformed(..)-Methode vorgenommen werden:

```
public class WordSearchPanel implements ActionListener {
    ...
    private final static String columnNames[] = {...};
    public void actionPerformed(ActionEvent e) {
        Map result = searcher.search(searchString.getText());
        this.setTableModel(result);
    }
    private void setTableModel(Map result) {
        String[][] data = new String[result.size()][2];
        Iterator i = result.keySet().iterator();
        int column = 0;
        while (i.hasNext()) {
            String german = (String) i.next();
            String english = (String) result.get(german);
            data[column][0] = german;
            data[column][1] = english;
            column++;
        }
        resultTable.setModel(
                new DefaultTableModel(data, columnNames));
    }
}
```

Ergänzen wir die Testklasse noch um weitere Fälle. Zum einen sollen auch mehrere Ergebniszeilen dargestellt werden können (testResultWithThreeRows), zum anderen soll das Auslösen einer weiteren Suche das alte Ergebnis überschreiben (testOverwriteResult):

```
public void testResultWithThreeRows() {
    searcher.expectSearchPrefix("B");
    Map result = new HashMap();
    result.put("Bart", "beard");
    result.put("Boden", "floor");
    result.put("Buch", "book");
    searcher.setupResultMap(result);
    panel.setSearcher(searcher);
    panel.searchString.setText("B");
    panel.goButton.doClick();
    assertEquals(3, panel.resultTable.getRowCount());
    assertRow(0, "Bart", "beard");
    assertRow(1, "Boden", "floor");
    assertRow(2, "Buch", "book");
    searcher.verify();
}
```

```
public void testOverwriteResult() {
  searcher.expectSearchPrefix("Buch");
  Map result = new HashMap();
  result.put("Buch", "book");
  searcher.setupResultMap(result);
  panel.setSearcher(searcher);
  panel.searchString.setText("Buch");
  panel.goButton.doClick();
  assertEquals(1, panel.resultTable.getRowCount());
  searcher.setupResultMap(new HashMap());
  panel.goButton.doClick();
  assertEquals(0, panel.resultTable.getRowCount());
  searcher.verify();
}
```

Diese beiden Testfälle laufen ohne Veränderung der WordSearchPanel-Klasse – ein Hinweis darauf, dass wir oben mehr implementiert haben, als eigentlich nötig gewesen wäre.

Display-Test   Was nun noch fehlt, ist ein Test zur Darstellung des Panels auf dem Bildschirm. Wir begnügen uns zunächst mit dem einfachen Einbinden des Panels in einen Frame und dessen Anzeige:

```
public void testDisplay() {
  panel.setSearcher(searcher);
  JFrame frame = new JFrame("test");
  frame.getContentPane().add(panel);
  frame.setSize(500,500);
  frame.show();
  try {Thread.sleep(3000);} catch (Exception ignore) {}
  frame.hide();
  frame.dispose();
}
```

Die Wartezeit von 3 Sekunden dient lediglich dazu, das geöffnete Fenster zur visuellen Inspektion eine Zeit lang sichtbar zu lassen. Auch zwingt uns erst dieser Test dazu, WordSearchPanel von JPanel abzuleiten:

```
import javax.swing.*;
import java.awt.event.*;
public class WordSearchPanel extends JPanel
      implements ActionListener {
  ...
}
```

Dass der Test keineswegs ausreicht, erkennt man daran, dass das ange-
zeigte Fenster völlig leer ist. Aus diesem Grunde erweitern wir den
Testfall so, dass die Sichtbarkeit der Widgets überprüft wird:

```
public void testDisplay() {
    panel.setSearcher(searcher);
    JFrame frame = new JFrame("test");
    frame.getContentPane().add(panel);
    frame.setSize(500,500);
    frame.show();
    try {
        try {Thread.sleep(1000);} catch (Exception ignore) {}
        assertTrue(panel.searchLabel.isShowing());
        assertTrue(panel.searchString.isShowing());
        assertTrue(panel.goButton.isShowing());
        assertTrue(panel.resultTable.isShowing());
    } finally {
        frame.hide();
        frame.dispose();
    }
}
```

Die einfachste anzunehmende Implementierung, die diesen Test erfüllt,
ist die folgende:

```
public class WordSearchPanel extends JPanel
        implements ActionListener {
    ...
    public WordSearchPanel() {
        super(new java.awt.FlowLayout());
        goButton.addActionListener(this);
        this.setTableModel(new HashMap());
        this.add(searchLabel);
        this.add(searchString);
        this.add(goButton);
        this.add(resultTable);
    }
}
```

Das visuelle Ergebnis – zu sehen in Abbildung 13–2 – lässt jedoch
mehr als zu wünschen übrig. Das Eingabefeld ist nur als Strich und die
Tabelle ist gar nicht zu erkennen.

An diesem Punkt gilt es, zu entscheiden, wie viele Details des Layouts in automatisierten Tests überprüft und wie viele lediglich visuell
verifiziert werden sollen. Je stabiler die Darstellung, desto sinnvoller
ist eine Investition in automatisierte Layout-Verifikation; so wird in

Abb. 13–2
»Rudimentäres«
Layout

[URL:WakeGUI] auch die relative Position der Widgets zueinander getestet. Abzuwägen ist auch, ob diese Art der Testautomatisierung nicht sinnvoller als Teil der funktionalen Testsuite realisiert wird. Zum einen kommen dort andere Testwerkzeuge zum Einsatz, zum anderen bekommt man dabei unmittelbares Feedback der Anwender.

Uns soll an diesem Punkt eine verbesserte Implementierung des Layouts genügen:

```
public WordSearchPanel() {
    super(new BorderLayout());
    goButton.addActionListener(this);
    this.setTableModel(new HashMap());
    JPanel topPanel = new JPanel(new BorderLayout());
    topPanel.add(searchLabel, BorderLayout.WEST);
    topPanel.add(searchString, BorderLayout.CENTER);
    topPanel.add(goButton, BorderLayout.EAST);
    this.add(topPanel, BorderLayout.NORTH);
    this.add(new JScrollPane(resultTable), BorderLayout.CENTER);
}
```

13.2 Kleine Umwege

Das in diesem Kapitel bislang vorgestellte Verfahren bringt ein paar versteckte Probleme mit sich:

Probleme des obigen
Ansatzes

▨ Alle für die Tests wichtigen GUI-Widgets müssen in nicht privaten Instanzvariablen – oder über entsprechende Getter-Methoden – sichtbar gemacht werden. Dies widerspricht dem bislang propagierten Stil, Instanzvariablen immer privat zu halten und Zugriffsmethoden nur dann anzubieten, wenn sie von Clients der Klasse verwendet werden.

▨ Die »Bedienung« der Oberflächenkomponente findet nicht über den eigentlichen Event-Mechanismus statt, sondern benutzt spezielle Methoden der Widgets. Der Nachteil dabei ist, dass bestimmte Fehlerarten unentdeckt bleiben, z.B.:

　• Auch unsichtbare und »disabled« Komponenten können im Unit Test angesprochen werden.

● Fehler, die von der Swing-Thread-Problematik[2] herrühren, werden nicht entdeckt.

Der erste Punkt – die sichtbaren Variablen – knüpft an die Diskussion über nichtöffentliche Klasseneigenschaften in Kapitel 8.2 an. Wie dort bereits erörtert, gibt es sowohl Pro- als auch Contra-Argumente zur Frage, ob »Innereien« nur für Testzwecke sichtbar gemacht werden sollten. In jedem Fall koppeln wir die Tests dadurch an Implementierungsinterna und machen sie damit zerbrechlicher. Die Auslagerung der Widget-Erzeugung und Widget-Referenzierung in eine dedizierte Klasse kann zwar das Sichtbarkeitsproblem lösen, stellt aber häufig nicht das einfachste Design dar.

Der zweite Punkt ist eine tatsächliche Einschränkung der Mächtigkeit und damit Effektivität der Testfälle. Wir betrachten daher im Folgenden zwei Ansätze zur Lösung des Problems.

JFCUnit

JFCUnit ist ein Open-Source-Projekt, das sich die Schaffung eines Frameworks zum Unit Testing von Swing-Applikationen zum Ziel gesetzt hat. Unter [URL:JFCUnit] kann man auf die neueste Version zugreifen und sich aktiv an der Weiterentwicklung beteiligen. JFCUnit unterstützt folgende Aufgaben:

Swing-basiertes Testen

- Das Aufspüren von `java.awt.Window`-Instanzen (z.B. Frames und Dialoge), die vom zu testenden Code geöffnet wurden.
- Die Lokalisation von Swing-Komponenten im Komponentenbaum eines Fensters anhand des Typs, des Namens oder beliebiger anderer Eigenschaften.
- Das Abschicken gezielter Events, z.B. das Klicken auf einen Button oder die Auswahl eines `JTree`-Teilbaumes.
- Das Thread-sichere Testen und Abfragen von Komponenten.

Die Erstellung einer JFCUnit-Testsuite unterscheidet sich kaum vom Programmieren einer normalen Suite. Zunächst muss man seine Testklassen von `junit.extensions.jfcunit.JFCTestCase` ableiten. Damit hat man Zugriff auf eine Hilfsklasse, die Methoden zum Finden der Komponenten und Auslösen der Events bereitstellt. Intern sorgt JFCUnit für das Umschalten zwischen Test-Thread und AWT-Event-Thread.

---

2. Die meisten Methodenaufrufe der Swing-Komponenten sind nicht Threadsicher und müssen daher explizit über `SwingUtilities.invokeLater(Runnable)` dem AWT-Thread zur Bearbeitung übergeben werden, falls sie nicht vom Event-bearbeitenden Code aufgerufen werden.

Zur Veranschaulichung übersetzen wir den obigen Testfall testEm-
ptyResult() in einen JCFUnit-Testfall:

```java
import java.util.*;
import javax.swing.*;
import junit.extensions.jfcunit.*;
public class WordSearchPanelJFCTest extends JFCTestCase {
    private MockWordSearcher searcher;
    private JFCTestHelper helper;
    public WordSearchPanelJFCTest(String name) {...}
    protected void setUp() {
        helper = new JFCTestHelper();
        searcher = new MockWordSearcher();
        WordSearchPanel panel = new WordSearchPanel();
        panel.setSearcher(searcher);
        JFrame frame = new JFrame("test");
        frame.getContentPane().add(panel);
        frame.setSize(200, 200);
        frame.show();
    }
    protected void tearDown() {
        helper.cleanUp(this);
    }
    public void testEmptyResult() throws Exception {
        searcher.expectSearchPrefix("test");
        searcher.setupResultMap(new HashMap());
        JFrame frame = (JFrame) helper.getWindow("test");
        JTextField searchString = (JTextField) helper.
                findNamedComponent("searchString", frame, 0);
        helper.sendString(this, searchString, "test", 10);
        AbstractButton goButton =
                helper.findButton("GO", frame, 0);
        helper.enterClickAndLeave(this, goButton);
        assertEmptyTable(frame);
        searcher.verify();
    }
    private void assertEmptyTable(JFrame frame) {
        JTable table = (JTable) helper.
                findNamedComponent("resultTable", frame, 0);
        assertEquals("German", table.getColumnName(0));
        assertEquals("English", table.getColumnName(1));
        assertEquals(0, table.getRowCount());
    }
}
```

In setUp() wird ein Frame mit einer WordSearchPanel-Instanz erzeugt und angezeigt; die Methode cleanUp(..) in tearDown() wischt alle nicht beseitigten Fenster und Dialoge vom Desktop. Das eigentliche Geschehen findet jedoch in testEmptyResult() statt: Der Einstieg in einen JFCUnit-Testfall geschieht typischerweise über das Hauptfenster einer Applikation, im Beispiel das JFrame-Objekt. Anschließend werden die Widgets searchString und goButton als Unterkomponenten dieses Fensters ermittelt und mit den Events zur Tastatureingabe und Mausklick beschossen. In der assertEmptyTable(..)-Methode wird schließlich der Inhalt von resultTable überprüft. Während dieser Testfall auch ohne die sichtbaren Instanzvariablen von WordSearchPanel funktioniert, müssen dafür nun einige Widgets explizit benannt werden, um sie im Test suchen zu können:

```
public WordSearchPanel() {
    ...
    searchString.setName("searchString");
    resultTable.setName("resultTable");
    ...
}
```

Unterschiede zur ersten Implementierung

Ein wichtiger Unterschied zum Testansatz im vorigen Unterkapitel ist zum einen, dass wir bestimmte Widgets über ihren Typ, ihren Namen oder ihr Label suchen, anstatt auf deren Sichtbarkeit in der Klasse angewiesen zu sein. Zum anderen rufen wir keine Methoden direkt an den Widgets auf, sondern erzeugen diejenigen Events, die auch bei der »echten« Bedienung der Oberfläche ausgelöst werden.

Vorteile – Nachteile

Der mit JFCUnit verfolgte Testansatz hat Vor- und Nachteile: Von Vorteil ist, dass die Tests sehr dicht am tatsächlichen Geschehen einer grafischen Oberfläche sind. Dadurch können wir sowohl das Verhalten mit mehreren offenen Fenstern und Dialogen testen als auch Swing-typische Multithread-Fehler aufdecken. Der Nachteil besteht darin, dass die Testfälle nur über Umwege auf die eigentlichen Komponenten und Widgets zugreifen können. Ein JFCUnit-Testfall ist daher für die Rolle als feingranularer Unit Test zu schwerfällig, eignet sich jedoch hervorragend für Interaktions- und Integrationstests. Das vorliegende Release – 0.2 prebeta – unterstützt jedoch nur die wichtigsten Swing-Features; ungewöhnliche Dinge wie Drag&Drop sind noch nicht eingebaut.

Der AWT-Roboter

Ab JDK 1.3   Seit JDK 1.3 bietet Java eine Klasse an, die explizit für das Testen grafischer Benutzeroberflächen gedacht ist: `java.awt.Robot`. Instanzen dieser Klasse bieten die Möglichkeit, Maus- und Tastaturaktionen zu simulieren. So stehen beispielsweise folgende Befehle zur Verfügung: `mouseMove(..)`, `mousePress(..)`, `mouseRelease(..)`, `keyPress(..)`, `keyRelease(..)`. Dieses Interface ist für Unit Tests jedoch auf einem zu niedrigen Abstraktionsniveau, da es beispielsweise einer pixelgenauen Positionierung der Maus bedarf und jeder Tastendruck einzeln übermittelt werden muss. Gedacht ist die Robot-Klasse für die Entwicklung reiner Java-Lösungen im Capture&Replay-Bereich.

Denkbar ist auch, mit Hilfe eines AWT-Roboters ein Testframework auf ähnlicher Abstraktionsstufe wie JFCUnit aufzubauen. Dieses würde dem Anwender Fleißarbeiten wie die Positionierung des Mauszeiger über einer bestimmten Komponente und das Eingeben einer Zeichenkette durch einzelne Tastendrücke abnehmen. Ein solches Werkzeug ist jedoch nach Wissen der Autoren noch nicht verfügbar.

13.3 Zusammenfassung

Dieses Kapitel hat gezeigt, wie auch grafische Benutzeroberflächen unter Verwendung des Test-First-Ansatzes erstellt werden können. Zwei Varianten finden derzeit in der Testgemeinde Anwendung:

▪ Feingranulare Unit Tests durch direktes Ansprechen von Komponenten und Widgets.
▪ Interaktionstests mittels JFCUnit, welche die tatsächliche Bedienung eines GUIs simulieren.

Beide Ansätze stoßen an ihre Grenze, wenn es um die Sicherstellung bestimmter Layoutvorgaben und unscharfer Eigenschaften wie Ergonomie oder Ästhetik geht.

In der Praxis erstellen zahlreiche Teams Benutzeroberflächen mit Hilfe spezialisierter Werkzeuge (GUI-Builder). Diese ermöglichen unter Umständen eine deutlich beschleunigte GUI-Implementierung und öffnen den Weg für ein zweigeteiltes Vorgehen: Das Layout der grafischen Oberfläche wird mit dem GUI-Builder erzeugt; lediglich die Verbindung zur Logikschicht wird im Test-First-Verfahren entwickelt.

14 Die Rolle von Unit Tests im Softwareprozess

Dieses Kapitel beschreibt die Rolle von Unit Tests in einem Software-Engineering-Umfeld. Es zeigt, wie und mit welchem Aufwand sich automatisierte Unit Tests nach dem Test-First-Ansatz in einen dokumentierten Softwareprozess einbauen lassen bzw. inwieweit sie in kommerziell eingesetzten Software-Engineering-Prozessen wie dem *V-Modell* [IAB97] oder dem *Rational Unified Process* (RUP) [Kruchten99] bereits berücksichtigt sind.

Solche Überlegungen betreffen Manager, Projektleiter und Entwickler, die derzeit mit solchen Prozessen arbeiten und sich für die systematische Einführung von Unit Tests interessieren. Der Entwickler, der nur mit XP arbeitet und arbeiten will, kann dieses Kapitel überspringen. *Zielpublikum des Kapitels*

Schwere und dokumentenorientierte Prozesse sind weniger flexibel als agile Prozesse [Fowler01], zu denen XP gehört. Kleine Projektteams, die im Auftrag eines Einzelkunden Software entwickeln, betrachten solche Software-Engineering-Prozesse daher oft als überholt. Ihr Einsatz ist aber sinnvoll, wenn beispielsweise ein kombiniertes Hardware-Software-System entwickelt werden soll. Die späte Verfügbarkeit der Zielhardware verlangt, dass Anforderungen und insbesondere Schnittstellen früh festgelegt und »eingefroren« werden müssen. Auch zur Koordination großer, verteilter Projektteams, die z.B. an einem neuen Standardprodukt arbeiten, ist die Disziplin solcher managementlastigen Prozesse notwendig. Schließlich gibt es Bereiche, z.B. Entwicklung im staatlichen Auftrag, wo definierte Software-Engineering-Prozesse von dem Projekt formal gefordert werden. *Wann sind »schwere« Prozesse sinnvoll?*

Die Entwicklung und Einführung einer systematischen Arbeitsweise in einer großen Entwicklungsabteilung ist eine hohe Investition. Vor der Entscheidung zum Einsatz automatisierter Unit Tests sollte daher eine Kosten-Nutzen-Analyse stehen. Die Kosten-Nutzen-Relation hängt von der Struktur des Prozesses ab. Dieses Kapitel stellt *Kosten-Nutzen-Betrachtung*

daher zunächst die unterschiedlichen Prozessstrukturen vor – sequenziell, inkrementell und evolutionär – und liefert anschließend eine
Betrachtung von Kosten und Nutzen in Abhängigkeit von der jeweiligen Struktur. Schließlich diskutieren wir den Einsatz automatisierter
Unit Tests in kommerziell verbreiteten Prozessmodellen.

14.1 Aktivitäten im definierten Softwareprozess

Ein definierter Entwicklungsprozess besteht aus einer strukturierten
Abfolge von Aktivitäten, bei denen Zwischenergebnisse und schließlich das Produkt entstehen.

Aktivitäten und Produkte

Abbildung 14–1 zeigt ein Beispiel für Aktivitäten und Ergebnisse eines
Softwareprozesses. Bewusst haben wir keinen der in den folgenden
Unterkapiteln besprochenen Prozesse gewählt, sondern ein vereinfach-
tes Beispiel: Eine kleine Firma entwickelt kundenspezifische GUI-
Komponenten.

Beispielprozess   Die Entwicklung läuft folgendermaßen ab: Zuerst wird eine
Beschreibung der Funktionen der Komponente sowie der Programmierschnittstelle und des User-Interfaces entwickelt. Diese Beschreibung wird vor Beginn der Implementierung vom Kunden reviewt.
Dann folgen Entwurf des Klassenmodells und der Tests sowie die Implementierung der Komponente. Die Komponente wird zuerst intern
und später durch den Kunden getestet, wobei sie in die Software des
Kunden integriert wird. Schließlich wird dem Kunden die fertige Komponente übergeben und das Projekt abgeschlossen.

Grundbegriffe   An diesem Beispiel lassen sich einige Grundbegriffe erklären: Ein
Prozess besteht aus einer Menge von Schritten oder *Aktivitäten*. Eine
Aktivität ist eine Tätigkeit, deren Durchführung im Prozess beschrieben ist und die zu einem definierten Ergebnis führt. In Abbildung 14–
1 sind die Rechtecke Aktivitäten, also z.B. »Beschreibe Funktion und
Interface«. Das Ergebnis einer Aktivität ist entweder ein Produkt (also
etwas, das an den Projektkunden ausgeliefert wird) oder ein internes
Zwischenergebnis (z.B. ein Projektdokument oder ein Softwaremo-
dell).

Zwischenprodukte   Definierte Zwischenergebnisse erlauben, den Fortschritt des Projektes zu ermitteln. In Abbildung 14–1 sind sie durch Parallelogramme
symbolisiert. Oft sind solche Zwischenergebnisse standardisierte
Dokumente. Ein Beispiel für ein solches Dokument ist die »Spezifikation«. Textdokumente haben den Vorteil, dass man sie ausdrucken

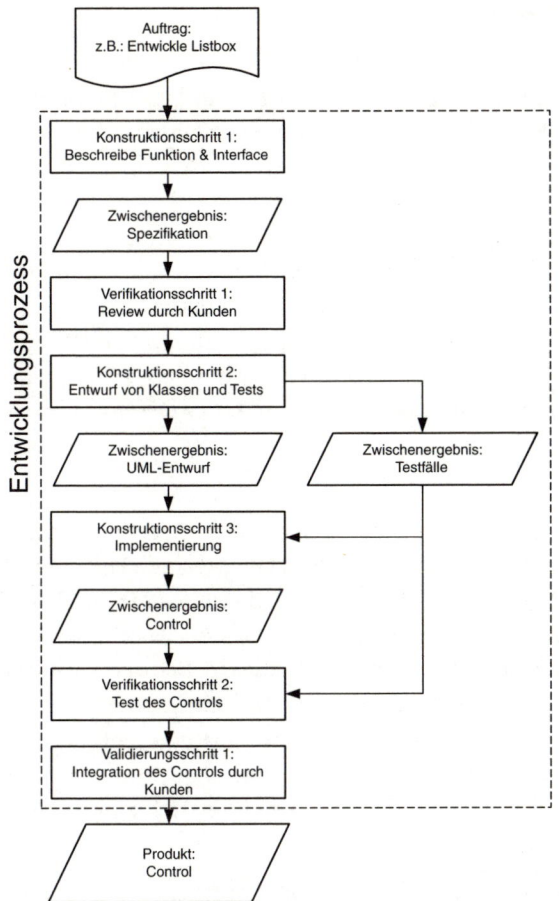

und durchlesen kann und sie sich somit sehr gut für einen Review eignen. Im RUP [Kruchten99] sind Zwischenergebnisse Softwaremodelle
(wie der »UML-Entwurf« in Abb. 14–1) oder ausführbare Programme
(wie die Komponente nach der Implementierungsphase in Abb. 14–1).
Ausführbare Zwischenergebnisse können den Fortschritt des Projektes
zuverlässiger nachweisen als geduldiges Papier. Das gilt natürlich nur,
wenn es sich um fertige, geprüfte Bestandteile des Produkts handelt
und nicht um GUI-Prototypen, die der Entwickler mit entsprechenden
Werkzeugen schnell erstellen kann.

Ziel des Softwareprozesses ist die Erstellung eines qualitativ hoch-   *Produktqualität*
wertigen Softwareprodukts. Hohe Qualität bedeutet, dass das Produkt
die dokumentierten Anforderungen und die oft nicht dokumentierten
Bedürfnisse und Erwartungen von Auftraggebern und Benutzern
erfüllt. Zur Erstellung eines hochwertigen Produkts tragen verschiedene Arten von Aktivitäten bei.

Konstruktionsaktivitäten

Aktivitäten wie Anforderungsdefinition, Design und Implementierung dienen dazu, die Funktionalität des Produkts aufzubauen. Bei diesen Aktivitäten entstehen Fehler. Die weiter unten beschriebenen Verifikations- und Validierungsschritte dienen zur Beseitigung dieser Fehler.

Fehlervermeidung   Die preiswerteste und beste Art, hohe Qualität zu erreichen, ist Fehlervermeidung bei den konstruktiven Schritten. Hierzu gibt es verschiedene Möglichkeiten: Dokumentvorlagen helfen den Projektmitarbeitern bei der vollständigen Dokumentation von Anforderungen. Ausbildung in Software-Engineering-Methoden hilft, systematische Fehler zu vermeiden. Nicht zuletzt trägt der Test-First-Ansatz zur Fehlervermeidung bei, indem er die Qualität des Designs verbessert.

Verifikation

Verifikation dient dazu, festzustellen, ob die Ergebnisse einer Aktivität den dokumentierten Anforderungen entsprechen. Dabei wird zum Beispiel ermittelt, ob ein Design alle dokumentierten Anforderungen (engl. *Requirements*) berücksichtigt oder ob das Produkt alle spezifizierten Funktionen korrekt implementiert. Bei der Verifikation kommen verschiedene Test- und Review-Techniken zum Einsatz.

Testarten   Bei einem *Test* wird die Software auf eine definierte Art ausgeführt, die Ergebnisse werden beobachtet bzw. aufgezeichnet und die Richtigkeit der Ergebnisse wird bewertet. Es gibt unterschiedliche Arten von Tests:

- Funktionale Tests (*Function Tests*) prüfen, ob die Software eine spezifizierte Funktion korrekt implementiert, z.B. ob es in einer Tabelle möglich ist, Zeilen und Spalten einzufügen.

- Benchmarks (*Benchmark Tests*) messen die Performanz eines Systems (definierte Hardware und Software) und vergleichen sie mit einer Referenz, d.h. einem existierenden System oder einem vorgegebenen Wert. Ein Benchmark für ein Grafikprogramm ermittelt z.B., wie lange es dauert, auf einem bestimmten Rechner eine 3D-Szene aufzubauen.

- Lasttests (*Load Tests*) prüfen, ob die Software unter verschiedenen Betriebsbedingungen (z.B. unterschiedliche Anzahl paralleler Benutzer) korrekt und ausreichend effizient arbeitet. Eine Variante hiervon sind Stresstests (*Stress Tests*), die das Verhalten der Software unter extremen Bedingungen testen, z.B. mit einer sehr großen Zahl paralleler Benutzer oder unter sehr eingeschränkten Rechnerressourcen.

▨ Robustheitstests (*Robustness Tests*) prüfen, ob die Software ohne Absturz auf Fehler reagieren kann, z.B. auf fehlerhafte Eingaben oder Ausnahmen (Exceptions), wie unzureichenden Speicherplatz.

▨ Installationstests (*Installation Tests*) prüfen, ob sich die Software korrekt unter unterschiedlichen Bedingungen installieren lässt.

Bei einem *Review* begutachtet eine Gruppe von Reviewern das Ergebnis einer Aktivität, z.B. ein Anforderungsdokument oder eine wichtige Klassendefinition. Diese Gruppe besteht z.B. aus Managern, Kundenvertretern, Anwendern oder Entwicklern. Bei Befolgung eines strukturierten Review-Prozesses, z.B. den Inspektionen (*Inspections*) [Gilb93], finden Reviews Fehler oft mit geringeren Kosten als Tests. Dies liegt unter anderem daran, dass der Reviewer den Fehler beim Lesen eines Dokumentes oder Quellcodes am Ort der Fehlerursache findet, z.B. sieht er eine falsche Variablenzuweisung im Quellcode. Dagegen tritt beim Test ein Symptom auf, aber die Ursache muss der Entwickler durch zum Teil langwieriges Debugging finden [Humphrey95]. Ein weiterer positiver Nebeneffekt von Reviews ist die Weitergabe von Wissen. Durch ihre Arbeit als Reviewer lernen Projektmitarbeiter unbekannte Teile des Projektes kennen. *Review*

Auch XP enthält neben unterschiedlichen Testarten eine sehr effiziente Form des Reviews: Beim Pair Programming (siehe Kapitel 1.2) reviewen die Entwickler abwechselnd und gegenseitig während der Entwicklung ihre Arbeit. Pair Programming reduziert die Fehlerzahl und verbreitet das Wissen über den Code im Projektteam. *Review durch Pair Programming*

Verifikationstechniken prüfen, ob der Softwareprozess korrekt abgelaufen ist und in jeder Phase das spezifizierte Resultat produziert wurde. Wenn ein Softwareprodukt die Verifikation erfolgreich durchläuft, haben die Entwickler ihre Arbeit ordentlich erledigt. Unit Tests sind somit eine Verifikationsmaßnahme. Sie stellen sicher, dass der Entwickler alle Methoden, die von der Komponente in ihrem öffentlichen Interface angeboten werden, auch tatsächlich korrekt implementiert hat.

Validierung

Leider ist die erfolgreiche Verifikation noch keine Garantie für eine erfolgreiche oder sinnvoll einsetzbare Software, denn es könnte sein, dass die Spezifikation nicht die wahren Wünsche der Auftraggeber beschreibt. Daher wird als weiterer Schritt die Validierung benötigt. Validierung dient dazu, festzustellen, ob das Produkt die Bedürfnisse des Benutzers erfüllt. Zur Validierung gehört der Einsatz der Software in der Zielumgebung, z.B. im Rahmen eines Pilotprojekts oder, bei Standardprodukten, eines Betatest-Programms. Auch für die Validierung gilt, dass sie so früh wie möglich einsetzen sollte.

Frühes Feedback   So besteht eine frühe und sehr effektive Form der Validierung darin, ein gemeinsames Verständnis der Anforderungen zwischen Projektteam und Kunden sicherzustellen. Die unten diskutierten Softwareprozessmodelle sehen dazu eine Reihe von Techniken vor, wie Szenarien, Prototypen oder Storyboards.

Qualitätssicherung

Man könnte meinen, das Thema Qualitätssicherung sei bereits durch die oben genannten Verifikations- und Validierungsaktivitäten abgedeckt. Dies ist jedoch in der Praxis eine zu optimistische Sichtweise. Nur weil ein Entwicklungsprozess aufgeschrieben ist, wird er noch lange nicht von den Projektmitarbeitern eingehalten. Gute Vorsätze über durchzuführende Verifikations- und Validierungsaktivitäten scheitern im Projektalltag oft am Termindruck oder am mangelnden Sex-Appeal solcher Tätigkeiten. Wenn die Mitarbeiter den Prozess als nicht angemessen ansehen, werden sie sich langsam – ohne es zu sagen – von der Papierform weg und zu einer chaotischen Arbeitsweise hinbewegen, so dass der schöne Entwicklungsprozess zur »Shelfware« verkommt.

Damit dies nicht geschieht und Entwickler wie Manager sehen, wie und in welcher Qualität der tatsächliche Softwareprozess abläuft, gibt es die Rolle der Qualitätssicherung. Abbildung 14–2 veranschaulicht die Aufgaben der Qualitätssicherung.

Die Qualitätssicherung unterstützt den Projektleiter bei der Planung des Projektes, insbesondere bei der Planung geeigneter Verifikations- und Validierungsmaßnahmen und bei der Anpassung der Prozesse an die Bedürfnisse des Projektes.

Prozessüberwachung   Die Qualitätssicherung beobachtet den Prozess und vergleicht den wirklich durchgeführten mit dem dokumentierten Prozess. Dabei prüft sie, ob Aktivitäten (z.B. Projekt-Meetings, Dokumentenreviews, Tests) tatsächlich stattfinden und ob Zwischenergebnisse und das Endprodukt so aussehen, wie im Prozess definiert. Dies klingt vielleicht nach Aufpassen und Besserwissen, aber in einem guten Projekt werden die Projektmitarbeiter in die Planung einbezogen und der Prozess basiert auf ihrer realen Vorgehensweise. Idealerweise ist die Qualitätssicherung das Gewissen der Mitarbeiter, das sie an ihre guten Vorsätze erinnert. Zur Beobachtung des Prozesses gehört die Sammlung von Daten, z.B. über Einhaltung des Terminplanes, Anzahl der gefundenen Fehler bei Verifikationstätigkeiten und Ähnliches. Diese Daten geben Aufschluss darüber, ob der Prozess angemessen und effizient ist.

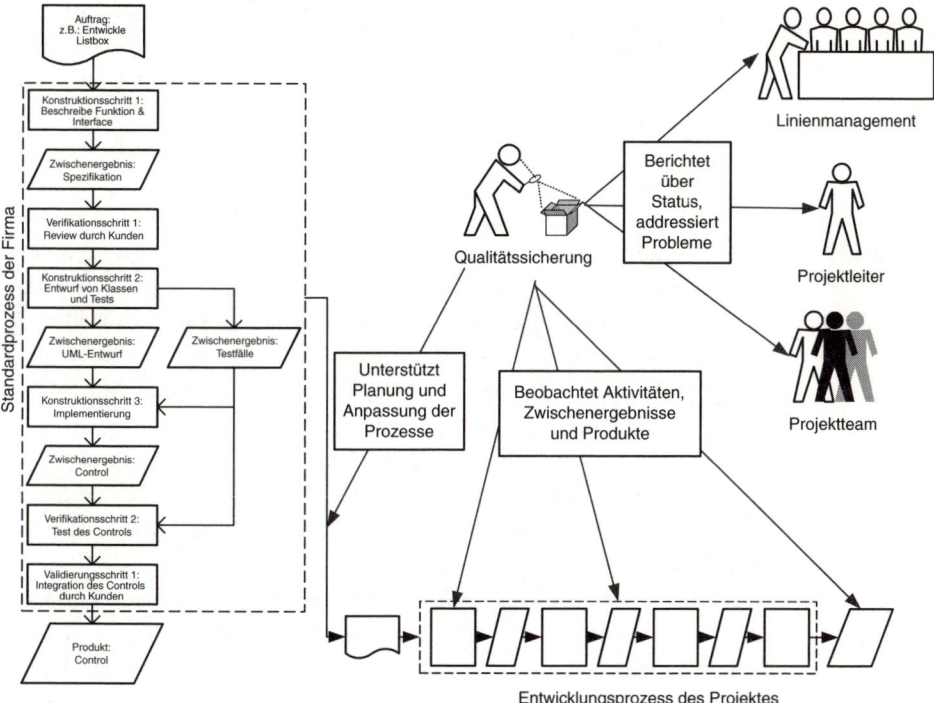

Die Qualitätssicherung informiert Projektmitarbeiter und Manager. Sie bereitet die gesammelten Daten auf und informiert das Projektteam auf dieser Basis, z.B. über Effizienz von Reviews und (System-)Tests, Anzahl der nicht behobenen Problemberichte Abweichung von Meilensteinterminen im Vergleich zur Planung. Neben der reinen Information muss die Qualitätssicherung aber auch signifikante Abweichungen vom Prozess behandeln. Nehmen wir z.B. an, dass die Qualitätssicherung feststellt, dass ein bestimmter Mitarbeiter keine Tests für seine Module entwickelt. Sie wird dieses Problem mit dem Entwickler besprechen, die Motivation für die Tests nochmal erklären – vielleicht auf Basis dieses Buches – und den Entwickler auffordern, die Tests zu erstellen. Reagiert der Entwickler nach gutem Zureden nicht, muss die Qualitätssicherung den Projektleiter auf das Problem hinweisen, denn die Qualität des Produkts steht auf dem Spiel, und nun muss der Projektleiter das Problem mit dem Mitarbeiter beheben.

Die Qualitätssicherung nimmt auch eine allseits unbeliebte Polizistenfunktion wahr. Falls sich Probleme nicht innerhalb des Projektes beheben lassen – z.B. wenn der Projektleiter nun auch meint, dass für Tests jetzt gar nicht der richtige Zeitpunkt ist –, wird das Management

Abb. 14–2

Aufgaben der Qualitätssicherung

Sanktionen

benachrichtigt. Diese so unangenehme Aufgabe ist für eine Firma lebenswichtig, wenn dadurch beispielsweise verhindert werden kann, dass aus Zeitdruck ein mit vielen Fehlern behaftetes Produkt ausgeliefert wird und alle Kunden vergrault.

Alleine aufgrund des zuletzt genannten Reportings zum Linienmanagement ist es vorteilhaft, wenn die Qualitätssicherung von Mitarbeitern außerhalb der normalen Projekthierarchie durchgeführt wird, denen der Projektleiter nicht den Mund verbieten kann, wenn sie *Muss Qualitätssicherung* schlechte Neuigkeiten bringen. Viele der neuen Entwicklungsmodelle, *institutionalisiert werden?* wie die unten besprochenen RUP und XP, erwähnen die Qualitätssicherung nicht explizit als Rolle, sondern ordnen ihre Aufgaben dem Projektleiter, einem »Coach« oder dem Kunden vor Ort zu. Selbst der strenge Standard CMMI [CMU00] erlaubt inzwischen explizit, dass – in Organisationen mit einer offenen Kommunikationskultur – die Qualitätssicherung ohne speziell ausgewiesenen Qualitätsverantwortlichen von allen Projektmitarbeitern gemeinsam wahrgenommen wird. CMMI fordert allerdings, dass die Qualitätssicherung auch in diesem Fall nicht auf Hoffnung basiert, sondern geplant und von geschulten Mitarbeitern durchgeführt wird.

Unit Tests sind für einige der soeben vorgestellten Arten von Aktivitäten relevant. Die Erstellung von Unit Tests nach dem Test-First-Prinzip ist eine konstruktive Qualitätsmaßnahme, da sie das Design verbessert. Die Durchführung von Unit Tests ist auch eine Verifikationsmaßnahme. Die Aktivitäten und Ergebnisse des Unit Tests gehören zum Entwicklungsprozess und unterliegen somit der Qualitätssicherung.

14.2 Prozesstypen und Teststrategien

Bei den heute eingesetzten Prozessmodellen kann man verschiedene Typen unterscheiden, die jeweils unterschiedliche Teststrategien erfordern. Sequenzielle Modelle sind historisch die ersten Prozessmodelle. *Sequenziell* *Inkrementell* Bei ihnen finden Tests am Ende des Entwicklungsprojektes statt. Dage- *Evolutionär* gen fordern moderne inkrementelle und evolutionäre Entwicklungsmodelle frühzeitige Integration und frühzeitiges Testen von Vorversionen der Software.

Sequenzielle Modelle

Die ersten vorgeschlagenen Prozessmodelle hatten eine sequenzielle *Wasserfall* Struktur. Das erste und bekannteste dieser Modelle ist das *Wasserfallmodell* [Royce70][Boehm76], das in Abbildung 14–3 skizziert ist.

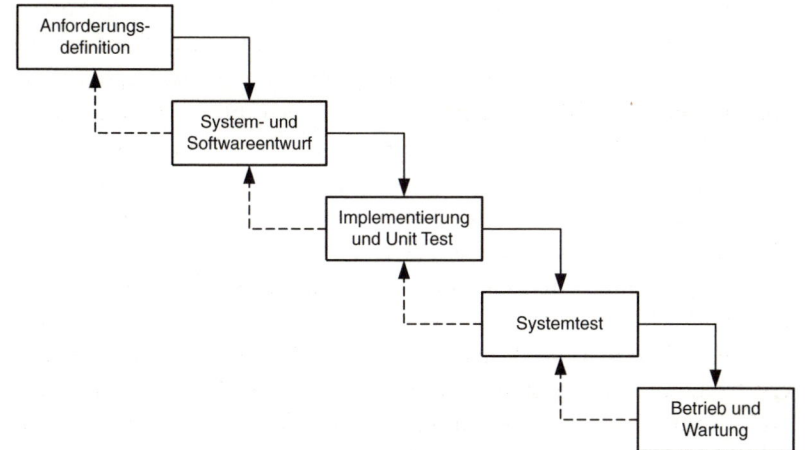

Abb. 14–3
Wasserfallmodell
[Boehm76]

Das Wasserfallmodell ist deshalb ein sequenzielles Modell, weil jede der Aktivitäten an einer Stelle des Prozesses für das gesamte Produkt durchgeführt wird. In einem sequenziellen Modell werden im Rahmen der Aktivität Anforderungsdefinition alle Anforderungen aufgeschrieben und detailliert. Am Ende der Aktivität werden die Anforderungen reviewt, abgestimmt und festgelegt. Analog liefert die Aktivität System- und Softwareentwurf das Design von der Systemarchitektur bis hin zum Feinentwurf. Anschließend wird die gesamte Software implementiert, integriert und getestet. Schließlich wird sie produktiv in ihrer Zielumgebung eingesetzt, gewartet und weiterentwickelt.

Die Integration der unterschiedlichen Module sowie die Testdurchführung finden in sequenziellen Modellen am Ende der entsprechenden Phase statt. Dabei sind folgende Teilaktivitäten durchzuführen:

- **Unit Test:** Nach der Implementierung werden die Units, also Klassen oder Module, einzeln getestet.   *Teilaktivitäten*
- **Integration und Integrationstest:** Die Software wird sukzessive aus den einzelnen Bestandteilen zusammengebaut, wie es im Design beschrieben ist. Jedes dabei entstehende Teilsystem wird wiederum getestet.
- **Systemtest:** Das Gesamtsystem wird getestet. Dies geschieht auf Basis der Anforderungen, d.h., die spezifizierte Funktionalität wird ebenso getestet wie Eigenschaften der Software: Effizienz, Robustheit usw.
- **Akzeptanztest:** Die Software wird validiert, indem sie z.B. durch die Kunden in der Zielumgebung getestet wird. Der Akzeptanztest stellt die formale Abnahme der Software durch den Kunden dar.

Die beim Testen gefundenen Fehler führen zu Rückgriffen im Prozess, wie die gestrichelten Linien in Abbildung 14–3 andeuten. Wird im Test ein Fehler in der Implementierung gefunden, so muss die Implementierung korrigiert werden. Die Rückgriffe werden umso teurer, je früher die Fehlerursache im Prozess liegt: Wenn ein Problem auf eine fehlerhafte Anforderung zurückgeht, müssen die Anforderung sowie das darauf basierende Design und die betroffenen Programmelemente geändert und erneut getestet werden.

Kosten der Fehlerbeseitigung

Die geradlinige Struktur der sequenziellen Modelle ist einleuchtend und erleichtert die Planung des Projektes und die Kommunikation. Jede Aktivität des Projektes führt zu einem definierten Zwischenergebnis, in den ersten Phasen normalerweise in Form eines Dokumentes, z.B. einer Anforderungsspezifikation. Sequenzielle Vorgehensmodelle sind in vielen Bereichen des Lebens, z.B. in der (Gebäude-)Architektur verbreitet, bei denen der technische Prozess gut beherrscht wird. Die Erfahrungen der letzten Jahrzehnte deuten jedoch daraufhin, dass ein sequenzielles Vorgehen nur in den seltensten Fällen auch für die Softwareentwicklung geeignet ist.

Probleme sequenzieller Modelle

In vielen Softwareprojekten hat der Einsatz sequenzieller Modelle zu Problemen geführt. Dies liegt vor allem an der späten Integration und dem späten Test der Software. Inkonsistenzen, Missverständnisse und Qualitätsprobleme werden erst am Ende des Projektes entdeckt, wenn die Integration fehlschlägt oder beim Test mangelnde Qualität festgestellt wird. Wenn die Probleme entdeckt sind, beginnt die Arbeit am Projekt von Neuem; Anforderungen müssen korrigiert, das Design geändert und die Implementierung in großen Teilen überarbeitet werden. Ein Projekt, das »zu 90% fertig« war, steht plötzlich wieder fast am Anfang (siehe [Royce90]).

Inkrementelle Modelle

Verringerung des Integrationsrisikos

Um die technische Beherrschbarkeit von Projekten zu verbessern und das Risiko der »Big Bang«-Integration am Ende des Projekts zu vermeiden, werden inkrementelle Modelle eingesetzt [Jacobson99], [Kruchten99], [Stapleton97]. Abbildung 14–4 zeigt die Struktur eines solchen Prozesses.

Bei inkrementellen Prozessen wird das System in einer Reihe von Ausbaustufen (Inkrementen) realisiert; die Grafik zeigt ein Beispiel mit drei Inkrementen. Um das Projekt als Ganzes zu beherrschen, beginnen inkrementelle Prozesse mit einer groben Anforderungsdefinition für das Gesamtprojekt, auf der ein Plan für das Gesamtprojekt basiert, der alle Inkremente beschreibt. Ebenfalls am Anfang des Projektes

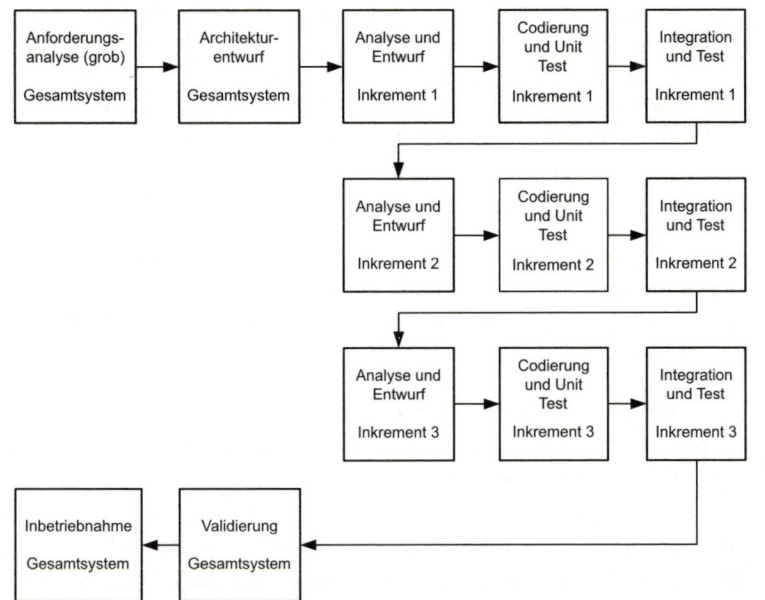

Abb. 14–4
Inkrementeller Prozess

wird eine Architektur für das Gesamtsystem entwickelt, die sicherstellt, dass alle Inkremente realisiert und in das Gesamtsystem integriert werden können.

In jedem Inkrement wird eine neue Ausbaustufe des Systems erstellt, welche die vorige Ausbaustufe enthält. Ein Beispiel für eine solche Vorgehensweise ist die Erstellung eines Zeiterfassungssystems in drei Ausbaustufen: Ausbaustufe 1 ist ein Kernsystem, das die Daten der Eingabeterminals ausliest, konsistent in einer Datenbank ablegt und grundlegende Reports über die Arbeitszeiten der Mitarbeiter zur Verfügung stellt. Dieses Kernsystem ist schon testbar und einsetzbar. Ausbaustufe 2 fügt der Ausbaustufe 1 Funktionen zum Datenaustausch mit dem Projektplanungs- und Abrechnungssystem hinzu und liefert wieder ein testbares und nutzbares System. Ausbaustufe 3 ist das Gesamtsystem, das der Ausbaustufe 2 ein GUI zur manuellen Eingabe und Korrektur von Zeiten hinzufügt.

Ausbaustufen am Beispiel

Jede einzelne Ausbaustufe wird in einem eigenen sequenziellen Prozess – oft Mini-Wasserfall genannt – realisiert. Für jedes Inkrement werden die Anforderungen detailliert aufgeschrieben, ein Entwurf erstellt, die neuen Klassen implementiert und durch Unit Tests geprüft. Danach werden die neuen Klassen mit dem Gesamtsystem integriert und Integrations- sowie Systemtests durchgeführt.

Mini-Wasserfall

Die inkrementelle Entwicklung hat folgende Auswirkungen auf die Teststrategie:

- Die Tests vom Unit Test bis zum Systemtest werden am Ende eines jeden Inkrements durchgeführt. Dadurch werden Tester während des gesamten Projektes gebraucht und nicht erst am Ende – wie bei den sequenziellen Prozessen.

- Da jede Ausbaustufe des Systems die Resultate aller vorherigen Ausbaustufen enthält, werden viele Tests wiederholt ausgeführt. Die Tests der Stufe i werden in den Stufen $i+1$, ..., n zu so genannten Regressionstests.

Grenzen inkrementeller Modelle

Wie sequenzielle Prozesse erfordern auch inkrementelle Prozesse ein Grundverständnis der Anforderungen des Gesamtprojektes zu Beginn des Projektes. Auch wenn im Detail bei den Inkrementen eine größere Flexibilität gegenüber Änderungen gegeben ist als bei sequenziellen Modellen, eignen sich inkrementelle Modelle nicht für Projekte mit unklaren oder unbekannten Anforderungen. Bei derartigen Projekten ist eine evolutionäre Vorgehensweise geeigneter.

Evolutionäre Modelle

Evolutionäre Prozesse starten mit einer Vision des zu entwickelnden Produkts. Die Requirements sind aber nicht bekannt und nicht (durch Interviews, Analyse existierender Systeme) mit vertretbarem Aufwand zu erheben[1]. In dieser Situation können Requirements nur erhoben werden, indem ein Teil der Produktvision verwirklicht und anschließend Feedback eingeholt wird. In einer iterativen Weise werden so immer neue Vorversionen des Produkts erstellt, die einen immer größeren Teil der Vision abdecken. Durch den Praxiseinsatz jeder Vorversion und Einarbeitung des Feedbacks vom Kunden bzw. von den Endanwendern nähern sich die Vorversionen des Produkts mehr und mehr den Bedürfnissen des Kunden an.

Evolution durch iterative Annäherung

Iterationsplanung

Obwohl bei evolutionärer Entwicklung das Ergebnis des Projektes am Anfang nicht absehbar ist, muss jede Iteration geplant werden. Dieser Plan beschreibt unter anderem die Ziele der Iteration (z.B. Entwicklung einer zentralen Datenhaltungskomponente) und die adressierten Projektrisiken (z.B. technische Machbarkeit in der gewählten Architektur). Die einzelne Iteration wird nach einem geeigneten Prozessmodell durchgeführt (z.B. einem Mini-Wasserfallmodell), das Ergeb-

---

1. Dies ist viel öfter der Fall, als man zunächst vermuten würde. Leider kommt man zu dieser Erkenntnis häufig erst am Ende eines Projekts.

nis wird verifiziert und Feedback wird eingeholt. Diese evolutionäre Vorgehensweise hat Boehm in einem formalen Metamodell beschrieben, dem *Spiralmodell* [Boehm88].

In den letzten Jahren haben sich viele Wissenschaftler und Berater mit der Frage beschäftigt, wie man ein evolutionäres Modell mit den daraus resultierenden häufigen Anforderungs- und Designänderungen praktisch anwenden kann. Sie haben Techniken entwickelt, die verhindern sollen, dass Design und Code aufgrund der ständigen Änderungen irgendwann unbrauchbar werden. Dazu benötigt der Softwareentwickler die Erlaubnis, das Design des bestehenden (und lauffähigen!) Systems zu ändern und zu verbessern, was zunächst dem Prinzip »Don't fix it if it ain't broke« widerspricht. Martin Fowler hat in seinem bekannten Buch [Fowler99] unter dem Begriff *Refactoring* (vgl. Kapitel 1.2) beschrieben, wie solche Renovierungen an Design und Code durchgeführt werden können – vorausgesetzt man hat ausreichend Unit Tests.

Für das Testen im evolutionären Prozess gilt:

▪ Genau wie beim inkrementellen Modell werden die Tests vom Unit Test bis zum Systemtest zumindest am Ende jeder Iteration durchgeführt.

▪ Nach jedem Refactoring-Schritt müssen zusätzlich die betroffenen Bereiche – und das ist häufig das ganze System – getestet werden, da sonst die Gefahr besteht, bereits lauffähige Funktionalität zu zerstören.

Derzeit machen evolutionäre Modelle in Form der *Agilen Methoden* Furore. Unter dem Motto »*Agile*« – also lebendig, flink, beweglich – haben sich 17 bekannte Vertreter moderner, leichtgewichtiger Software-Methodiken zusammengefunden und ein gemeinsames Manifest verfasst [Fowler01]. Die von den Verfechtern der Agilität vorgeschlagenen Prozesse (XP, Crystal, SCRUM, Adaptive Software Development) sind evolutionär. Der eigentliche Inhalt des Manifests betrifft allerdings eher die Prozesskultur als den Prozess selbst: Das ausgebildete und motivierte Team, das mit dem Kunden zusammenarbeitet, wird in den Vordergrund gestellt. Dokumente und Tools werden nur dort eingesetzt, wo diese sich als nützlich erweisen. Die Idee, dass sich ein Produkt vollständig und vorab in einem Dokument spezifizieren lässt, wird aufgegeben. Drastische Änderungen in der Ausrichtung des Projekts werden als Eigenschaft eines immer dynamischer werdenden Geschäftsumfeldes anerkannt.

Agile Softwareprozesse

Fortlaufende Integration

Die Entwicklung von sequenziellen zu inkrementellen und evolutionären Prozessmodellen vermeidet die späte Integration der Software. Denkt man den Gedanken konsequent zu Ende, so gelangt man zu der Idee, die Software stets integriert zu halten, wie es z.B. in XP gefordert wird. *Fortlaufende Integration* (engl. Continuous Integration) bedeutet die Integration bereits kleiner Änderungen in das System: täglich oder sogar mehrmals täglich[2].

Anforderungen an Build-
und Testprozess

Fortlaufende Integration stellt extreme Anforderungen an den Testprozess. Das System darf durch die Integration einer geänderten Klasse nicht inkonsistent werden. Es muss daher nach jeder Integration getestet werden. Dazu sind automatisierte Regressionstests erforderlich, denn kein Testteam kann ständig die Software durchtesten. Zusätzlich müssen Tests und Build-Prozedur sehr effizient sein. Für den Build resultiert hieraus die Forderung nach inkrementeller Kompilation und einem guten Bibliothekskonzept. Für den Test kommen nur schnelle, in der Programmiersprache mit Testframeworks automatisierte Tests in Frage (z.B. keine GUI-Tests, bei denen zeitaufwändige Bedienabläufe simuliert werden). Mit CruiseControl [URL:Cruise-Control] existiert ein Open-Source-Werkzeug, das sich genau dieser Problematik annimmt.

14.3   Kosten und Nutzen automatisierter Unit Tests

Frühe Fehlerentdeckung
spart Geld

Der Nutzen von Tests liegt im Verhindern und Finden von Fehlern. In der Entwicklungsphase gefundene Fehler sind bares Geld wert. Die Behebung eines Fehlers, der während der Entwicklung gefunden wird, ist wesentlich billiger als die Behebung des gleichen Fehlers nach Auslieferung der Software. Nach der Auslieferung auftretende Fehler bewirken Unzufriedenheit der Kunden, Stillstand von Anlagen bzw. Geschäftsprozessen, schwierige und teure Lokalisierung sowie einen komplexen Problemverfolgungs- und -beseitigungsprozess einschließlich neuer Auslieferung und Installation der Software.

Neben dem enormen Einsparpotenzial durch frühe Fehlerfindung besitzen Unit Tests weitere Vorteile: Nach dem Test-First-Ansatz erstellte Unit Tests beeinflussen das Design stark positiv. Darüber hinaus sind Unit Tests lokal, d.h., die Fehlerursache liegt meist in der

---

2. Fowler und Foemmel diskutieren die Vorteile und die Umsetzung fortlaufender Integration ausführlich in [URL:ContIntegration].

getesteten Klasse. Tritt ein Fehler im Systemtest auf, ist die Fehlerlokalisierung im Gesamtsystem wesentlich aufwändiger.

Anhand von Zahlen lässt sich der Nutzen von Unit Tests verdeutlichen: Ein Fehler, der während der Kodierung oder dem Unit Test gefunden wird, ist nach Studien von IBM [Subramaniam99] um den Faktor 10 billiger als ein Fehler, der im Systemtest gefunden wird. Bei Fehlern, die gar erst während des produktiven Einsatzes der Software gefunden werden, beträgt der Faktor sogar 100.

Harte Fakten

Dem großen Nutzen stehen die Kosten der Testerstellung und Testaktualisierung entgegen. Diese sind bei automatisierten Tests höher als bei manuellen Tests. Dagegen sind die Kosten der Testdurchführung bei manuellen Tests wesentlich höher. Abbildung 14–5 zeigt, dass sich automatisierte Tests dann lohnen, wenn die Tests oft wiederholt werden. Ab einer bestimmten Zahl *n* von Wiederholungen sind die Kosten der *n*-maligen manuellen Testausführung höher als die Kosten der *n*-maligen automatisierten Testdurchführung plus den einmaligen Kosten für die Erstellung des automatisierten Tests.

Kosten der Testautomatisierung

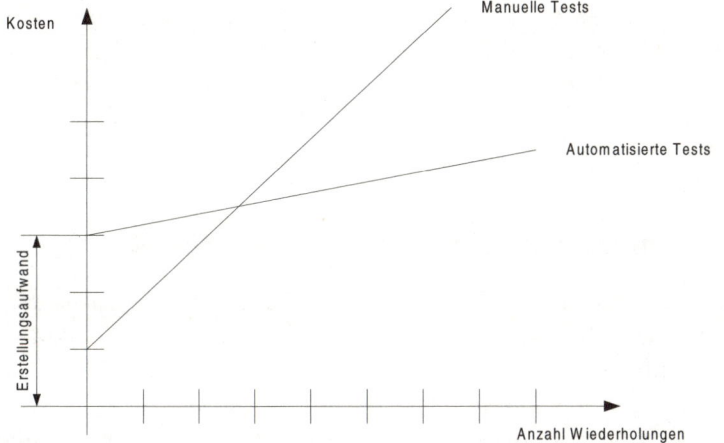

Abb. 14–5
Vergleich der Kosten von manueller und automatisierter Testdurchführung

Ein weiterer Kostenfaktor der Automatisierung sind die Kosten der Überarbeitung von Tests. Bei Änderungen der Funktionalität bzw. der öffentlichen Schnittstelle einer Klasse müssen auch die Testfälle angepasst werden. In Wirklichkeit ist daher der Aufwand für die Testautomatisierung nicht konstant, sondern hängt von der (schwer vorherzusehenden) Änderungsrate der Software ab.

Kosten durch Testüberarbeitung

Trotz der Schwierigkeit einer genauen Aufwandsabschätzung lässt sich Folgendes festhalten:

▓ Bei fortlaufender Integration (siehe Seite 266 f.) ist die Automatisierung der meisten Testfälle unbedingt notwendig – die Tests werden schließlich mehrmals täglich ausgeführt. Kapitel 2 (Seite 21) hat dies an einer kleinen Beispielrechnung veranschaulicht.

▓ Bei inkrementellen Prozessmodellen ohne kontinuierliche Integration müssen die Kosten der Automatisierung gegen die Kosten der Testdurchführung abgewogen werden. Es empfiehlt sich, Erfahrungen zu sammeln, indem man zunächst wichtige Basistests, so genannte *Smoke Tests*[3], automatisiert, welche die grundlegenden Anwendungsfälle – z.B. Starten und Beenden – der Software überprüfen.

▓ Bei sequenziellen Modellen gibt es eine zeitlich begrenzte Integrationsphase nach der Entwicklung. Die Unit Tests werden daher wesentlich seltener benötigt und der Nutzen der Automatisierung wird fragwürdig. Die Automatisierung von Unit Tests ist bei streng sequenziellen Prozessen oft nicht wirtschaftlich. Man muss trotzdem für kritische Komponenten, die sich nicht manuell testen lassen, automatisierte Tests erstellen, z.B. für wichtige interne Berechnungskomponenten. In diesem Fall ist die Verwendung eines Testframeworks angeraten.

14.4 Kommerziell eingesetzte Prozessmodelle

Die Integration von Unit Tests soll nun anhand kommerziell eingesetzter Prozessmodelle diskutiert werden. In Deutschland ist das *V-Modell* weit verbreitet, das sequenziell oder inkrementell interpretiert werden kann. Der proprietäre *Rational Unified Process* (RUP) ist ein Vertreter der inkrementellen Modelle. Schließlich dient *Extreme Programming* als Beispiel für evolutionäre (und agile) Prozesse, da es die Heimat für den in diesem Buch besprochenen Testansatz darstellt.

V-Modell

Vorgehensmodell der Bundesverwaltung

Ein aktueller Urenkel des bereits vorgestellten Wasserfallmodells ist das in Deutschland weit verbreitete V-Modell [IAB97]. Das V-Modell ist das offizielle Vorgehensmodell der Bundesverwaltung, d.h., es muss dort für alle Softwareentwicklungsprojekte eingesetzt werden. Darü-

---

3. »Rauchtests«: Anschalten und warten, ob es zu qualmen beginnt.

ber hinaus findet es in der Industrie Verwendung, was durch die freie Verfügbarkeit begünstigt wird. Das V-Modell ist ein schwergewichtiges Modell, da es dokumentenzentriert ist und vielfältige Managementrollen definiert. Es besteht aus den Submodellen Systemerstellung (SE), Qualitätssicherung (QS), Konfigurationsmanagement (KM) und technisches Projektmanagement (PM); d.h., neben der eigentlichen Entwicklungstätigkeit werden auch die begleitenden Prozesse im Detail beschrieben.

Die Entwicklungsaktivitäten werden im Submodell Systemerstellung beschrieben. Abbildung 14–6 zeigt die V-förmige Struktur dieses Submodells. Das V mit den Verbindungsbögen zeigt sehr schön zwei wichtige Funktionen von Verifikation und Validierung:

Aktivitäten im V-Modell

Abb. 14–6

V-Modell (nach [IAB97])

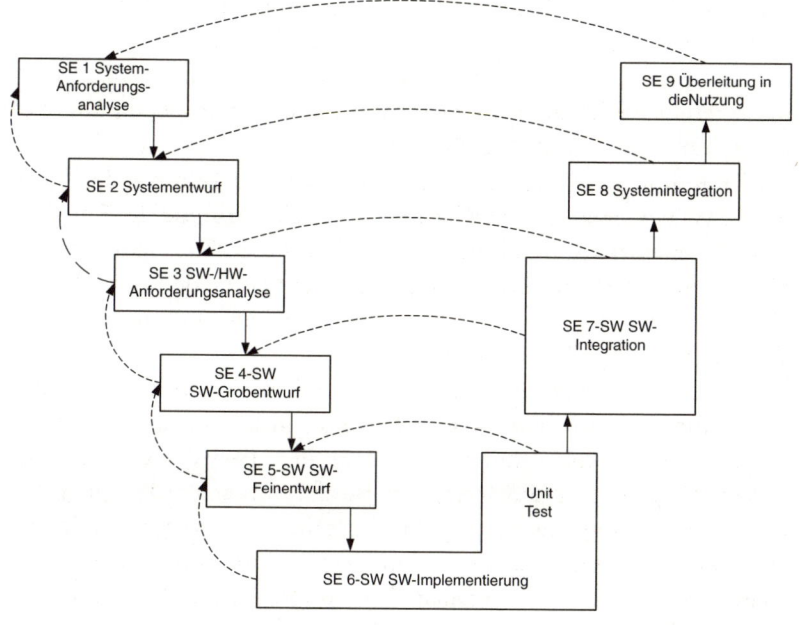

▓ Zwischen den konstruktiven Schritten wird die korrekte Verfeinerung früherer Ergebnisse geprüft: Das Design muss alle Anforderungen abdecken und die Implementierung muss dem Design entsprechen.

▓ Die Integrationsschritte auf der rechten Seite des V prüfen die Entwicklungsschritte auf der linken Seite. So muss die Systemintegration anhand des Systementwurfs erfolgen und eine erfolgreiche Softwareintegration demonstriert, dass der Entwurf sinnvoll war.

Im Rahmen der *System-Anforderungsanalyse* werden die Anforderungen an das Gesamtsystem erhoben, dokumentiert und zwischen Projekt, Auftraggeber, und Anwendern abgestimmt. Die Aktivität *Systementwurf* dient der Entwicklung einer Systemarchitektur, welche die Anforderungen abdeckt. Die Architektur wird wiederum dokumentiert, d.h., die Teilsysteme und ihre Schnittstellen untereinander sowie die Schnittstellen des Systems nach außen werden beschrieben. Für die in der Architektur definierten Teilsysteme werden nun in der *SW-/HW-Anforderungsanalyse* detaillierte Anforderungsspezifikationen erstellt. Anschließend wird für die in Software realisierten Teilsysteme eine Softwarearchitektur entwickelt. Dies geschieht in der Aktivität *SW-Grobentwurf*. Diese Softwarearchitektur beschreibt Prozesse, Komponenten, Daten und Schnittstellen dieser Teilsysteme. Auf Basis der Schnittstellenbeschreibung wird der Integrationsplan für die Softwarebestandteile entwickelt. Im *SW-Feinentwurf* werden die einzelnen Komponenten im Detail entworfen und auch der Datenbankentwurf durchgeführt. Schließlich werden in der *Implementierung* die Komponenten anhand des Entwurfs implementiert.

Rolle der Unit Tests   Im Rahmen der Implementierung werden Unit Tests durchgeführt, die das V-Modell als Entwicklertest oder »Selbstprüfung des Entwicklers« bezeichnet. Abweichend von der Test-First-Philosophie werden die Unit Tests erst nach Design und Implementierung definiert. Wie bei XP muss der Entwickler so lange durch Implementierung und Unit Test iterieren, bis alle Unit Tests laufen.

Bezüglich der Formalisierung von Unit Tests erlaubt das V-Modell ein Spektrum von Möglichkeiten. Das Projekt kann eine völlig informelle Vorgehensweise ohne Dokumentation vorsehen. Es kann andererseits Unit Tests spezifizieren, und zwar (a) in einem Prüfplan, der festlegt, wer wann was testet, (b) in Testfällen, die vorgeben, mit welchen Daten getestet werden soll, und (c) in Prüfprozeduren, die schrittweise beschreiben, was bei einem Test zu tun ist. Das V-Modell geht nicht auf Testautomatisierung ein.

Nachdem die Entwicklertests abgeschlossen sind, werden die Komponenten (und später die Teilsysteme) einer unabhängigen Rolle *Rolle der Qualitätsprüfung*   übergeben, dem Qualitäts- oder Testverantwortlichen. Dieser sorgt für eine unabhängige Prüfungen z.B. durch eine Testabteilung oder unter Einbeziehung des Kunden. Diese formalen Verifikations- und Validierungsschritte sind in Abbildung 14–6 durch gestrichelte Pfeile dargestellt.

Bei sequenzieller Anwendung leidet das V-Modell an dem Problem der späten Integration (siehe oben). Bei der Integration werden die in der Architektur definierten Teilsysteme sukzessive aus den Softwarekomponenten zusammengebaut. Jede dabei entstehende Einheit ist laut V-Modell wieder durch einen Entwicklertest zu prüfen. Das Resultat, d.h. die integrierte Software-Einheit, wird wiederum formalen und unabhängigen Tests unterzogen. An die SW-Integration schließt sich die *Systemintegration* an; dabei wird das System aus seinen Hardware- und Softwareanteilen zusammengebaut, wiederum intern und extern getestet und in installierbarer Form bereitgestellt. Schließlich folgt die *Überleitung in die Nutzung*, bei der das System bei den Anwendern installiert und in Betrieb genommen wird.

Die Dokumentation des V-Modells erlaubt explizit auch die inkrementelle Anwendung des Modells. Dadurch wird das Problem der späten Integration vermieden und Unit Tests und Testautomatisierung gewinnen an Bedeutung. Das Test-First-Prinzip kann im V-Modell zur Anwendung kommen, indem man die Unit Tests im Rahmen des Feindesigns entwickelt. Diese Interpretation des V-Modells kombiniert Vorteile einer definierten Vorgehensweise mit einer modernen, auf Unit Tests gestützten Entwicklungsmethodik.

Inkrementelles V-Modell

Rational Unified Process

Ein weit verbreiteter inkrementeller Prozess ist der Rational Unified Process [Kruchten99]. Diesen Prozess gibt es in zwei Varianten: Eine in Form eines Buches [Jacobson99] öffentlich verfügbare Version heißt *Unified Software Development Process* und wurde 1999 von den OO-Gurus Jacobson, Booch und Rumbaugh definiert. Der eigentliche RUP ist dagegen ein kommerzielles Produkt der Firma Rational. Die Prozessdefinition des RUP ist ein Hypertextdokument mit erschlagendem Umfang von etwa 2500 Seiten, das detaillierte Arbeitsabläufe beschreibt, Templates liefert und die Einbindung von Tools in die Entwicklungsabläufe anbietet.

2500 Seiten Prozessbeschreibung

Die Struktur des RUP hat zwei Dimensionen (siehe Abb. 14–7). Die zeitliche Dimension teilt die Projektdauer des RUP in Phasen ein. Als inkrementelles Modell beginnt der RUP mit einer Gesamtplanungsphase, die als *Inception* bezeichnet wird. In dieser Phase werden alle funktionalen Anforderungen identifiziert und ein grober Projektplan erstellt. In der folgenden Phase (*Elaboration*) werden die wichtigsten Anforderungen im Detail beschrieben. Auf dieser Basis wird eine Architektur ausgearbeitet, welche die Realisierung aller Inkremente erlaubt. Während der anschließenden Implementierungsphase (*Construction*) wird das System inkrementell erstellt. Jedes Inkrement verwendet einen kleinen sequenziellen Prozess, einen Mini-Wasserfall. Die Transitionsphase (*Transition*) beginnt, wenn alle Inkremente in

Zweidimensionale Prozessstruktur

Inception

Elaboration

Construction

Transition

Abb. 14–7

Struktur des Rational
Unified Process

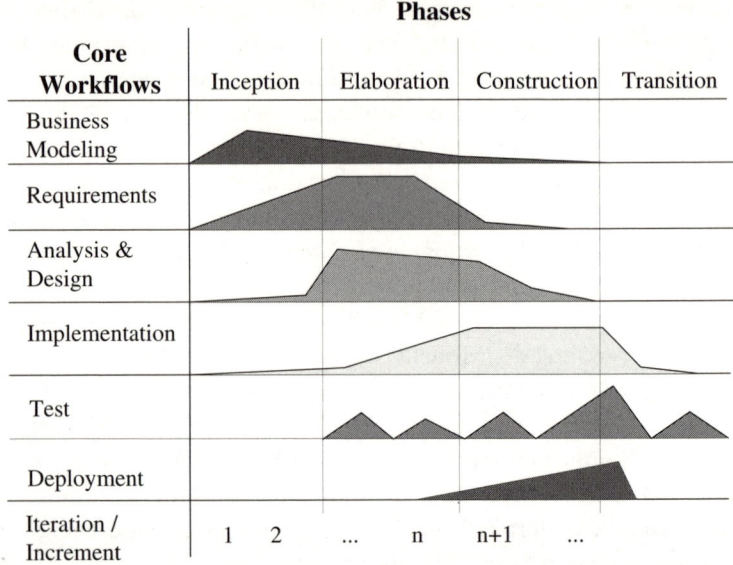

das System integriert und getestet sind. Das System wird nun in seiner Zielumgebung validiert und verbleibende Fehler werden behoben. Schließlich werden Erfahrungen gesammelt und Prozessverbesserungen geplant.

Die zweite Dimension der Prozessbeschreibung ist die inhaltliche. Hier werden so genannte *Core Workflows* beschrieben, aus denen der Mini-Wasserfallprozess besteht, der für jedes Inkrement angewendet wird. Dieser fängt mit dem (optionalen) Workflow *Business Modeling* (dt. Geschäftsmodellierung) an, bei dem existierende Prozesse bzw. Systeme als Ausgangspunkt der Neuentwicklung modelliert werden. Auf Basis der geschäftlichen Anforderungen werden im Workflow *Requirements* die Anforderungen an die Software entwickelt. Daraus werden im Workflow *Analysis & Design* Softwaremodelle entwickelt, wobei der RUP sehr eng mit der Verwendung der *Unified Modeling Language* (UML) [OMG-UML] verbunden ist. In den darauf folgenden Workflows wird das Inkrement anhand des Designs implementiert, mit den vorigen Inkrementen integriert und getestet.

Abbildung 14–7 zeigt auch, dass die Anteile der einzelnen Workflows nicht in jeder Iteration gleich sind. Die ersten Iterationen sind sehr stark auf die Erhebung der Requirements fokussiert, während sich bei späteren Iterationen der Fokus mehr und mehr in Richtung Implementierung und Test verschiebt.

Der RUP beschreibt außer den Workflows des Mini-Wasserfalls noch die unterstützenden Management-Workflows *Configuration & Change Management*, *Project Management* und *Environment*. Obwohl die

Kern-Workflows

Unterstützende Workflows

Qualitätssicherung im RUP fehlt, lässt sich der RUP erfahrungsgemäß gut mit klassischer Qualitätssicherung verbinden, zumindest dann, wenn das Qualitätspersonal in den Notationen und Arbeitsabläufe des RUP geschult wird.

Die Teststrategie des RUP besteht aus Unit Tests, Integrationstests und Systemtests, wie bereits für die anderen Modelle beschrieben. Interessant ist jedoch die durchgängige Systematik bei Testerstellung und Dokumentation, die auf der engen Beziehung des RUP zu UML und insbesondere zu *Use Cases* (dt. Anwendungsfälle) [Cockburn00b] basiert. Ausgangspunkt für den Test sind Szenarien, d.h. entweder

Teststrategie im RUP

- Use Cases, die schrittweise beschreiben, wie ein Benutzer das System bedient,

- oder *Interaktionsdiagramme*, die ausgewählte Szenarien eines Use Case in UML darstellen, indem sie die Interaktion zwischen Objekten im System Schritt für Schritt beschreiben.

Um diese Szenarien zu testen, werden unterschiedliche Elemente benötigt:

- **Testprozeduren**, die aus den Szenarien abgeleitet werden. Eine Testprozedur beschreibt eine Folge von Schritten, die beim Test durchgeführt werden. Diese Schritte sind das Szenario, wie es in Use Case oder Interaktionsdiagramm beschrieben wird. Dazu werden die Eingabedaten beschrieben (siehe Testfälle) sowie die erwarteten Ergebnisse.

Testvokabular im RUP

- **Testfälle** beschreiben im RUP – abweichend von der Terminologie im Rest dieses Buches – nur die Kombinationen von Ein- und Ausgabedaten, die mit Testprozeduren getestet werden sollen, nicht aber die Schritte der Testdurchführung. Diese Durchführungsschritte sind in einer Testprozedur dokumentiert. Eine Testprozedur kann zur Durchführung verschiedener Testfälle verwendet werden.

- **Testskripte** automatisieren Testprozeduren. Die Skripte können mit einem Testwerkzeug entwickelt werden oder, wie in diesem Buch beschrieben, unter Verwendung eines Testframeworks.

Abbildung 14–8 veranschaulicht die Zusammenhänge. Besonders für Requirements-getriebene System- bzw. Akzeptanztests ist die durchgängige Verfolgbarkeit vom Use Case bis hin zur Testprozedur und zum Testskript sinnvoll, weil sie sicherstellt, dass man die Anforderungen korrekt testet.

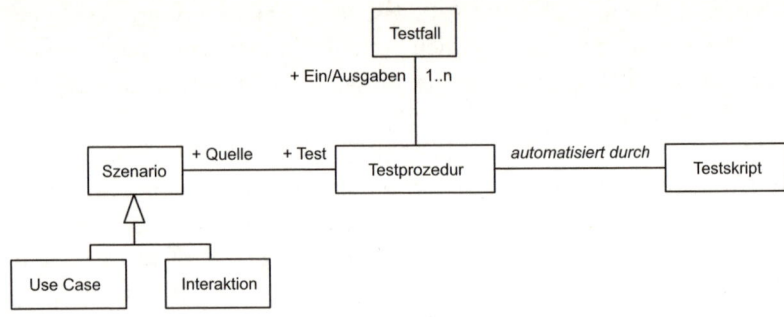

Abb. 14–8
Zusammenhänge
zwischen den Test-
artefakten des RUP

Für Unit Tests stellt diese redundante Dokumentation jedoch die maximale Ausbaustufe dar, die man nur in den seltensten Fällen erstellen wird; dies wird im RUP auch nicht verlangt. Bei zentralen Klassen, die zum Beispiel ein Protokoll implementieren, ist es aber interessant, den automatisierten Unit Test ebenfalls aus einem Interaktionsdiagramm für die Klasse abzuleiten. Die Durchführung der Unit Tests liefert gemäß RUP ein Testresultat, z.B. in Form eines Test-Logs, wie es von xUnit erzeugt wird. Nun sollen zunächst die *Halted Tests*, d.h. Tests, die aufgrund von Fehlern im Testskript nicht durchgelaufen sind, verbessert werden, bis alle Tests durchlaufen. Schließlich werden die Testresultate evaluiert; das Ziel ist, dass am Ende der Iteration alle Tests zu 100% funktionieren.

Unabhängig von der Menge der erstellten Zusatzdokumentation ist festzuhalten, dass Unit Tests integraler Bestandteil des RUP sind und sehr gut zu seinem inkrementellen Entwicklungsansatz passen.

Extreme Programming

XP ist ein evolutionäres Modell, das den Kunden explizit zu Richtungsänderungen ermutigt. Die hierzu notwendige Flexibilität basiert wesentlich auf der Unterstützung durch Refactoring, mit dem das Design nach Durchführung von Änderungen wieder bereinigt werden kann (siehe Kapitel 1.2, Seite 8). Um zu verhindern, dass zu große Umstrukturierungen die Integration der Software unmöglich machen, fordert XP fortlaufende Integration. Um zu gewährleisten, dass bei der Umstrukturierung keine bereits implementierte Funktionalität zerstört wird, muss zu jeder Funktionalität ein Test existieren. Testautomatisierung ist daher bei XP eine Conditio sine qua non, weil sehr viele Tests sehr oft ausgeführt werden müssen.

Neben den Unit Tests definiert XP Akzeptanztests, die direkt auf den Anforderungen der Auftraggeber basieren. Die Anforderungen werden in Form von *User Stories* aufgeschrieben, die der Auftraggeber

Grundlage der Flexibilität

User Stories

formuliert und die verschiedene Aspekte des zu erstellenden Systems beschreiben. Eine User Story ist eine kurze Beschreibung einer Systemfunktion oder -eigenschaft, die auf einen kleinen Merkzettel passt. Die Details einer »Anwendergeschichte« werden später im Gespräch mit dem Kunden eruiert. Zu jeder Story gibt es Akzeptanztests, die prüfen, ob die Story korrekt umgesetzt wurde und somit das Abnahmekriterium des Kunden für die beschriebene Systemeigenschaft darstellen.

Auch für diese Akzeptanztests fordert XP die vollständige Automatisierung, die jedoch nicht so einfach zu bewerkstelligen ist wie bei Unit Tests. Wenn die Story z.B. das Aussehen einer Bildschirmdarstellung, eines Reports oder einer Datei beschreibt, müssen Hilfsroutinen entwickelt oder Tools eingesetzt werden, die solche Darstellungen überprüfen können (siehe auch Kapitel 1.2, Seite 9). Akzeptanztests sind eine automatisierte Variante der Abnahmekriterien des Kunden.

Akzeptanztests als automatisierte Abnahmekriterien

14.5   Passen automatisierte Unit Tests in meinen Prozess?

Alle oben besprochenen Prozesse sehen Unit Tests in der einen oder anderen Art vor. Der Nutzen der lokalen Fehlerbeseitigung und der Designverbesserung durch Test-First-Entwicklung lässt sich ebenfalls in allen Modellen gleichermaßen erzielen.

Unterschiede ergeben sich hingegen beim Kosten-/Nutzenverhältnis der Automatisierung. Diese lohnt sich umso mehr, je öfter die Testfälle als Regressionstests wiederholt werden müssen. Daher ist der Nutzen bei streng sequenziellen Modellen am geringsten, die jedoch – vor allem wegen des hohen Risikos der späten Integration – auf dem Rückzug sind. Man wird für die unterschiedlichen Varianten der inkrementellen und evolutionären Modelle die Grenzen der Automatisierung empirisch festlegen. Bei ständiger Integration, wie sie u.a. von allen agilen Prozessen verlangt wird, und bei Test-First-Programmierung ist die vollständige Automatisierung der Unit Tests Pflicht.

Unterschiede

Unit Tests und der Test-First-Ansatz lassen sich in den besprochenen modernen Prozessmodellen sinnvoll einsetzen. Obwohl sie durch XP erst richtig in Mode gekommen sind, ist ihre Anwendung keineswegs auf XP beschränkt.

Fazit

15 Chancen und offene Enden

Auf dem letzten Kapitel eines Buches lastet eine besondere Verantwortung, denn hier treffen die unterschiedlichen Lesergruppen wieder aufeinander. All jene, die »von Deckel zu Deckel« lesen, wünschen sich ein Gesamtresümee mit Anregungen für das weitere Vorgehen. Diejenigen, die nur einzelne Kapitel gelesen haben, möchten hier auch das lernen, wozu sie im Detail keine Zeit hatten. Und die anderen, die nur das letzte Kapitel lesen, wollen die Kernaussage des Buches auf einer halben Seite präsentiert bekommen. Beginnen wir mit einer Zusammenfassung in »Managementlänge«:

> Testen ist – immer noch – ein vernachlässigter Bereich der Softwareentwicklung, vor dem insbesondere die Entwickler selbst gerne die Augen verschließen. Doch gerade auf der Ebene der Programmierung können automatisierte Unit Tests nicht nur die Anzahl von »Bugs« verringern, sondern dem Entwickler die Arbeit erleichtern. Die Testfälle bremsen nicht etwa den Programmierfortschritt, sondern beschleunigen ihn, da sie die nebenwirkungsfreie Umstrukturierung (Refactoring) eines bestehenden Programms erleichtern bzw. in vielen Fällen erst ermöglichen. Dies eröffnet die Chance zu kontinuierlichen Erweiterungen einer Applikation, ohne in die gefürchtete »Wartungsfalle« zu geraten.

Zusammenfassung des Buches

> Eine Fortsetzung des Gedankens der Testautomatisierung ist der *Test-First-Ansatz*. Dieser verlangt das Erstellen der Testfälle vor der Erstellung des eigentlichen Applikationscodes. Dadurch erhalten die Tests eine neue, zusätzliche Aufgabe: Sie beeinflussen maßgeblich das Design einer Anwendung und sind damit *das* Steuerungsinstrument eines evolutionären Designs. Im Gegensatz zum weit verbreiteten Ansatz, ein System möglichst detailliert vorab zu entwerfen, versetzt uns das

Test-First-Vorgehen in die Lage, das Feindesign des Systems in Mikro-Iterationen von wenigen Minuten weiterzuentwickeln.

Die Umsetzung des Test-First-Ansatzes ist jedoch keineswegs leicht und fordert gerade zu Beginn ein starkes Umdenken des einzelnen Entwicklers. Bevor er sich in dieser neuen Art des Programmierens wohlfühlt, müssen grundlegende Schritte erlernt und einige psychologische Hürden genommen werden. Das Buch behandelte sowohl diese Anfangsproblematiken als auch zahlreiche fortgeschrittene Themen und Testtechniken. Wo nötig, wurden die theoretischen Grundlagen dargestellt und die Aufmerksamkeit des Lesers auf nicht allgemein entscheidbare Fragen gelenkt. Kapitel 14 widmete sich der Frage, wie sich eine Test-First-Entwicklung in die derzeit verbreiteten Softwareprozesse integrieren lässt, und stellt damit die einzelne Technik in den Nutzen des Ganzen – die Entwicklung von Software.

Trotz aller behandelter Techniken und Spezialfälle basiert ein Großteil des Buches auf vereinfachenden Annahmen:

Vereinfachende Annahmen

▨ Wir beginnen mit dem Test-First-Ansatz bei null, d.h., es existiert keine Software, auf der wir aufbauen oder die wir anpassen müssten.

▨ Das Entwicklungsteam beherrscht bei Projektbeginn zumindest die Grundlagen der Test-First-Programmierung.

▨ Das Team ist Herrscher über den ganzen Code; es gibt keine Schnittstellen zu anderen Projekten.

In der Tat erfüllen nur wenige Projekte diese Bedingungen vollständig. Die Autoren stellen daher diesbezügliche Ideen und Ansätze im Folgenden zur Diskussion.

15.1   Unit Testing bei existierender Software

Eine Softwareneuentwicklung von Grund auf ist heutzutage nur den wenigsten Teams beschert. Ein erfolgreiches Projekt befindet sich typischerweise den Großteil seiner Lebenszeit im Wartungsmodus. Möchte man in ein solches Projekt Unit Tests oder gar Test-First-Entwicklung als neue Technik einbringen, ergeben sich einige Schwierigkeiten:

▨ Die existierende Codebasis ist – mit großer Wahrscheinlichkeit – ohne den Gedanken der Testbarkeit entwickelt worden. Das nachträgliche Erstellen von Unit Tests ist daher schwierig.

Schwierigkeiten beim Testen existierenden Codes

▨ Ein notwendiges Refactoring zur Verbesserung der Testbarkeit (und auch des Designs) kann ohne existierende Tests nicht sicher durchgeführt werden. Da jedoch wegen der schlechten Testbarkeit keine ausreichenden Tests existieren, steckt man in einem Henne-Ei-Problem fest.

▨ Die Qualität der existierenden Klassen ist nicht bekannt. Testfälle, die lediglich die existierende – und nicht die tatsächlich gewünschte – Funktionalität überprüfen, laufen Gefahr, Fehler des Programms festzuzurren.

▨ Je älter die Codebasis ist, desto größer ist die Wahrscheinlichkeit, dass sie viel ungenutzte Funktionalität enthält. Für diese möchte man selbstverständlich keine Testfälle implementieren.

Kein Wunder also, dass Kent Beck das Testen beim Übergang eines Entwicklungsteams zu XP als den frustrierendsten Bereich ansieht [Beck00a]. Weiter empfiehlt er, der Versuchung zu widerstehen, nachträgliche Unit Tests für sämtlichen existierenden Code zu erstellen. Je nach Projektgröße bedeutet dies nämlich, dass das Team für Wochen oder gar Monate gebunden ist, ohne dem Kunden zusätzliche Funktionalität liefern zu können.

Ein anderer Ansatz ist erfolgversprechender und vor allem risikoärmer: Während neue Systemteile vollständig einer Test-First-Entwicklung unterliegen, werden die Testfälle für existierende Klassen stückweise und nach Bedarf hinzugefügt:

Testing on demand

▨ Sobald »geerbter« Code (Legacy Code) geändert werden muss – sei es wegen einer neuen Anforderung oder wegen eines aufgetretenen Programmfehlers –, werden Unit Tests *um ihn herum* geschrieben. Von nun an ist auch ein Refactoring der Erbschaft möglich.

▨ Jedesmal wenn ein Problem in den Legacy-Klassen sichtbar wird, egal wie klein und wie leicht es zu beheben ist, wird ein entsprechender Test hinzugefügt.

▨ Immer wenn ungetestete Klassen Verwendung finden, sollte zunächst Code hinzugefügt werden, der die erwartete Funktionalität am Legacy Code überprüft.

Folgt man diesen Empfehlungen, dann wird die Entwicklungsgeschwindigkeit zunächst nachlassen. Nach einiger Zeit jedoch erreicht auch in der alten Codebasis die Testabdeckung ein zufrieden stellendes Maß, und die Unterschiede zwischen altem und neuem Code werden immer geringer. Ein positiver Effekt ist auch, dass genau jene Teile des Programms stark getestet werden, welche häufig durchlaufen bzw. häufig verändert werden.

Drumherum-Testen

So einleuchtend dieses Schritt-für-Schritt-Vorgehen auch sein mag, es hat einen großen Haken: Das Schreiben von Unit Tests um Legacy Code herum, geht nur in den wenigsten Fällen so leicht von der Hand wie die Erstellung von Tests vor der Implementierung. Häufig ist die vorgefundene Codebasis so schlecht, dass nur gleichzeitiges Refactoring die Erstellung von Unit Tests überhaupt ermöglicht.

Wie man im konkreten Fall das Problem angeht, kann daher unmöglich als allgemein gültiges Rezept formuliert werden. Oft ist eine Mischung aus großer Vorsicht und Instinkt nötig, um die problematischsten Stellen der Codeerbschaft durch Testfälle abzusichern und einem Refactoring bzw. einem kompletten Austausch zugänglich zu machen. Dennoch lassen sich einige bewährte Heuristiken nennen:[1]

Heuristiken für nachträgliches Testen

- Zunächst muss die Komponente identifiziert werden, um die man Testfälle herumstricken kann. Je besser das objektorientierte Design bereits im alten Code ist, desto leichter fällt es, eine isolierte und möglichst kleine Unit zu identifizieren. Gelingt uns dies nicht, dann müssen wir uns im schlimmsten Fall, wenn wir keine abtrennbare Einheit finden, auf eine möglichst vollständige Suite funktionaler Tests (bzw. Akzeptanztests) verlassen.

- Testfälle sollten nur für die Teile der identifizierten Komponente geschrieben werden, die auch tatsächlich in anderen Teilen des Programms verwendet werden. Im Zweifel kann eine statische Codeanalyse zusätzliche, aber keine absolute Sicherheit bringen.

- Bei der Erstellung der Testfälle sollten wir uns zunächst auf das nach außen sichtbare Verhalten einer Unit konzentrieren. Hierbei können existierende aktuelle Designdokumente hilfreich sein, aber auch in die falsche Richtung zeigen, falls sie veraltet sind.

- Die Implementierung feingranularer White-Box-Unit-Tests für existierenden Code lohnt sich nur, wenn dieser bereits von hoher Qualität und in stabilem Zustand ist; meist also erst nach einigem Refactoring-Aufwand.

- Refactoring ohne das Fangnetz von Unit Tests ist riskant; daher sollte man es nur im Paar durchführen. Einige Umstrukturierungs-

---

1. Die folgende Zusammenstellung entspringt im Wesentlichen den Diskussionen in [URL:YahooXP] und [URL:WikiUTFLC].

schritte sind jedoch relativ unproblematisch oder können gar von entsprechenden Werkzeugen durchgeführt werden: Extraktion einer Methode, Umbenennen einer Methode, Löschen falscher Kommentare. Auch hier gilt, dass wir uns nur in sehr kleinen Schritten vorwärts bewegen sollten.

- Die Kapselung der alten Komponente in einer Fassade erleichtert das Unit Testing neuer Systemteile und ermöglicht das spätere Austauschen dieser Unit durch eine Neuentwicklung.
- Am einfachsten lassen sich Unit Tests für die Low-Level-Funktionen der alten Codebasis schreiben. Manchmal kann man die Erbschaft von unten erobern.
- Es kann vorkommen, dass der existierende Code in so schlechtem Zustand ist, dass nur ein komplettes Neuschreiben dauerhaften Erfolg verspricht. In diesem Fall sollte man ausreichend Zeit und Energie in die Erstellung von Akzeptanztests und die Kapselung in einer Fassade investieren.

Das Erstellen nachträglicher Unit Tests weist erhebliche Tücken auf, von denen der Großteil darauf zurückzuführen ist, dass Testbarkeit kein Kriterium beim Entwurf des Codes war. Dies erfordert manchmal gewaltige Anstrengungen, um existierende Software in einen dauerhaft wartbaren Zustand zu versetzen. Im schlimmsten Fall führt der »Frust des späten Testens« zum Zusammenbruch des ganzen Testansatzes. Diese Risiken und Investitionen sollten gegen die Kosten einer vollständigen oder teilweisen Neuentwicklung abgewogen werden. Häufiger als man zunächst vermutet, ist die Neuentwicklung die günstigere Variante. *Fazit*

Ein Team, das dennoch mit der Wartung »testloser« Software betraut ist, sollte vor allem eines nicht tun: Einfach drauf los ändern, ohne vorher ein beruhigendes Netz an Testfällen aufzubauen. Bleibt der Kunde stur und besteht auf »schnellen Änderungen«, dann existiert immer noch die Option, ihm nichts von den unverzichtbaren Qualitätsmaßnahmen zu erzählen. *Keine testlosen Änderungen!*

15.2 Einführung von Unit Tests ins Entwicklungsteam

Bekanntermaßen ist ein Buch nur eingeschränkt dazu geeignet, anwendbares Wissen zu vermitteln, und noch weniger dazu, das Verhalten von Menschen zu ändern. Eine Organisation oder ein Projektleiter, die sich zur Einführung des Test-First-Ansatzes entschlossen haben, stehen vor der Frage, wie die Einführung von Unit Testing in den Arbeitsprozess des Entwicklungsteams tatsächlich funktionieren kann? Das geschickteste Vorgehen hängt dabei stark vom generellen Entwicklungsansatz einer Organisation ab. Wir wollen hier zwischen dem *handwerklichen* und dem *organisatorischen* Ansatz unterscheiden.

Der handwerkliche Ansatz

In seinem Buch »Software Craftsmanship« propagiert Pete McBreen den Übergang von der *Ingenieurwissenschaft Softwareentwicklung* (software engineering) hin zu *Softwareentwicklung als Handwerk* [McBreen01]. Im traditionellen Handwerk spielen die Fähigkeiten und der Ruf des einzelnen »Meisters« die entscheidende Rolle für die Vergabe von Aufträgen. Qualität und Dauerhaftigkeit eines Produkts stehen im Mittelpunkt, die Ausbildung neuer Handwerker funktioniert nach dem bewährten Prinzip von Lehrling, Geselle und Handwerksmeister. Extreme Programming und die anderen agilen Prozesse (siehe Kapitel 14.2, Seite 265) können als typische handwerkliche Entwicklungsansätze betrachtet werden.

Meister, Geselle und Lehrling

Im Fall des handwerklichen Entwicklungsansatzes wird es in einem Entwicklungsteam überschaubarer Größe einen erfahrenen Entwickler, Meister oder Geselle, geben, der die anderen Teammitglieder anlernt, indem er sie bei ihren Gehversuchen mit Test-First unterstützt und auf Basis seiner Autorität sicherstellt, dass alle Entwickler Unit Tests korrekt anwenden. Wenn das Team zusätzlich Programmierung im Paar anwendet, werden sich die Entwickler beim Erlernen und kontinuierlichen Anwenden von Unit Tests gegenseitig unterstützen. Das wichtigste Ziel ist das In-Gang-Bringen eines Selbstregelungsmechanismus: kurze Iterationen -> durchgeschlüpfte Fehler in Tests erfassen -> Anpassung und Verbesserung der Testpraxis.

Lehren durch gutes Beispiel

Eine Möglichkeit, einen solchen handwerklichen Ansatz über Projektgrenzen hinweg zu koordinieren, bieten die so genannten *Communities of Practice* [Cohen01]. Hier bilden die Meisterprogrammierer eine Community, die sich regelmäßig trifft, um Erfahrungen und Probleme auszutauschen. Dadurch wird die Umsetzung des Test-First-Ansatzes in den unterschiedlichen Teams einheitlicher und auch effizienter, da ein Meisterprogrammierer sich Unterstützung von seinen »Peers« bei der Lösung von Problemen holen kann.

Wo lernen die Meister?

Der organisatorische Ansatz

In vielen größeren Entwicklungsorganisationen wird man allerdings nicht ausschließlich auf motivierte Teams treffen, die von einem charismatischen Meisterprogrammierer in neue Technologien eingewiesen werden. Hier bestimmen häufig hierarchische Managementstrukturen und formalisierte Prozesse das Geschehen. Diese starren Strukturen haben fast immer einen negativen Einfluss auf das Engagement und die Lernbereitschaft der Mitarbeiter.

In diesem Fall ist ein organisatorischer Ansatz zur Einführung der Test-First-Entwicklung nötig, um einen sinnvollen Einsatz der Technik sicherzustellen. Ein solches Vorgehen ist aufwändiger und deutlich unsympathischer als der handwerkliche Ansatz, manchmal jedoch der einzig mögliche Weg, um sowohl Management als auch Entwickler ins Boot zu holen. Ein organisatorischer Ablauf zur Einführung von Unit Tests kann folgendermaßen aussehen:

1. **Machbarkeitsstudie mit Kosten-Nutzen-Rechnung:** Vor der Entscheidung zur Einführung von Unit Tests sollte anhand des aktuellen Entwicklungsprozesses festgestellt werden, ob und wie sich Unit Tests in den Prozess integrieren lassen. Wenn eine Integration prinzipiell möglich ist, sollten Kosten und Nutzen von Unit Tests – ähnlich unserer Bewertung in Kapite l14 – gegenübergestellt werden. Zu den Kosten gehören dabei auch die Aufwendungen für die nachfolgenden Schritte der Prozesseinführung. *6-Schritte-Programm zur Einführung neuer Prozesspraktiken*

2. **Managemententscheidung und -unterstützung:** Auf Basis der Studie fällt der für die Entwicklungsorganisation zuständige Manager (z.B. der Abteilungsleiter der Entwicklungsabteilung) die Entscheidung zur Einführung von Unit Tests. Er setzt ein Projekt zur Einführung von Unit Tests ein, inklusive eines eigenen Budgets und eines Projektleiters. Im Rahmen dieses Projektes werden die nachfolgenden Schritte durchgeführt.

3. **Anpassung des Entwicklungsprozesses:** Die Durchführung der Unit Tests wird in die existierende Prozessbeschreibung eingebaut. Die Änderungen betreffen die Beschreibung der Aktivitäten, Einbau neuer Zwischenprodukte (Testfälle, Testergebnisse), geänderte Rollenbeschreibung sowie eine geänderte Werkzeugumgebung.

4. **Durchführung von Pilotprojekten:** Nun sollte der veränderte Prozess auf seine Praxistauglichkeit geprüft werden, bevor er zum neuen Standard wird. Das heißt, in einer repräsentativen Menge von Projekten sollten Erfahrungen mit dem geänderten Vorgehen gesammelt werden. Die Mitarbeiter der Pilotprojekte müssen dazu theoretisch und praktisch geschult werden. Dazu ist – nach einer allgemeinen Einführung – Coaching durch einen erfahrenen Test-First-Experten eine Erfolg versprechende

Methode. Regelmäßige Reviews sind nötig, um die Qualität der erstellten Testsuiten auf das nötige Niveau zu bringen.

Im abgeschlossenen Rahmen eines Pilotprojektes empfehlen wir den oben beschriebenen handwerklichen Ansatz – auch wenn auf Organisationsebene die beschriebenen formalen Schritte erforderlich sind.

5. **Anpassung des Prozesses auf Basis der Ergebnisse:** Auf Basis der Erfahrungen mit den Pilotprojekten wird die Prozessdokumentation erneut überarbeitet. Der resultierende Softwareprozess wird reviewt und verabschiedet. Damit sind Unit Tests offizieller Bestandteil des Entwicklungsprozesses.

6. **Ausrollen von Unit Tests in der Organisation:** Jetzt nehmen die restlichen Entwickler der Organisation an Trainingsmaßnahmen zu den Themen »Test-First« und »Unit Testing« Teil. Jedes neue Projekt verwendet von nun an Unit Tests. Entscheidend ist, dass es in jedem Projekt mindestens einen Mitarbeiter gibt, der bereits praktische Erfahrungen gesammelt hat und als Coach für das Projektteam fungieren kann.

Der vorgestellte 6-Punkte-Plan ist selbstverständlich auch auf andere Verbesserungen des Prozesses anwendbar (vgl. [Kaltio00]). Wichtig ist auch hier, dass nur eine Änderung pro Durchlauf stattfindet, da größere Änderungen am Stück mit hoher Wahrscheinlichkeit fehlschlagen oder nicht dauerhaft sind. In jedem Fall sollte die Einführung von Unit Tests in großen Organisationen aktiv und im Rahmen eines eigenen Projekts betrieben werden. Sonst landet die Test-First-Idee dort, wo viele gute Ideen vor ihr bereits geendet sind: in gammeligen Ordnern und abgelegenen Archivregalen.

15.3 Was fehlt?

Zu Beginn des Buchprojektes hatten wir die Hoffnung, alle wesentlichen Unit-Testing-Probleme in einem Buch dieser Länge abdecken zu können. Die Recherchen während des Schreibens und die zahlreichen Kommentare der Reviewer haben uns eines Besseren belehrt. Mit jedem Fachgebiet, das wir in einem eigenen Kapitel behandelt haben, hat sich ein neues Problem aufgetan, das ein weiteres Kapitel wert gewesen wäre.

Themen, die durch das Selektionssieb fielen, sind z.B. Unit Tests im Kontext von XML und XSLT, Web-Services, SOAP, asynchrones Messaging, zahlreiche JUnit-Erweiterungen, objektorientierte Datenbanken und vieles mehr. Dass die Zahl der unbehandelten Testproblematiken eher zu- als abnimmt, verdanken wir überwiegend SUN selbst, das Java mit immer neuen APIs und Komponenten ausstaffiert. Ein dicker Ordner an Ideen muss daher auf ein weiteres Buch warten.

Es gibt jedoch auch Fragen, die deshalb unbeantwortet bleiben, weil den Autoren entweder Erfahrung, theoretisches Material oder das Verständnis fehlte – manchmal auch alle drei. Zwei dieser losen Enden wollen wir hier noch in aller Kürze aufgreifen:

- Test-First-Entwicklung mit einfachem Design und ständigem Refactoring funktioniert dann am besten, wenn der komplette Code innerhalb eines Teams geschaffen und verändert wird. Sobald jedoch Code nach außen gelangt, kommen wir um zusätzliche Dokumentation – z.B. in Form von DBC-Verträgen – und um eine stabilere Schnittstellenpolitik nicht herum. Umfangreiche Testsuiten sind weiterhin nötig, bekommen jedoch eine andere (zusätzliche) Aufgabe.
- Die Frage, ob die wichtigere Rolle von Unit Tests bei der Test-First-Entwicklung die Qualitätssicherung oder die Steuerung des Designs ist, bleibt unbeantwortet. Auch ist Designverbesserung durch den Test-First-Ansatz lediglich eine empirische Erfahrung und wissenschftlich nicht abgesichert. Dies gilt jedoch ebenso für zahlreiche – wenn nicht gar die meisten – anderen Verfahren der Softwareentwicklung.

Der Test-First-Ansatz ist auch am Ende dieses Buches kein vollständig erkundetes Terrain. Wir hoffen auf intensive und fruchtbare Diskussionen mit den Lesern und wünschen uns noch zahlreiche weitere Bücher zu diesem Thema. Doch jetzt sind erstmal die anderen dran.

Teil III

Anhang

A Hinweise zu JUnit

A.1 Frequently Asked Questions (FAQ)

Der Umfang dieses kleinen Katalogs »häufig gestellter Fragen« entspricht im Wesentlichen der englischen FAQ, die in der JUnit-Dokumentation enthalten ist. Folgende Fragen werden beantwortet:

- Wie implementiere ich einen Testfall für eine geworfene Exception?
- Wie organisiere ich meine Testfall-Klassen?
- Wie führe ich Set-up-Code ein einziges Mal für alle Testfälle aus?
- Wenn ich den LoadingTestRunner benutze, bekomme ich eine ClassNotFoundException. Was kann ich tun?
- Warum bekomme ich Exception XYZ, wenn ich einen grafischen Test-Runner benutze, nicht jedoch beim textuellen Test-Runner?
- Wie starte ich den Debugger beim Auftreten einer Failure?
- Seit JDK 1.4 ist »assert« ein Schlüsselwort. Gibt es da nicht einen Konflikt mit JUnits assert-Methode?
- Wie integriere ich JUnit am besten in meine bevorzugte Entwicklungsumgebung?

Wie implementiere ich einen Testfall für eine geworfene Exception?

Fangen Sie die Exception und rufen Sie fail(..) auf, falls die Exception nicht geworfen wird. Hier ein Beispiel:

```
public void testIndexOutOfBoundsException() {
    Vector v= new Vector(10)
    try {
        Object o= v.elementAt(v.size());
        fail("ArrayIndexOutOfBoundsException expected");
    catch (ArrayIndexOutOfBoundsException expected) {
    }
}
```

Alternativ können Sie auch die ExceptionTestCase-Klasse verwenden:

1. Machen Sie aus Ihrem Testfall eine Unterklasse von junit.extensions.ExceptionTestCase

2. Schreiben Sie den Test so, als gäbe es keine Exceptions:

```
public void testIndexOutOfBoundsException() {
    Vector v= new Vector(10);
    v.elementAt(v.size());
}
```

3. Erzeugen Sie den Testfall:

```
Test t = new ExceptionTestCase(
    "testIndexOutOfBoundsException",
    ArrayIndexOutOfBoundsException.class);
```

Eine weiter reichende Anleitung zum Testen von Fehlerfällen und Exceptions findet sich in Kapitel 4.5, Seite 67 ff.

Wie organisiere ich meine Testfall-Klassen?

Diese Frage wird ausführlich in Kapitel 3.3: *Testorganisation und Testausführung*, Seite 54ff beantwortet.

Wie führe ich Set-up-Code nur ein einziges Mal für alle Testfälle aus?

junit.extensions.TestSetup   Verpacken Sie die Top-Level-Testsuite in einer Unterklasse von Test-Setup wie im folgenden Beispiel einer AllTests.suite()-Methode:

```
public static Test suite() {
    TestSuite suite = new TestSuite();
    suite.addTest(...);
    ...
    TestSetup wrapper= new TestSetup(suite) {
        public void setUp() {
            oneTimeSetUp();
        }
    };
    return wrapper;
}
```

Ein Praxisbeispiel finden Sie in Kapitel 9.5, Seite 181. Kent Beck gibt zu bedenken, dass das Bedürfnis nach einem Einmal-Set-up häufig ein Hinweis auf verbesserungswürdiges Design darstellt (siehe [URL:YahooJUnit], Message 2789), vor allem wenn die Testfälle zudem voneinander abhängig sind.

Wenn ich den »LoadingTestRunner« benutze, bekomme ich eine »ClassNotFoundException«. Was kann ich tun?

Der »LoadingTestRunner« benutzt seine eigene Class-Loader-Implementierung, um den Code bei jedem Testlauf neu zu laden. Dieser Class Loader lädt jedoch keine Standardklassen und keine Klassen aus JAR-Dateien. Stattdessen können Sie eine Liste der Packages erstellen, die vom Default-Class-Loader – und damit nur einmal – geladen werden sollen. Diese Liste ist in der Datei excluded.properties im Package junit.runner gespeichert. Im Lieferumfang werden alle JDK-1.2-Klassen vom Nachladen ausgeschlossen:

Exclude-Liste

```
#
# The list of excluded package paths for the TestCaseClassLoader
#
excluded.0=sun.*
excluded.1=com.sun.*
excluded.2=org.omg.*
excluded.3=javax.*
excluded.4=sunw.*
```

Falls Sie zusätzliche Bibliotheken als JAR-Dateien benutzen, dann müssen die dort eingebundenen Packages in die *Exclude-Liste* aufgenommen werden. Dazu ändern Sie entweder die Originaldatei in junit.jar oder legen Sie Ihre eigene Datei vor junit.jar in den Klassenpfad. In diesem Fall wird Ihre Datei anstatt der Originaldatei verwendet.

Warum bekomme ich Exception XYZ, wenn ich einen grafischen Test-Runner benutze, nicht jedoch beim textuellen Test-Runner?

Meist ist der LoadingTestRunner der Schuldige. Passen Sie entweder die Exclude-Liste wie oben beschrieben an oder schalten Sie die Reload-Option ab. Da das Java-Class-Loading-Verhalten sehr diffizile Probleme aufwirft, hilft in seltenen Fällen nur das Abschalten der Reload-Option bzw. die Verwendung des textuellen Test-Runners.

Wie starte ich den Debugger beim Auftreten einer Failure?

Rufen Sie den Test-Runner im Debugger auf und konfigurieren Sie den Debugger so, dass er die Exception junit.framework.Assertion-FailedError fängt. Die meisten Java-Debugger unterstützen dieses Vorgehen. Allerdings führt dadurch lediglich eine erwartete Failure, nicht jedoch ein Error zum Aufruf des Debuggers.

Seit JDK 1.4 ist »assert« ein Schlüsselwort. Gibt es da nicht einen Konflikt mit JUnits assert()-Methode?

assertTrue()   In JUnit Version 3.7 wurde assert(..) auf »deprecated« gesetzt. Alle Aufrufe sollten durch assertTrue(..) ersetzt werden.

Wie integriere ich JUnit am besten in meine bevorzugte Entwicklungsumgebung?

Die rudimentärste Form der Integration besteht darin, einfach junit.jar im Classpath verfügbar zu machen. Dies funktioniert immer, das Starten eines Test-Runners kann manchmal jedoch umständlich sein.

Zusätzlich ist auf Ward Cunninghams Wiki eine eigene Seite dem Thema JUnit und IDEs gewidmet [URL:WikiJWI]. Diese Seite verweist auf Tipps, Tricks und Schwierigkeiten im Zusammenspiel von JUnit mit Forte, NetBeans, Kawa, MicrosoftTools, JBuilder, VisualAge und Emacs. Ein TogetherJ-Integration findet man auf [URL:ExtremeJava].

A.2   JUnit-Erweiterungen

Die Anzahl der Erweiterungen und Ergänzungen, die für JUnit entwickelt und gepflegt werden, ist stetig am wachsen. Einigen davon konnten Sie bereits im Hauptteil dieses Buches begegnen.

Eine aktuelle Liste dieser Zusatztools wird auf der JUnit-Website gepflegt [URL:JUnitExt]. Die folgende Liste ist daher nicht vollständig, enthält jedoch die wichtigsten Zusatztools zum Zeitpunkt der Drucklegung dieses Buches. Um dem Leser das Nachschlagen im Quellenverzeichnis zu ersparen, werden die URLs in diesem Kapitel direkt angegeben.

JUnitX and XPTest

Testen privater Eigenschaften   *JUnitX* bietet die Möglichkeit, in Testfällen auf Variablen, Methoden und Klassen zuzugreifen, die private oder protected sind. Das Tool setzt auf der neuesten JUnit-Version auf und benutzt den Java-Reflection-Mechanismus.

XPTest vereinigt JUnit und JUnitX und integriert es in das UML-Modellierungswerkzeug TogetherJ. Hiermit erlaubt es auch die automatische Erstellung von Testfällen mittels des Pattern-Mechanismus von Together.

URL: http://www.extreme-java.de/

JUnit Test Generator

Ein Werkzeug, das den Entwickler bei der Erzeugung von Unit Tests unterstützt.

URL: `http://www.1perlstreet.com/xq/ASP/txtCodeId.2212/lngWId.2/qx/vb/scripts/ShowCode.htm`

Daedalos JUnit Extensions

Die JUnit-Extensions der Firma Daedalos ermöglichen die Definition von Test-Ressourcen, die nur ein einziges Mal initialisiert werden. Dies kann manche Testsuiten deutlich beschleunigen.

Test-Ressourcen

URL: `http://www.daedalos.com/DE/djux`

JFCUnit

Diese Erweiterung ermöglicht das Testen von Swing-Benutzerschnittstellen. In Kapitel 13.2 wurde JFCUnit an einem Beispiel vorgestellt.

Swing-Testen

URL: `http://sourceforge.net/projects/jfcunit/`

JUnitPP

JUnitPP erweitert JUnit um ein Testdaten-Repository, einige Kommandozeilen-Argumente, einen eingebauten Wiederholungszähler und Multithreading von der Kommandozeile aus.

URL: `http://junitpp.sourceforge.net/`

Mock Objects

Diese Bibliothek stellt sowohl eine umfangreiche Basis an generischen Mock-Objekten zur Verfügung als auch einige spezialisierte Packages, z.B. für das Testen von JDBC-Anbindungen und Servlets. Das Konzept der Mock-Objekte wird in Kapitel 6 ausführlich behandelt.

Mock-Bibliothek

URL: `http://www.mockobjects.com/`

MockMaker

Das Tool *MockMaker* dient zum Erzeugen von Quellcode für Mock-Objekte und baut auf der Mock-Objects-Bibliothek auf. Das Werkzeug geht von einem Interface aus und generiert Klassen, die sowohl die Spezifikation des erwarteten Verhaltens erlauben als auch die Rückgabe vorbestimmter Funktionswerte.

Mock-Generierung

URL: `http://sourceforge.net/projects/mockmaker`

EasyMock

Klassenlose Mock-Objekte

Dieses Paket erlaubt die Definition einfacher Mock-Objekte direkt im Testcode, ohne dass man eigene Mock-Klassen schreiben müsste. Der zugrunde liegende *Java-Proxy-Mechanismus* ist erst ab JDK 1.3 verfügbar.

URL: `http://www.easymock.org/`

JXUnit

Datenzentriertes Testen

JXUnit ermöglicht die Trennung von Testdaten und Testlogik, indem es die Testdaten in XML-Dateien auslagert. Dies ist weniger für feingranulare Unit Tests als vielmehr für funktionale Testsuiten interessant.

URL: `http://jxunit.sourceforge.net/`

JUnitHelp

Hilfe, Hilfe!

JUnitHelp stellt allgemeine Informationen und Ratschläge zur Verwendung von JUnit im HTML- und JavaHelp-Format zur Verfügung.

URL: `http://www.bossicard.com/projects/junithelp.php`

Joshua

Verteilte Testausführung

Ziel von *Joshua* ist die verteilte Ausführung von Regressionstests. Als Grundlage dienen dabei neben JUnit auch Jini und JavaSpaces.

URL: `http://cs.allegheny.edu/~gkapfham/research/joshua/`

JDepend

Abhängigkeitsmetriken

JDepend hangelt sich durch eine Menge von Java-Class-Dateien und Java-Source-Verzeichnissen und ermittelt für jedes Package Metriken über die Abhängigkeiten zu und von anderen Packages. Richtig gelesen geben die Zahlen Hinweise zur Erweiterbarkeit, Wiederverwendbarkeit und Wartbarkeit eines Packages. In JUnit-Testfällen können erlaubte Toleranzen für bestimmte Messzahlen automatisch überprüft werden.

URL: `http://www.clarkware.com/software/JDepend.html`

JesTer

Mutation Testing

JesTer stellt mit dem Ansatz des *Mutation Testing* eine Ergänzung zur herkömmlichen Coverage-Analyse dar. Diese Art des Testens basiert auf gezielten Änderungen des Applikationscodes und der nachfolgenden Überprüfung, ob diese Änderung von der ursprünglichen Testsuite auch als Fehler erkannt wurden. Dadurch können Codeteile identifiziert werden, die zwar im Zuge der Suite ausgeführt werden, aber deren Effekte nicht in den Tests überprüft werden. In Kapitel 8.3, Seite 153 ff. wird dieser Ansatz in die klassische Coverage-Analyse eingeordnet.

URL: `http://sourceforge.net/projects/jester/`

HttpUnit

HttpUnit ist ein Framework zur Ansteuerung externer Websites in einem Java-Programm. Eine Einsatzmöglichkeit in Kombination mit JUnit ist die Durchführung automatisierter funktionaler Web-Tests. Kapitel 12.1 führt dies an einem Beispiel vor.

Funktionale Web-Tests

URL: `http://httpunit.sourceforge.net/`

JUnitEE

Dieses Paket liefert ein Test-Runner-Servlet zur Ausführung serverseitiger Testsuiten. Ein Einsatzgebiet ist das Testen von EJBs (siehe Kapitel 11.2).

Test-Runner-Servlet

URL: `http://junitee.sourceforge.net/`

Cactus

Auch *Cactus* ermöglicht die Ausführung serverseitiger Tests. Im Gegensatz zu JUnitEE kommen jedoch Proxy-Servlets zum Einsatz, welche die Verbindung zu den Client-Testfällen herstellen. Cactus wird in Kapitel 12.2 in Theorie und Praxis vorgestellt.

Serverseitiges Testen

URL: `http://jakarta.apache.org/cactus/`

JUnitPerf

JUnitPerf stellt eine Sammlung von »Test-Dekoratoren« (Ableitungen der Klasse `TestDecorator`) zur Verfügung, die zur Überprüfung von Performanz und Skalierbarkeit verwendet werden können.

Performance Testing

URL: `http://www.clarkware.com/software/JUnitPerf.html`

J2ME Unit

Die *Java 2 MicroEdition* ist auf Geräte mit wenig Speicher und Ressourcen ausgerichtet. Daher unterstützt die virtuelle Maschine u.a.

Testen im Kleinformat

keine Reflection, was eine Anpassung von JUnit nötig macht. *J2ME Unit* stellt eine Portierung für diese Plattform dar.

URL: `http://www.rolemodelsoft.com/aboutUs/products.htm`

Test Mentor Java Edition

Kommerzieller JUnit-Ersatz

Silvermarks *Test Mentor* ist die einzige den Autoren bekannte kommerzielle Software, die den gleichen Testansatz wie JUnit unterstützt und sogar JUnit-Testfälle ausführen kann. Darüber hinaus bietet das Produkt zahlreiche ergänzende Funktionen, z.B. grafische Tools zur Testerstellung und Dokumentation, Verwaltung generischer Testmodule und Test-Result-Management auf XML-Basis.

URL: `http://www.testmentor.com`

B Unit Tests mit anderen Programmiersprachen

B.1 Smalltalk

Der Streit zwischen Java-Verfechtern und Smalltalk-Anhängern über Vor- und Nachteile statischer bzw. dynamischer Typisierung wird vermutlich nie ein Ende finden. Unbestritten kommen jedoch zahlreiche Ideen und Neuerungen ursprünglich aus dem Smalltalk-Umfeld. So auch XP und das xUnit-Testframework. Daher überrascht es nicht, dass die Test-First-Kultur in der Smalltalk-Welt stark verbreitet ist und dass auch *SUnit* – als Urvater von JUnit – eine breite Unterstützung erfährt.

SUnit ist mittlerweile ein *Camp-Smalltalk-Projekt*, d.h., es wird in regelmäßigen Abständen überarbeitet und erweitert. Die Version 3.0 ist für die meisten Smalltalk-Umgebungen verfügbar. Mehr als ein Dutzend Varianten – u.a. für Dolphin, Gemstone, Squeak, VisualAge for Smalltalk und VisualWorks – können auf [URL:SUnit] heruntergeladen werden. Dabei basieren alle auf derselben Codebasis, nur die grafischen Test-Runner sind an den jeweiligen Dialekt angepasst.

Unterstützung zahlreicher Smalltalk-Dialekte

Testfallerstellung mit SUnit

Prinzipiell funktioniert das Erstellen von Testfällen genau so wie mit JUnit. Testfall-Klassen werden von `TestCase` abgeleitet, `setUp` und `tearDown` stehen zur Verfügung und alle mit »test« beginnenden parameterlosen Methoden werden automatisch zu einer Testsuite zusammengefasst. Betrachten wir einen einfachen Testfall, der das Hinzufügen zweier Elemente zu einer Liste (`OrderedCollection`) testet:

```
testTwoElements
    |list|
    list := OrderedCollection new.
    list add: 'first'.
```

```
list add: 'second'.
self assert: list size = 2.
self assert: (list at: 1) = 'first'.
self assert: (list at: 2) = 'second'.
```

Der mitgeliefert Test-Runner (hier die Version für »VisualAge for Smalltalk«) ist spartanisch, aber funktional völlig ausreichend (siehe Abb. B–1). Es sind jedoch zahlreiche Test-Runner-Varianten im Netz verfügbar – sicherlich ist für jeden Geschmack etwas dabei.

Abb. B–1
SUnit-Test-Runner

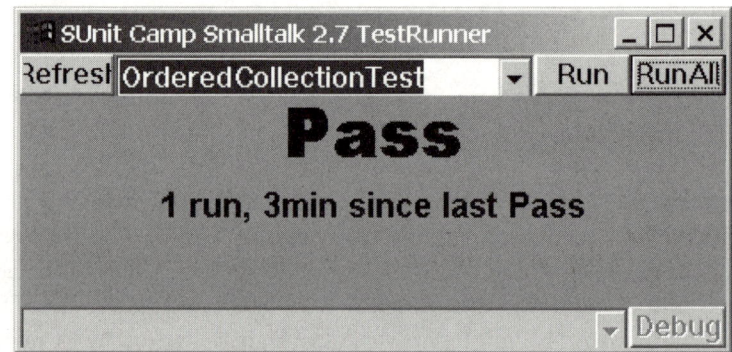

Unterschiede zu Java

Sehen Testfälle in SUnit nun genauso aus wie in JUnit? Zu einem großen Teil kann die Frage bejaht werden, da das prinzipielle Vorgehen beim Testen in beiden Sprachen gleich ist. Es existieren jedoch auch sprachbedingte Unterschiede:

Dynamische Typisierung ■ Smalltalks fehlende statische Typisierung verkleinert die erforderliche Codemenge – auch in Testmethoden. Unter Umständen sind dafür jedoch Tests auf den korrekten Typ eines Objekts angebracht.

Mächtige Reflection ■ Der mächtigere Reflection-Mechanismus und der einfache Zugriff auf die Klassen der Entwicklungsumgebung erschließen zusätzliche Automatisierungsmöglichkeiten. So bietet der Test-Runner bei einer Failure oder einem Error die Möglichkeit, direkt mit dem Debugger oder dem Klassenbrowser an die entsprechende Stelle im Code zu springen.

Dummy-Implementierungen ■ Dummy- und Mock-Objekte können in Smalltalk mit weniger Aufwand realisiert werden, da nicht alle Methoden einer Schnittstelle, sondern nur die verwendeten implementiert werden müssen. Die einfachsten Dummy-Objekte in Smalltalk sind Blöcke.

- Da in Smalltalk alle Methoden »public« sind, muss man nicht zu Tricks greifen, um sie zu testen.

Keine privaten Methoden

- Da auch Klassen richtige Objekte sind und in einer zu den Objekten parallelen Vererbungshierarchie wohnen, lassen sich zahlreiche Features, wie z.B. *parametrisierte Testsuiten,* auf sehr einfache Weise implementieren.

Vererbung auf Klassenseite

- Das so genannte »Programmieren im Debugger« ist in Smalltalk weit verbreitet: Man setzt Haltepunkte in noch nicht implementierten Methoden, startet dann die Tests und ergänzt im Debugger die eigentliche Funktionalität. Dies ermöglicht gerade bei Test-First-Entwicklung ein sehr bequemes Arbeiten.

Programmieren im Debugger

Bewertung

Es überrascht nicht, dass der Test-First-Ansatz zuerst in der Smalltalk-Welt seine Anhänger gefunden hat. Arbeitet man einige Zeit mit einer der mächtigen Smalltalk-Umgebungen, so fühlt man sich in Java »irgendwie gebremst«; die zahlreichen Umwege, die die Sprache verlangt, fallen erst dann richtig auf. Schade nur, dass Smalltalk auch nach 20 Jahren noch nicht aus seiner Nische herausgefunden hat. Ein paar Wochen (oder mehr) Smalltalk-Erfahrung tun jedem Java-Entwickler gut, der sich von den üblichen Vorurteilen frei macht.

Vorsicht subjektiv!

B.2   C++

Der Zustand des Unit-Testing-Frameworks für C++, *cppUnit* genannt, steht in einem Missverhältnis zur nach wie vor weiten Verbreitung der Sprache. Auf Sourceforge [URL:CppUnit] steht zum Zeitpunkt der Drucklegung dieses Buches lediglich eine Pre-Alpha-Version zur Verfügung. Eine Ursache für den geringen Fortschritt des Testframeworks für C++ liegt in der mangelnden Standardisierung der Sprache, z.B. im Bereich von Benutzeroberflächen und Bibliotheksformaten. Insbesondere ist es offensichtlich schwierig, unterschiedliche Compiler mit einem gemeinsamen Framework zu unterstützen.

Während cppUnit nur rudimentären Support für C++-Compiler unter Unix und Borland C++ anbietet, konzentriert es sich stark auf die Unterstützung von Visual C++, dem De-facto-Standard-Compiler unter Windows. Nur für diesen Compiler gibt es Installations- und Benutzungsanleitungen sowie einen grafischen Test-Runner. Die nachfolgende Beschreibung basiert daher auf Visual C++ 6.0 und cppUnit in der Version 1.6.2.

Compiler Support

Installation

Nach dem Download und Entpacken der Tar-Datei stehen dem Entwickler zwei Klassenbibliotheken zur Verfügung:

▨ Im Verzeichnis `cppUnit-1.6.2/src/cppUnit` liegen die eigentlichen Framework-Klassen inklusive eines textbasierten Test-Runners.

▨ Unter `cppUnit-1.6.2/src/msvc6/testrunner` befindet sich ein grafischer Test-Runner auf Basis von MFC (Microsoft Foundation Classes, siehe z.B. [Kruglinski98]).

Zu beiden Bestandteilen gibt es in den oben genannten Verzeichnissen vorkonfigurierte Visual C++-Projektdateien und Workspaces, was die Übersetzung und Generierung der entsprechenden Bibliotheken einfach macht: nur den Workspace laden und mit *Rebuild All* die Kompilation anstoßen.

Unter `cppUnit-1.6.2/examples` finden sich Beispiele für die Nutzung von cppUnit. Die Projekte *CppUnitTestMain* sowie *CppUnitTestApp* enthalten Regressionstests für das cppUnit-Framework selbst.

Einrichtung eines Testprojekts

Die Beispielprojekte zeigen, wie ein Workspace für eigene Testprojekte aussehen sollte. Beim Einrichten eines solchen Testprojekts kann man folgendermaßen vorgehen:

1. Anlegen eines neuen und leeren Workspaces.

2. Hinzufügen von cppUnit, d.h. mittels »Project->Insert Project into Workspace« die Datei cppUnit.dsp dem Workspace hinzufügen.

3. Anlegen des eigenen Projekts, z.B. mittels »File->New->Projects« eine *Win32 Console Application* in den Workspace einfügen – dazu muss im *New Project Dialog* der Schalter »Add to current workspace« angewählt werden.

4. Anpassen der *Project Settings*. Hier ist einiges zu tun: Der include-Pfad für cppUnit muss in dem gut versteckten Settings-Tab »C/C++->Preprocessor->Additional include directories« eingegeben werden. Außerdem muss die Unterstützung für *Run-Time Type Information* (RTTI, siehe [Schildt98]) eingeschaltet werden – dies geschieht durch Aktivieren der entsprechenden Checkbox im Tab »C/C++->C++ Language«. Im Tab »Link->General« muss die Unit-Test-Bibliothek unter »Object/library modules« eingefügt werden. Für die defaultmäßig

ausgewählte Debug-Konfiguration heißt diese `cppunitd.lib`.
Schließlich – und diese Information fehlt in der Installationsanleitung – muss im Tab »C/C++->Code Generation->Use run-
time library« die »Debug Multithreaded DLL« gewählt werden.

Erstellung von Testfällen

Nach den Tücken der Installation können nun Testfälle erstellt werden. cppUnit definiert im Wesentlichen die analogen Klassen wie
JUnit. Es ist zu beachten, dass alle Klassen im Namensraum »CppU-
nit« definiert sind, d.h., dass den von JUnit bekannten Bezeichnern das
Präfix »`CppUnit::`« vorangestellt werden muss. Basis für die Erstellung
von Testfällen ist demnach die Klasse `CppUnit::TestCase`. Das nachste-
hende Listing zeigt die Deklaration eines Testfalles `AppendTest` in einer
C++-Header-Datei, der dem Java-Testfall `StringBufferTest` aus
Kapitel 2.3 entspricht:

```
class AppendTest : public CppUnit::TestCase
{
    char *s;
public:
    AppendTest();
    virtual ~AppendTest();

    void setUp();
    void testAppendString();
    void testEmptyBuffer();
}
```

Wie in Kapitel 2.3 werden zwei Tests durchgeführt, von denen der eine
(`testEmptyBuffer`) die korrekte Längenermittlung bei einem leeren
String, der andere (`testAppendString`) die korrekte Anfügung an einen
leeren String testet. Die entsprechenden Methoden sehen folgendermaßen aus:

```
AppendTest::AppendTest() : TestCase()
{}

AppendTest::~AppendTest()
{}

void AppendTest::setUp() {
    s = new char[100];
    *s = '\0';
}
```

```
void AppendTest::testEmptyBuffer() {
    CPPUNIT_ASSERT(strlen(s) == 0);
}

void AppendTest::testAppendString() {
    strcat(s, "Ein String");
    CPPUNIT_ASSERT(strcmp(s, "Ein String") == 0);
    CPPUNIT_ASSERT(strlen(s) == 10);
}
```

Testausführung

Zur Testausführung benötigt der Benutzer wie bei JUnit einen Test-Runner sowie eine Testsuite, die aus den auszuführenden Testfällen besteht. Leider fehlt in C++ ein Reflection-Mechanismus, so dass cppUnit nicht automatisch alle Methoden einsammeln kann, die mit »test« beginnen. Zwar verwendet cppUnit den C++-Mechanismus Run-Time Type Information, aber dieser ermöglicht lediglich die Ermittlung von Typ-IDs und Typnamen, nicht aber das Auffinden von Klassen und Methoden anhand ihres Namens. Somit ist auch die Syntax zum Aufbau einer Testsuite in cppUnit etwas komplizierter als in Java, denn cppUnit benötigt neben dem Namen der Testmethode auch einen Pointer auf die Methode selbst:

```
static CppUnit::Test *suite() {
    CppUnit::TestSuite *ts = new CppUnit::TestSuite;
    ts->addTest(
        new CppUnit::TestCaller<AppendTest>("testAppendString",
                            &AppendTest::testAppendString));
    ts->addTest(
        new CppUnit::TestCaller<AppendTest>("testEmptyBuffer",
                            &AppendTest::testEmptyBuffer));
    return ts;
}
```

Die Klasse TestCaller ermöglicht das Ausführen der einzelnen Testfälle. Über das Template-Argument AppendTest, wird der Name der Testfall-Klasse angegeben, was das Ausführen der Fixture erlaubt. Anschließend wird der Test mittels des Pointers auf die Testmethode (z.B. &AppendTest::testEmptyBuffer) durchgeführt.

Zum Ausführen der Testsuite wird schließlich ein Test-Runner benötigt. Ein textbasierter Test-Runner ist Teil des cppUnit-Projekts:

```
int main( int argc, char* argv[] )
{
    CppUnit::TextTestRunner runner;
```

```
    runner.addTest(AppendTest::suite());
    runner.run();
    return 0;
}
```

Dieser liefert für die obige Testsuite folgende Ausgabe:

```
..
OK (2 tests)
```

Ein Fehler wird folgendermaßen angezeigt:

```
.F.
!!!FAILURES!!!
Test Results:
Run: 2   Failures: 1   Errors: 0
There was 1 failure:
1) test: testAppendString line: 34 C:\cppunit-
1.6.2\src\demo\demo\AppendTest.cpp
   "strlen(s) == 9"
```

Schöner geht das Ganze mit dem grafischen Test-Runner (siehe Abb. B–2). Um diesen verwenden zu können, muss das Testprojekt als

Abb. B–2

Grafischer Test-Runner

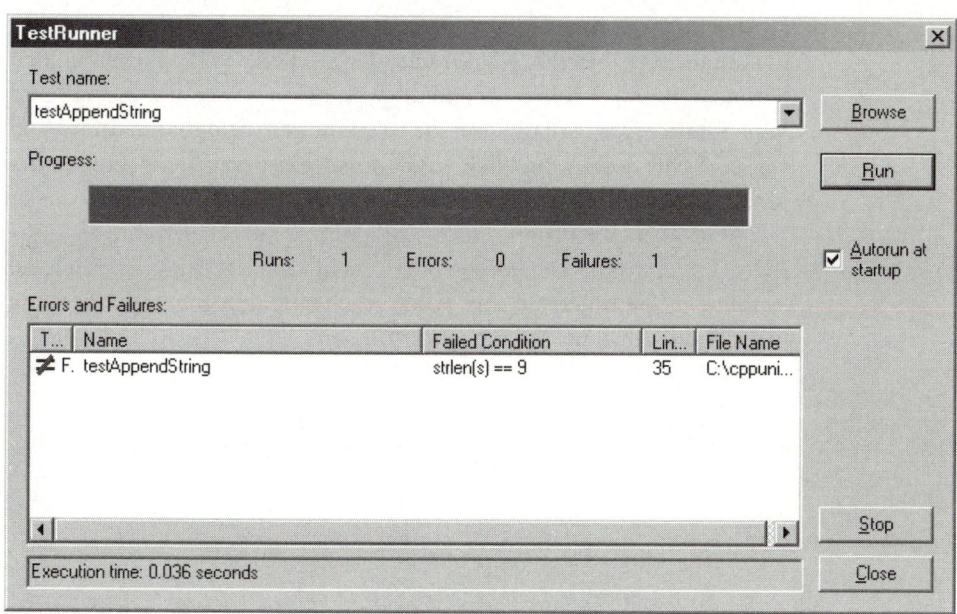

MFC-basierte Win32-Applikation aufgesetzt werden. Wie im Beispiel cppUnitTestApp gezeigt, sollte zusätzlich das Test-Runner-Projekt in den Workspace aufgenommen werden. Neben der Library cppunitd.lib

müssen nun die Bibliotheken `testrunnerd.lib` sowie `testrunnerd.dll` eingebunden werden bzw. verfügbar sein.

Gesamteindruck

Das Paket wirkt noch nicht sehr ausgereift. Darüber hinaus machen Einschränkungen der Sprache wie mangelnde Kompatibilität zwischen den Implementierungen, fehlende Reflection sowie das gute alte Jonglieren mit Pointern und Speicherverwaltung das Testen deutlich mühsamer als in Java – von Smalltalk ganz zu schweigen.

B.3   Der Rest

Der Test-First-Ansatz ist prinzipiell in jeder Programmiersprache anwendbar, die während der Entwicklung einen schnellen Wechsel zwischen Code-Schreiben und Code-Ausführen ermöglicht. Es überrascht daher nicht, dass JUnit-ähnliche Werkzeuge in beinahe jeder erdenklichen Programmiersprache erhältlich ist.

Auswahl unterstützter Sprachen

Auf [URL:XPSoftware] sind Versionen für folgende Sprachen und Plattformen aufgelistet: Ada, Ant, C, C++, Curl, Delphi, Dot-Net, Eiffel, Forte, Gemstone/S, Java, Java 2 Micro Edition, Jade, JavaScript, K-Language, Objective C, Oracle, Palm, Perl, PHP, PowerBuilder, Python, Rebol, Ruby, Smalltalk, Suneido, Visual Objects und Visual Basic. Der Umfang und die Qualität der verfügbaren Tools sind jedoch völlig unterschiedlich. Manchmal existieren auch konkurrierende Lösungen für dieselbe Sprache.

Aber auch für bislang nicht unterstützte Sprachen zählt die Ausrede »Es gibt kein Testframework!« nicht. Kapitel 5 hat ausreichend Einblick in die Innereien von JUnit gegeben, damit Sie in der Sprache Ihrer Wahl selbst zur Tat schreiten können.

C Glossar

Abstrakte Klasse

englisch: Abstract Class. Eine Klasse, die nicht instanziert werden kann, da Teile ihrer Implementierung an konkrete Unterklassen delegiert werden.

Akzeptanztest

englisch: Acceptance Test. In *Extreme Programming* ein vom Kunden definierter automatisierter Test, der überprüft, in welchem Maß die Software die geforderte Funktionalität bzw. die geforderten Eigenschaften erfüllt (siehe auch *User Story*).

Anticomposition-Axiom

Axiom über objektorientiertes Testen, das besagt, dass die Summe adäquater Testsuiten für Segmente eines Moduls nicht notwendigerweise eine adäquate Testsuite für das Gesamtmodul ergibt.

Antidecomposition-Axiom

Axiom über objektorientiertes Testen, das besagt, dass Komponenten Fehler enthalten können, die nicht durch Testen des Gesamtsystems aufgedeckt werden können.

Antiextensionality-Axiom

Axiom über objektorientiertes Testen, das besagt, dass unterschiedliche Implementierungen einer Spezifikation möglicherweise unterschiedliche Testsuiten benötigen.

Äquivalenzklasse

englisch: Equivalence Class. Eine Menge von Werten, die von einem Programmfragment gleich oder ähnlich behandelt werden, so dass Tests stellvertretend nur einen Wert aus der Menge verwenden müssen.

AWT   Abstract Windowing Toolkit. Ursprüngliche Java-GUI-Bibliothek, deren Komponenten in Aussehen und Bedienverhalten vom verwendeten Betriebssystem abhängen.

Black-Box-Test

Spezifikationsbasierter Test, der ein System oder eine Unit ausschließlich von außen, d.h. über seine öffentliche Schnittstelle, betrachtet.

Bottom-up   Vorgehensweise, z.B. beim Testen oder Design, bei der ein hierarchisches Problem oder System zunächst auf der feinsten Zerlegungsstufe betrachtet wird, um sich von dort zum Allgemeinen hochzuarbeiten. Gegenteil: *Top-down*.

Cast   Ein Hinweis an den Java-Compiler, ein Objekt als Instanz einer Unterklasse bzw. eines Interfaces zu betrachten. Ein Cast umgeht die statische Typisierung, ist aber wegen fehlender generischer Typen in Java oft nicht zu vermeiden.

Checked Exception

Eine Java-Exception, die nicht von `RuntimeException` abgeleitet ist. Eine solche Exception muss gefangen oder in der `throws`-Klausel aufgeführt werden.

Code Smell   Der unangenehme Geruch, den man beim Anblick verbesserungswürdigen Codes in die Nase bekommt.

Continuous Integration

siehe *Fortlaufende Integration*.

CORBA   Common Object Request Broker Architecture. Von der Object Management Group (OMG) entwickelte sprachunabhängige, offene Infrastruktur für verteilte Komponenten.

CUT   Class under Test. Die zu testende Klasse.

DBC   siehe *Design by Contract*.

Defensive Programmierung

englisch: Defensive Programming. Ein Programmierstil, der sicherstellen möchte, dass es durch Programmierfehler an einer Stelle nicht zu unvorhergesehenen Ergebnissen (z.B. Programmabbruch) an anderer Stelle kommt.

Praktiken der defensiven Programmierung sind: Vermeidung problematischer Sprachkonstrukte, Festlegung von Kodierungsstandards, aber auch Überprüfung aller Eingabeparameter von Methoden.

Delegation Ein Objekt delegiert eine Aufgabe an ein anderes Objekt weiter – meist unter Beibehaltung der Nachrichtensignatur.

Dependency Inversion Principle

deutsch: Prinzip der umgekehrten Abhängigkeit [Martin96b]. Abhängigkeiten allgemeiner und abstrakter Programmmodule sollten nur zu abstrakten Modulen (Interfaces) bestehen.

Deployment

Auslieferung und Installation einer Software.

Design by Contract

deutsch: Entwurf durch Vertrag. Paradigma, in dem jedes Softwareelement (z.B. Methode) durch einen Vertrag spezifiziert, welche Vorbedingungen es zu seiner Durchführung benötigt, welche Nachbedingungen es nach seiner Durchführung sicherstellt und welche Invariante erhalten bleibt. Siehe auch *Klasseninvariante*.

Design Pattern

siehe *Entwurfsmuster*.

DOM Document Object Model. Vom World Wide Web Consortium (W3C) standardisierte, plattform- und programmiersprachenunabhängige API zum Lesen und Verändern von HTML- und XML-Dokumenten.

EJB Enterprise JavaBeans. Von der Firma Sun entwickeltes Komponentenmodell für transaktionale, verteilte und persistente Komponenten.

Entwurfsmuster

Eine vorgefertigte Lösung für ein häufiges Entwurfsproblem, ausgedrückt als Teilentwurf aus Klassen und Assoziationen. Jedes Entwurfmuster ist in einen Kontext aus Randbedingungen eingebettet.

Error JUnit-Jargon für eine nicht abgefangene Exception, die während eines Tests auftritt und vom getesteten Code ausgelöst wird, z.B. eine `NullPointerException` im Anwendungscode. Beachte den Unterschied zu *Failure*.

Ersetzbarkeitsprinzip

siehe *Liskov Substitution Principle*.

Extreme Programming

XP. Ein leichtgewichtiger, agiler Entwicklungsprozess, in dem u.a. Test-First-Entwicklung propagiert wird.

Factory-Methode

Eine Methode, die ein neu erzeugtes Objekt zurückliefert und dadurch den direkten Aufruf eines Konstruktors vermeiden hilft.

Failure   JUnit-Jargon für die Verletzung einer Zusicherung (`assert...`) in einem Testfall. Beachte den Unterschied zu *Error*.

Fixture   JUnit-Jargon für eine Menge von Objekten, die den gemeinsamen Ausgangszustand für die Testfälle einer Testklasse darstellt.

Fortlaufende Integration

Die mehrmals tägliche Integration neuen Codes in das Gesamtsystem. Entgegen der Vermutung vieler Entwickler nimmt der Integrationsaufwand ab, wenn man häufiger integriert.

Garbage Collection

deutsch: Müllabfuhr. Das automatische Aufsammeln und Löschen von nicht mehr verwendeten Objekten, wie es alle *JVMs* erfüllen müssen.

GUI   Graphical User Interface, deutsch: Grafische Benutzeroberfläche.

HTML   Hypertext Mark-Up Language.

IDE   Integrated Development Environment, deutsch: integrierte Entwicklungsumgebung. Grafisches Softwaretool, welches das Erstellen von Programmen und das Arbeiten mit einem Compiler und Debugger vereinfacht und koordiniert. Beispiele: Visual Age, JBuilder, Visual Studio.

Instanzvariable

englisch: Instance Variable. Variable, von der jede Instanz einer Klasse eine eigene Instanz enthält. Gegenteil: Klassenvariable oder statische Variable, bei der sich alle Instanzen einer Klasse eine einzige Variableninstanz teilen.

Integrationstest

Ein *Interaktionstest* in großem Stil. Der Begriff stammt aus den sequenziellen Softwareprozessmodellen, bei denen die Integration des Systems in einer einzelnen Phase nach der Kodierung durchgeführt wird.

Interaktionstest

Ein Test, der das Zusammenspiel zweier oder mehrerer Objekte testet.

Interface Ein Java-Interface definiert eine öffentliche Schnittstelle, die von implementierenden Klassen angeboten werden muss. Es existieren jedoch auch rein kennzeichnende Interfaces, z.B. `java.io.Serializable`.

JavaSpaces Eine in *Jini* integrierte Technologie zur transparenten Verteilung von Objekten mit Java.

JDBC Java Database Connectivity. Eine an *ODBC* angelehnte Java-API für den Zugriff auf Datenbanken.

JDK Das *Java Development Kit*. Es existieren die Hauptversionen JDK 1.0 bis JDK 1.4. Seit JDK 1.2 firmiert das Ganze unter Namen dem JAVA2.

Jini Java Intelligent Networking Infrastructure. Einfache Infrastruktur zum Aufbau virtueller Netzwerke aus verteilten Java-basierten Diensten.

JVM Java Virtual Machine. Abstrakte Maschine, die in Bytecode kompilierte Java-Programme durch Interpretation oder Just-in-Time-Kompilierung des Bytecodes ausführt.

JSP Java Server Pages. Technologie, die es erlaubt, Java-Code in HTML-Seiten einzubinden.

Klasseninvariante

Eine Bedingung, die für jede Instanz einer Klasse zu jeder Zeit, d.h. nach dem Ausführen einer beliebigen öffentlichen Methode, gelten muss. Siehe auch *Design by Contract*.

Law of Demeter

Ziel von »Demeters Gesetz« ist die Minimierung der Abhängigkeiten eines Objekts von der Implementierung eines »entfernten« Objekts. Um dies zu erreichen, sagt die Regel, dass bei der Implementierung einer Methode Nachrichten nur an bestimmte Objekte verschickt werden dürfen:

- an das Objekt selbst
- an Objekte, die als Parameter übergeben wurden
- an Instanzvariablen

Insbesondere werden dadurch Nachrichtenketten – z.B. `this.getName().getFirstName().equals(...)` – verhindert.

Liskov Substitution Principle

deutsch: Ersetzbarkeitsprinzip [Liskov93]. Dieses besagt, dass ein Objekt eines Untertyps – und damit auch eine Instanz einer Unterklasse – jederzeit das Objekt des Obertyps ersetzen können muss.

Mapping-Tool

genauer: objektrelationales Mapping-Tool. Bibliothek oder Framework, das bei der Abbildung von Objekten auf relationale Datenbanken hilft bzw. diese automatisch durchführt.

ODBC   Open Database Connectivity. Standardschnittstelle zum Zugriff auf Datenbanken.

OODBMS   Object-Oriented Database Management System, deutsch: objektorientiertes Datenbanksystem.

OUT   Object under Test, deutsch: das zu testende Objekt.

Pair Programming

deutsch: Programmierung im Paar. XP-Praktik, die fordert, dass jedes Stück Quellcode, das in das Softwareprodukt einfließen soll, von zwei Programmierern gemeinsam an einem Computer erstellt wird.

Persistenz   Die Eigenschaft, auch über einen Programmlauf hinaus bestehen zu können. Man spricht auch von *persistenten Objekten*, die in einer Datenbank oder anderswo für den späteren Zugriff gespeichert werden.

Polymorphismus

auch Polymorphie, englisch: Polymorphism. Grundprinzip der Objektorientierung, das es einer Objektreferenz ermöglicht, Instanzen unterschiedlicher (Unter-) Klassen aufzunehmen. Mit einem Methodenaufruf auf der Objektreferenz wird dynamisch die für die referenzierte Instanz definierte Methode ausgeführt.

Rational Unified Process

Kommerzieller Softwareprozess der Firma Rational.

RDBMS Relational Database Management System, deutsch: relationales Datenbanksystem. Programm zur Erzeugung, Bearbeitung und Administration von relationalen Datenbanken.

Refactoring deutsch: Refaktorisierung. Umbau und Umstrukturierung von Code in möglichst kleinen Schritten ohne Änderung des nach außen sichtbaren Verhaltens.

Reflection Java-Mechanismus, der den Zugriff auf Klassen- und Interface-Spezifikationen zur Laufzeit ermöglicht – definiert im Package `java.lang.reflect`.

RMI Remote Method Invocation, deutsch: Entfernter Methodenaufruf. Java-spezifischer Verteilungsmechanismus, der es Objekten in einer *JVM* erlaubt, Methoden von Objekten aufzurufen, die von einer anderen *JVM*, z.B. auf einem anderen Rechner, ausgeführt werden.

RTTI Run-Time Type Information. Standardisiertes C++-Konzept, das es erlaubt, zur Laufzeit den Typ eines Objektes zu ermitteln.

Runtime Exception

auch Unchecked Exception. Von `RuntimeException` abgeleitete Exception, z.B. `NullPointerException`. Eine solche Exception kann potenziell an jedem Statement auftreten und muss daher im Gegensatz zu einer *Checked Exception* nicht abgefangen oder in die `throws`-Klausel aufgenommen werden.

RUP siehe *Rational Unified Process*.

Servlet Java-Technologie zur dynamischen Generierung von Web-Inhalt.

Smoke Tests

deutsch: Rauchtests. Eine überschaubare Menge funktionaler Tesfälle, die lediglich die Basisfunktionalität überprüfen. Der Begriff kommt von der Metapher: »Einschalten und warten, ob Rauch austritt.«

SOAP

Simple Object Access Protocol. Standardisiertes Protokoll zum Aufruf internetbasierter Dienste (Web-Services) durch Austausch von *XML*-Nachrichten.

SQL

Structured Query Language. Sehr verbreitete Abfragesprache für relationale Datenbanken.

Swing

Seit JDK 1.2 ein Teil der zentralen Java-Bibliotheken, der für die plattformunabhängige Darstellung von Benutzerschnittstellen zuständig ist und auf *AWT* aufbaut.

Systemtest

Ein Test, der das komplette System als Ziel hat.

Task

deutsch: Aufgabe. Beschreibt in XP ein Stück Funktionalität, das von einem Entwicklerpaar in einigen Stunden implementiert werden kann.

Test Case

siehe *Testfall*.

Testfall

Spezifikation eines auszuführenden Tests; beinhaltet das Zielobjekt, Eingaben und erwartete Ausgaben sowie Kontext und Nebenbedingungen der Testdurchführung.

Test-First

deutsch: »Zuerst Testen«. Es existieren auch die Begriffe *Test First Programming* und *Test First Design*. Vorgehensweise bei der Softwareentwicklung, die vor der Kodierung das Ergebnis eines beherrschbar kleinen Implementierungsschrittes durch einen Test spezifiziert.

Testorakel

Funktion oder Algorithmus, der aus den Eingabedaten die erwarteten Ausgabedaten erzeugt, um die tatsächlichen Ausgabedaten eines Tests damit zu überprüfen.

Testsuite

Eine Menge von Testfällen, die gemeinsam ausgeführt und betrachtet werden.

Test-Treiber

englisch: Test Driver. Programm, das automatisch eine Serie von Tests durchführt.

Thread

auch: Execution Context und Lightweight Process, deutsch: leichtgewichtiger Prozess, wörtlich: Faden. Sequenzieller Kontrollfluss innerhalb eines Programms mit eigenem Stack und Programmzähler. Es können mehrere Threads parallel innerhalb eines Programms, d.h. innerhalb des gleichen Adressraums, laufen.

Top-down   Vorgehensweise, z.B. beim Testen oder Design, bei der ein hierarchisches Problem oder System zunächst auf der obersten Hierarchiestufe betrachtet und danach immer weiter zerlegt wird. Gegenteil: *Bottom-up*.

UML   Unified Modeling Language. Von der Object Management Group (OMG) standardisierte visuelle Modellierungssprache für objektorientierte Softwaremodelle.

Unit Test   deutsch: Komponententest, Modultest. Test, der sich auf eine einzelne Unit (Methode, Klasse, Komponente) eines Systems bezieht, statt wie ein *Systemtest* auf das Gesamtsystem.

Use Case   deutsch: Anwendungsfall. Definition eines Verhaltens des Softwareproduktes auf Basis von schrittweise beschriebenen Interaktionen zwischen Benutzer und System.

User Story   deutsch: Anwendergeschichte. Informelle Beschreibung einer funktionellen Anforderung oder Produkteigenschaft in *XP*. Basis für einen *Akzeptanztest*, der formal prüft, ob das Produkt die beschriebene Funktion oder Eigenschaft aufweist.

V-Modell   eigentlich: Entwicklungsstandard für IT-Systeme des Bundes (EStdIT). Im öffentlichen Bereich vorgeschriebenes, aber auch in der Industrie verbreitetes Softwareprozessmodell, das in sequenzieller oder inkrementeller Ausprägung angewendet werden kann.

Wasserfall   Einfachstes sequenzielles Softwareprozessmodell, in dem die Phasen Analyse, Design, Kodierung und Testen nacheinander für das ganze System vorgenommen werden.

Wertesemantik
Ein Objekt ist als Wert (value) zu betrachten, wenn seine Identität durch seinen unveränderlichen Zustand bestimmt ist.

White-Box-Test
Implementierungsbasierter Test, im Gegensatz zu einem spezifikationsbasierten Test, s. *Black-Box-Test*.

XML   Extensible Markup Language. Familie von Technologien, die es erlauben, so genannte Markup Languages
(Sprachen mit einer HTML-ähnlichen Struktur) zu definieren sowie entsprechende Dokumente zu erzeugen,
auszutauschen und zu verarbeiten.

XP   siehe *Extreme Programming*.

D Literatur- und Quellenverzeichnis

D.1 Literaturverzeichnis

[Alpert98]   Sherman R. Alpert, Kyle Brown, Bobby Woolf: The
                Design Patterns Smalltalk Companion. Addison-Wes-
                ley, 1998.

[Beck94]   Kent Beck: Simple Smalltalk Testing. Smalltalk
                Report, Oktober 1994.

[Beck98a]   Kent Beck, Erich Gamma: Test-Infected: Program-
                mers Love Writing Tests. JavaReport, July 1998.

[Beck98b]   Kent Beck, Erich Gamma: Wie Programmierer das
                Test-Schreiben lieben lernen. JavaSpektrum, 5/1998.

[Beck99]   Kent Beck, Erich Gamma: JUnit: A Cook's Tour.
                JavaReport, May 1999.

[Beck00a]   Kent Beck: Extreme Programming Explained: Emb-
                race Change. Addison-Wesley, 2000.

[Beck00b]   Kent Beck, Martin Fowler: Planning Extreme Pro-
                gramming. Addison-Wesley, 2000

[Binder99]   Robert Binder: Testing Object-Oriented Systems.
                Addison-Wesley, 1999.

[Boehm76]   B. W. Boehm: Software Engineering. IEEE Transac-
                tions on Computers, Vol. C-25, Nr. 12, Dezember
                1976, pp 1226-1241.

[Boehm88]   B. W. Boehm: A Spiral Model of Software Develop-
                ment and Enhancement, IEEE Computer, Mai 1988,
                pp. 61-72.

[Boger99]   Marko Boger: Java in verteilten Systemen. dpunkt.verlag, Heidelberg, 1999.

[CMU00]   Carnegie Mellon University, Software Engineering Institute: CMMI for Systems Engineering / Software Engineering, Version 1.02, CMU/SEI-2000-TR-019, Pittsburgh, PA, USA, November 2000.

[Cockburn97]   Alistair Cockburn: Structuring Use Cases with Goals. Journal of Object-Oriented Programming, Sep/Okt, 1997, pp. 35-40, and Nov/Dez, 1997, pp. 56-62.

[Cockburn00a]   Alistair Cockburn, Laurie Williams: The Costs and Benefits of Pair Programming. XP 2000. In [Succi01].

[Cockburn00b]   Alistair Cockburn: Writing Effective Use Cases. Addison-Wesley, 2000.

[Cockburn01]   Alistair Cockburn: Agile Software Development. Addison-Wesley, 2001.

[Cohen01]   Don Cohen, Laurence Prusak: In Good Company – How Social Capital Makes Organizations Work. Harvard Business School Press, Boston Massachusetts, 2001.

[Crispin01]   Lisa Crispin: Carefree Highway: How an XP Tester Can Drive Success. STQE Magazine, Jul/Aug 2001.

[Darwin01]   Ian Darwin: The Java Cookbook. O'Reilly Press, 2001.

[Deursen00]   Arie van Deursen, Tobias Kuipers, Leon Moonen: Legacy to the Extreme. XP 2000. In [Succi01].

[Dustin99]   Elfriede Dustin, Jeff Rashka, John Paul: Automated Software Testing. Addison-Wesley, 1999.

[Feathers00]   Michael Feathers: Test First Design – Growing an application one test at a time. 2000 – 2001. Verfügbar auf [URL:XProgramming].

[Feathers01a]   Michael Feathers: The 'Self'-Shunt Unit Testing Pattern. 2001. Verfügbar auf [URL:OM].

[Feathers01b]   Michael Feathers: The Little Black Book of Test First Design. Verfügbar unter [URL:LittleBlackBook].

[Fowler99]   Martin Fowler: Refactoring : Improving the Design of Existing Code. Addison-Wesley, 1999.

[Fowler00]   Martin Fowler: Is Design Dead? XP 2000. In [Succi01].

[Fowler01]   Martin Fowler and Jim Highsmith: The Agile Manifesto. Software Development Online, August 2001. Verfügbar auf [URL:SDMagazine].

[Fröhlich01]   Peter Fröhlich, Johannes Link: Kaffeeprobe – Entwickeln und Testen in Java. iX 3/2001.

[Gamma95]   Erich Gamma et al.: Design Patterns. Addison-Wesley, 1995.

[Gassmann00]   Peter Gassmann: Unit Testing in a Java Project. XP 2000. In [Succi01].

[Gilb93]   Tom Gilb, Dorothy Graham, Suzannah Finzi (ed.): Software Inspection. Addison-Wesley, 1993.

[Humphrey95]   Watts S. Humphrey: A Discipline for Software Engineering. Addison-Wesley, SEI Series, 1995.

[Hunt98]   John Hunt, Alex McManus: Key Java – Advanced Tips and Techniques. Springer-Verlag, London, 1998.

[Hunter01]   Jason Hunter, William Crawford: Java Servlet Programming. 2nd edition, O'Reilly Press, 2001.

[Hyde99]   Paul Hyde: Java Thread Programming. 1999.

[IAB97]   Entwicklungsstandard für IT-Systeme des Bundes, IABG, Ottobrunn, 1997.

[Jacobson99]   Ivar Jacobson, Grady Booch und James Rumbaugh: The Unified Software Development Process. Object Technology Series, Addison-Wesley, 1999.

[Jeffries99]   Ronald E. Jeffries: eXtreme Testing. STQE-Magazine, March/April 1999.

[Jeffries00]   Ronald E. Jeffries, Chet Hendrickson, Ann Anderson, Jennifer M. Kohnke: Extreme Programming Installed. Addison-Wesley, 2000.

[Kaltio00]   Timo Kaltio und Atte Kinnula: Deploying the Defined Software Process. Software Process: Improvement and Practice, Vol. 5, No. 1, John Wiley & Sons, March 2000.

[Kaner93]   Cem Kaner, Jack Falk, Hung Quoc Nguyen: Testing
               Computer Software. 2nd edition, Thomson Compu-
               ter Press, 1993.

[Klein01]   Manuel Klein: Test-Tools für Java im Überblick. Java
               Magazin, Oktober 2001.

[Kruchten99]   Philippe Kruchten: The Rational Unified Process – An
               Introduction. Object Technology Series, Addison-
               Wesley, 1999.

[Kruglinski98] David Kruglinski, Scot Wingo, George Shepherd:
               Inside Visual C++ 6.0. Microsoft Press, München,
               1998.

[Langr01]   Jeff Langr: Evolution of Test and Code Via Test-First
               Design. March 2001. Verfügbar auf [URL:OM].

[Larman00]   Craig Larman, Rhett Guthrie: Java 2 Performance
               and Idiom Guide. Prentice Hall PTR, 2000.

[Lea00]   Doug Lea: Concurrent Programming in Java. 2nd edi-
               tion, Addison-Wesley, 2000.

[Lewis95]   Ted Lewis: The Art and Science of Smalltalk. Prentice
               Hall, 1995.

[Link01]   Johannes Link: Einsatz von Mock-Objekten für den
               Softwaretest. JavaSpektrum, 4/2001.

[Lippert02]   Martin Lippert, Stefan Roock, Henning Wolf: Soft-
               ware entwickeln mit eXtreme Programming.
               dpunkt.verlag, Heidelberg, 2002.

[Liskov93]   Barbara H. Liskov, J. M. Wing: A new definition of
               the subtype relation. Proc. of ECOOP '93, LNCS
               707, Springer-Verlag, 1993.

[Mackinnon00] Tim Mackinnon, Steve Freeman, Philip Craig: Endo-
               Testing: Unit Testing with Mock Objects. XP 2000. In
               [Succi01].

[Maier01]   Peter Maier: It's GREAT, isn't it? Net Object Days,
               Erfurt, 2001.

[Marick00]   Brian Marick: Testing for Programmers. Verfügbar
               auf [URL:Testing].

[Martin96a]   Robert C. Martin: The Liskov Substitution Principle. C++ Report, März 1996. Verfügbar auf [URL:OM].

[Martin96b]   Robert C. Martin: The Dependency Inversion Principle. C++ Report, Mai 1996. Verfügbar auf [URL:OM].

[McBreen01]   Pete McBreen: Software Craftsmanship. Addison-Wesley, 2001.

[McGregor01]   John D. McGregor, David A. Sykes: A Practical Guide to Testing Object-Oriented Software. Addison-Wesley, 2001.

[Meade00]   Erik Meade: Design Principles in Test First Programming. Verfügbar auf [URL:OM].

[Meier00]   Andreas Meier, Thomas Wüst: Objektorientierte und objektrelationale Datenbanken. 2. Auflage, dpunkt.verlag, Heidelberg, 2000.

[Metsker01]   Steven John Metsker: Building Parsers With Java. Addison-Wesley, 2001.

[Meyer97]   Betrand Meyer: Object-Oriented Software Construction. 2nd edition, Prentice Hall PTR, 1997.

[Monson00]   Richard Monson-Haefel : Enterprise JavaBeans. O'Reilly Press, 2000.

[Neumann00]   Rainer Neumann: Vermeidung spezialisierungsbedingter Probleme in objektorientierten Systemen. Doktorarbeit, Universität Karlsruhe, 2000.

[Newkirk01]   James Newkirk, Robert C. Martin: Extreme Programming in Practice. Addison-Wesley, 2001.

[Nygard00]   Michael T. Nygard, Tracie Karsjens: Test infect your Enterprise JavaBeans. JavaWorld, May 2000. Verfügbar auf [URL:JavaWorld].

[OMG-UML]   Object Management Group: OMG Unified Modeling Language Specification Version 1.3, Object Management Group Inc., 2000.

[Peeters01]   Vera Peeters: Simple Design and Unit Testing with Enterprise JavaBeans. XP 2001. Verfügbar auf [URL:XP2001], Chapter 24.

[Pol00]   Martin Pol, Tim Koomen, Andreas Spillner: Management und Optimierung des Testprozesses. dpunkt.verlag, Heidelberg, 2000.

[Puscher01]   Frank Puscher: Das Usability-Prinzip – Wege zur benutzerfreundlichen Website. dpunkt.verlag, Heidelberg, 2001.

[Rainsberger01] J. B. Rainsberger: Use your singletons wisely. IBM developerWorks, 2001. Verfügbar unter [URL:CoSingle].

[Riel96]   Arthur J. Riel: Object-Oriented Design Heuristics. Addison-Wesley, 1996.

[Royce70]   W. W. Royce: Managing the Development of Large Software Systems: Concepts and Techniques. Proceedings IEEE Wescon, August 1970.

[Royce90]   W. E. Royce: TRW's Ada process model for incremental development of large software systems. In Proceedings of the 12th International Conference on Software Engineering (ICSE), 1990.

[Rutherford00]   Kevin Rutherford: Retrofitting Unit Tests with JUnit. XP 2000. In [Succi01].

[Schildt98]   Herbert Schildt: C++ : The Complete Reference, 3rd Edition. Osborne McGraw-Hill, 1998.

[Schmid01]   Alexander Schmid: Automatisierte Unit-Tests von EJBs. JavaSpektrum, 3/2001.

[Schneider00]   Andy Schneider: JUnit best practices. JavaWorld, Dezember 2000. Verfügbar auf [URL:JavaWorld].

[Schuh01]   Peter Schuh, Stephanie Punke: ObjectMother – Easing Test Object Creation in XP. XP Universe 2001.

[Seacord01]   Robert C. Seacord et al.: Legacy System Modernization Strategies. Technical Report, CMU/SEI-2001-TR-025. Verfügbar auf [URL:SEIPublications].

[Stapleton97]   Jennifer Stapleton: The Dynamic System Development Method. Addison-Wesley Longman. 1997.

[Stobie00]   Keith Stobie: Testing for Exceptions. STQE, Juli/August 2000.

[Subramaniam99]
Bala Subramaniam: Effective Software Defect Tracking. Crosstalk, April 1999. Verfügbar auf [URL:Crosstalk].

[Succi01] Giancarlo Succi, Michele Marchesi: Extreme Programming Examined. Addison-Wesley, 2001.

[Turau00] Volker Turau, Rinald Pfeiffer: Java Server Pages. dpunkt.verlag, Heidelberg, 2000.

[Wake01] William Wake: Extreme Programming Explored. Addison-Wesley, 2001.

[Weinberg98] Gerald M. Weinberg: The Psychology of Computer Programming. Silver anniversary edition. Dorset House Publishing, 1998.

[Wirdemann01] Ralf Wirdemann: Automatisches Testen von mehrschichtigen Web-Applikationen. JavaSpektrum, 2/2001.

D.2 URLs

[URL:AgileAlliance] http://www.AgileAlliance.org/

[URL:Ant] http://jakarta.apache.org/ant/

[URL:Apache] http://www.apache.org/

[URL:Cactus] http://jakarta.apache.org/cactus/

[URL:Cloudscape] http://www.cloudscape.com/

[URL:ContIntegration] http://www.martinfowler.com/articles/continuousIntegration.html

[URL:CoSingle] http://www.ibm.com/developerworks/library/co-single.html

[URL:CppUnit] http://sourceforge.net/projects/cppunit/

[URL:Crosstalk] http://www.stsc.hill.af.mil/CrossTalk/

[URL:CruiseControl] http://cruisecontrol.sourceforge.net/

[URL:Dbunit] http://www.dallaway.com/acad/dbunit.html

[URL:EasyMock] http://www.easymock.org

[URL:EJB]   http://java.sun.com/products/ejb/docs.html

[URL:ExtremeJava]   http://www.extreme-java.de/

[URL:HttpUnit]   http://www.httpunit.org/

[URL:IContract]   http://www.reliable-systems.com/tools/
iContract/iContract.htm

[URL:Jakarta]   http://jakarta.apache.org/

[URL:JavaWorld]   http://www.javaworld.com/

[URL:JContract]   http://www.parasoft.com/products/jtract/

[URL:JesTer]   http://www.jesterinfo.co.uk/

[URL:JFactor]   http://www.instantiations.com/jfactor

[URL:JFCUnit]   http://sourceforge.net/projects/jfcunit/

[URL:Jini]   http://www.sun.com/jini/

[URL:JProbe]   http://www.sitraka.com/software/jprobe/

[URL:JsUnit]   http://jsunit.berlios.de/

[URL:JUnit]   http://www.junit.org/

[URL:JUnitEE]   http://junitee.sourceforge.net/

[URL:JUnitExt]   http://www.junit.org/extensions.htm

[URL:JWAM]   http://www.jwam.de

[URL:LittleBlackBook]
    http://www.mindspring.com/~mfeathers/
introduction.htm

[URL:MockCreator]   http://www.abstrakt.de/mockcreator/

[URL:MockJDBC]   http://www.mockobjects.com/papers/
jdbc_testfirst.html

[URL:MockMaker]   http://www.xpdeveloper.com/cgi-bin/
wiki.cgi?MockMaker

[URL:MockObjects]   http://www.mockobjects.com/

[URL:MockSanitaer]   http://www.mock-sanitaer.de/

[URL:OM]   http://www.objectmentor.com

[URL:PairProgramming]
> http://www.pairprogramming.com

[URL:Refactoring] http://www.refactoring.com

[URL:SDMagazine] http://www.sdmagazine.com

[URL:SEIPublications] http://www.sei.cmu.edu/publications/

[URL:SFJunit] http://sourceforge.net/junit

[URL:Soxabo] http://www.soxabo.de

[URL:STQE] http://www.stqemagazine.com

[URL:SUnit] http://ANSI-ST-tests.sourceforge.net/
SUnit.html

[URL:Testing] http://www.testing.com

[URL:TestingCat] http://www.testing.com/writings/
short-catalog.pdf

[URL:TestingCoverage]
> http://www.testing.com/writings/
coverage.pdf

[URL:Tomcat] http://jakarta.apache.org/tomcat/

[URL:TopLink] http://www.webgain.com/products/toplink/

[URL:Turbine] http://jakarta.apache.org/turbine/

[URL:UtilConcurrent]
> http://gee.cs.oswego.edu/dl/classes/EDU/
oswego/cs/dl/util/concurrent/intro.html

[URL:VAJava] http://www.ibm.com/software/ad/vajava/

[URL:WakeAT] http://users.vnet.net/wwake/xp/xp0105/

[URL:WakeGUI] http://users.vnet.net/wwake/xp/xp0001/

[URL:Webtest] http://services-dev.canoo.com/webtest/

[URL:Westphal] http://www.frankwestphal.de/

[URL:WikiEJB] http://www.c2.com/cgi/wiki?EjbUnitTest

[URL:WikiJWI] http://c2.com/cgi/wiki?JunitWithIdes

[URL:WikiMSBP] http://c2.com/cgi/wiki?MethodsShouldBe-
Public

[URL:WikiRJOMO]   http://c2.com/cgi/wiki?RonJeffriesOnMock-
                   Objects

[URL:WikiSAE]   http://c2.com/cgi/wiki?SingletonsAreEvil

[URL:WikiTFD]   http://c2.com/cgi/wiki?TestFirstDesign

[URL:WikiUT]   http://c2.com/cgi/wiki?UnitTests

[URL:WikiUTATP]   http://c2.com/cgi/wiki?UnitTestingAround-
                   ThirdParties

[URL:WikiUTFLC]   http://c2.com/cgi/wiki?UnitTestsForLegacy-
                   Code

[URL:WikiUTNPMF] http://c2.com/cgi/wiki?UnitTestingNonPublic-
                   MemberFunctions

[URL:XP2001]   http://www.xp2001.org/xp2001/
                   conference/papers/

[URL:XProgramming] http://www.xprogramming.com

[URL:XPSoftware]   http://www.xprogramming.com/software.htm

[URL:YahooJUnit]   http://groups.yahoo.com/group/junit

[URL:YahooXP]   http://groups.yahoo.com/group/
                   extremeprogramming

[URL:YahooXPForum]
                   http://groups.yahoo.com/group/xp-forum

D.3   Weiterführende Lesehinweise

Das Schwierigste beim Geben von Leseratschlägen ist sicherlich das
Weglassen. Unsere erste Empfehlung lautet daher: Lesen Sie alle im
Verzeichnis aufgeführten Bücher und Artikel und verfolgen Sie alle
genannten Web-Links!

Doch weil das dem einen oder anderen Leser aus zeitlichen Gründen schwer fallen mag, versuchen die folgenden Hinweise sich auf
wenige Highlights der neueren Literatur zu beschränken.

Extreme Programming

Die Wiege des Test-First-Ansatzes stellt unbestreitbar Extreme Programming dar. Bücher zu XP gibt es mittlerweile im knappen Dutzend.
Immer noch ist Kent Becks »Extreme Programming Explained«

[Beck00a] das Referenzwerk und auch in deutscher Sprache erhältlich. Aus Programmierersicht ist »Extreme Programming Installed« [Jeffries00] die richtige Ergänzung, während in »Planning Extreme Programming« [Beck00b] der frisch gebackene XP-Anhänger Details zum Thema Planen erfährt. Mit den praktischen Problemen der Umsetzung beschäftigt sich »Software entwickeln mit eXtreme Programming« [Lippert02].

Wer jedoch den aktuellsten Stand der Diskussion um und zu XP erfahren möchte, der kommt an der Yahoo-Gruppe »ExtremeProgramming« [URL:YahooXP] und Ron Jeffries Website [URL:XProgramming] nicht vorbei. Für deutschsprachige XP-Diskussionen existiert die Gruppe »XP-Forum« [URL:YahooXPForum].

Test-First und JUnit

Bei diesen beiden Themen ist die Auswahl an gedruckter Literatur äußerst spärlich. Das umfangreichste Test-First-Beispiel – unter Verwendung von JUnit – findet sich in »Extreme Programming in Practice« [Newkirk01]. Auf kürzere Beispiele trifft man in [Fowler99], [Jeffries00] und [Wake01].

Wer fortgeschritteneres Lesematerial zum Thema Test-First-Design sucht, muss auf Web-Artikel zurückgreifen. Besonders empfehlenswert sind die Artikel von Michael Feathers – [Feathers00], [Feathers01a] und [Feathers01b] – und Jeff Langr [Langr01], da sie auch nichtoffensichtliche Fragestellungen aufgreifen und diskutieren.

An Online-Einführungen zu JUnit gibt es keinen Mangel; in deutscher Sprache tut sich hier Frank Westphals Website [URL:Westphal] als kompetente Quelle hervor. Den englischsprachigen Einstieg in JUnit und alles, was dazu gehört, bietet jedoch [URL:JUnit]; dort findet sich sowohl die neueste Version zum Download als auch ein Tutorial, zahlreiche Artikel und eine Aufstellung aller JUnit-Erweiterungen.

Umfangreiches – wenn auch unstrukturiertes – Material findet sich auf Ward Cunninghams Wiki-Website. Als Einstieg bieten sich dabei die Seiten »UnitTests» [URL:WikiUT] und »TestFirstDesign« [URL:WikiTFD] an. Für Diskussionen und Erfahrungsaustausch ist wieder eine Yahoo-Gruppe [URL:YahooJUnit] die erste Wahl.

Testen objektorientierter Software

Das Standardwerk des OO-Testens ist »Testing Object-Oriented Systems« von Rober Binder [Binder99]. Das Buch bietet in seinen 1200 Seiten eine so gewaltige Stoffmenge, dass es dem Leser schwer fällt, einen pragmatischen Einstieg zu finden. Sagen wir es mit Kent Beck:

»The biggest problem is that it doesn't balance the cost and benefits of tests.«

Mit einem deutlich bescheideneren Umfang gibt sich »A Practical Guide to Testing Object-Oriented Software« [McGregor01] zufrieden. Das Buch ist praktisch orientiert, gut lesbar und geht auch auf die Entwicklersicht des Testens ein.

Natürlich finden sich im Web zahlreiche Ressourcen zum Thema Testen. Einen guten Einstieg bietet hierbei [URL:Testing]. Diese von Brian Marick gepflegte Website bezieht auch den Test-First-Ansatz mit ein und kann als Ausgangspunkt für umfangreiche Studien dienen.

Sonstiges

Ebenso wichtig wir das tiefgehende Erlernen eines Spezialgebietes der Softwareentwicklung ist für jeden Entwickler auch der Gesamtzusammenhang und die Frage: Wie kann man Softwareprojekte erfolgreich durchführen?

Da jedes Projekt anders und kein Team identisch ist, bedarf es auch eines auf das einzelne Projekt angepassten Vorgehens. Alistair Cockburn hat das in seinem neuesten Buch »Agile Software Development« [Cockburn01] vorzüglich herausgearbeitet. Es gelingt ihm, sowohl die theoretischen Fundamente darzustellen als auch jedem Praktiker zu zeigen, was er am nächsten Tag an seinem Projekt verändern kann.

Pete McBreen beleuchtet in »Software Craftsmanship« [McBreen01] das gleiche Problem und ergänzt Cockburns Überlegungen um den Aspekt der Wissensweitergabe von Meister über Geselle zum Lehrling.

Stichwortverzeichnis